dtv

Erzählungen von einundzwanzig zeitgenössischen Autoren zeugen von der lebendigen Vielfalt der ungarischen Gegenwartsliteratur. Neben so bekannten Autoren wie Péter Esterházy und Péter Nádas präsentiert diese Anthologie zahlreiche Neuentdeckungen aus der jungen ungarischen Literaturszene. Etliche Texte erscheinen hier zum ersten Mal auf deutsch, einige wurden eigens für diesen Band geschrieben. Vor jeder Erzählung richteten die Autoren das Wort direkt an den Leser, um sich dem deutschen Publikum vorzustellen. Mal kritisch, mal ironisch-selbstbewußt, immer aber höchst originell wird die eigene Person, das Werk oder das Verhältnis zur ungarischen Heimat kommentiert – und die Kettenbrücke, das berühmte Wahrzeichen Budapests, wird zum Ausgangspunkt für eine Entdeckungsreise durch die ungarische Literaturlandschaft der Gegenwart.

Die Herausgeberin, *Julianna Wernitzer*, ist promovierte Literaturwissenschaftlerin und arbeitet als Lektorin an der Universität Wien.

Kettenbrücke

Ungarische Erzählungen der Gegenwart

Herausgegeben von
Julianna Wernitzer

Mit einundzwanzig Autorenportraits

Deutscher Taschenbuch Verlag

Originalausgabe
September 1999
Deutscher Taschenbuch Verlag GmbH & Co. KG,
München

Umschlagkonzept: Balk & Brumshagen
Umschlagbild: ›Shadows of Budapest‹ – Corridor (1995) von Eva Köves
(Magyar Nemzeti Galéria / Hungarian National Gallery, Budapest)
Gesetzt aus der Stempel Garamond 10/12˙ (QuarkXPress)
Satz: Fotosatz Reinhard Amann, Aichstetten
Druck und Bindung: C. H. Beck'sche Buchdruckerei,
Nördlingen
Gedruckt auf säurefreiem, chlorfrei gebleichtem Papier
Printed in Germany · ISBN 3-423-12690-6

Inhalt

Péter Esterházy

Warum schreiben Sie?

Ich habe das, was man eine fertige literarische Antwort nennt, die kann ich jederzeit einer Rundfrage ins Angesicht schleudern: Pourquoi? Jeder hat seine eigenen Beweggründe: für den einen bedeutet die Kunst eine Flucht, für den anderen ein Mittel zu Eroberungen. Doch könnte man sich auch in die Einsamkeit, in den Wahnsinn oder in den Tod retten, erobern könnte man auch mit Waffen. Warum will jemand seine Flucht oder die Eroberung im Schreiben verwirklichen?, lese ich. Ich lese, daß wir schreiben, damit man uns liebt, wir aber so gelesen werden, daß sie uns nicht lieben können – mit Sicherheit macht diese Entfernung den Schriftsteller aus. Also, ich schreibe: aus der Lust, aus der Angst heraus, für die Freiheit und aus Freiheit; und weil ich »die betäubende, ekelhafte und ärgerliche Welt nicht mag und sie verändern will«, Zitat Ende, schreibe ich. Und eine alltägliche Antwort hätte ich auch, auf die Melodie von: Warum bin ich eine Schlachtbank geworden.

Eine ordentliche Antwort habe ich nicht. Aber die Frage ist auch nicht in Ordnung. Beziehungsweise ist die Literatur nicht in Ordnung. Das heißt, sie wird durch nichts gerechtfertigt, und sie rechtfertigt nichts. Wir wissen allerdings, daß eine Nichtantwort auch eine Antwort ist.

Das Vorhandene gibt es. Und so weiter: Das ewig Vorhandene führt uns voran, voran.

Wollen Sie das goldene Budapest sehen?

Novelle zum 75. Geburtstag von Hrabal

»Schauen Sie, Meister ...«
»Ich bin kein Meister.«
»Bohumil.«
»Für Sie bin ich nicht Bohumil.«
»Nun, wenn Sie weder Meister noch Bohumil sind ... was dann?«
»Herr. Herr Hrabal. Professor für das lebenstechnische Dilemma allgemeiner Art, Prag.«
»So soll ich Sie nennen?«
»Genau so.«

1.

Celestin, die Katze, ist in die Fleischsuppe gestürzt, so würde die Novelle beginnen. Celestin, du Hund, du! Du niederträchtiger Schurke! riefe die Dame des Hauses, die Frau des Ich-Erzählers, die Katze hingegen hielte das Selleriegrün im Maul und kicherte aus der Suppe hervor. Hi-hi-hi!

2.

Es wäre warm zu dieser Mittagszeit, und auf die Schnelle wüßte man nicht recht, welche schwere Hitze unsere halbeuropäischen Häupter und Rippen zusammendrückt, vielleicht würden wir gerade vor dem offenen Schlund eines hungrigen Hochofens in Kladnó promenieren, aber es wäre auch nicht auszuschließen, daß dem Dorfnarren der Grind zu sieden beginnt und wir dort! – es ist also gar nicht ausgeschlossen, daß wir mit Celestin in eine Art modernes, angestrengtes Schreiben gestürzt sind.

Die Beschaffenheit des Erschaffers (dieser Geschichte) und der Anlaß lassen auf eine Hrabal-Paraphrase* schließen, was aber keineswegs hervorgehoben, eher sogar versteckt werden sollte, so daß man es (das Verstecken) geradezu sehen könnte, man könnte sehen, wie dem Erschaffenden seine Beschaffenheit peinlich wäre, nur könnte sie der Arme nicht wieder loswerden; die Unglückseligkeit, Beschränktheit und das Versagen wären an sich nicht herausfordernd, man (wer denn?) wüßte aber, daß alles, was daran gut wäre, aus diesem Bereich stammte (von Calvino-Nachempfindungen würde die Novelle streng und irritiert wegschauen – wenn ein Reisender an einem Sonntag …: dergleichen zu erkennen stünde nicht in ihrem Interesse!)

3.

Es wäre warm, ein Mittagessen gäbe es aber nicht. Daher würde sich beim mittäglichen Glockenläuten – das in dieser Gegend seit Jahrhunderten den Sieg über die niederträchtigen Türken verkündet: wir haben so wenige Siege ernten können, daß wir vor dem Mittagessen von diesem einen hören wollen, dieser Ton weckt unsere Magensäfte wie andernorts der trockene Sherry – da würde sich die Novelle auf den Weg machen, in ihren Spuren die ganze Familie, Vater, Mutter und drei oder vier Kinder, bei ihrem aufgeregten Treiben wäre das nicht so genau festzustellen, und schon stünden sie an der schäbigen Eingangstür eines sogenannten Fischergartens, sie schauten sich um, und es wäre auf Anhieb klar,

* In meinem Traum war Hrabal ein Krug voll Bier. Na, dann prost!

daß sie, die Novelle, hier ihre richtigen Dimensionen entfalten könnte, sie wäre nicht feierlich, nein, sie wäre betroffen, sie war lange nicht mehr hier, ihre Augen würden vergeblich nach dem großartigen Aquarium suchen, vor dem früher zu jeder Tageszeit Kinder standen und nach Luft schnappten, um sich mit den hochnäsigen Karpfen zu unterhalten, die Novelle könnte auch die riesenhafte Platane nicht mehr finden (monatelang war die Mitte des »Gartens« durch eine kraterförmige Grube, einen Mineneinsturz, die Stelle des fehlenden Baumes verunstaltet), statt dessen würde sie das betonierte Viereck sehen, das jetzt dampfend Hitze speit, rund um den Zaun wären Nischen, die wären noch da, mit grüngestrichenen, rautenförmig gemusterten Trennwänden (wie Beichtstühle), und es gäbe auch noch einen Rest Schatten (grau und zerfranst), und der Schotter, der gute Donauschotter, knirschte unter den Sohlen wie: immer.

Wenn wir auch nicht zu Hause sind, sind wir doch auf heimischem Boden, wir sind angekommen.

4.

»Bist angekommen, mein Junge«, so empfing mich der alte Kellner am Tor, sein Gesicht war von Bartstoppeln übersät, als wären es unzählige Fliegen, an seinem weißen Kittel wölbten sich Tausende von Flecken. Seine klapprig dürre Gestalt wankte, als würde ihm der Wind, ein unsichtbarer Sturm, in den Rücken stoßen, er trippelte mit tanzartigen, schnellen Schritten, wie alte Frauen, blieb unerwartet mit gespreizten Beinen starr stehen, dann stürzte er wieder voran. Seine Schultern waren ihm einen halben Schritt voraus. Eilig umarmte er mich, als hätte er Angst, küßte mich links und rechts, ich mußte eine dicke Schwade von seinem säuerlichen Geruch einatmen. Mit einer strengen Bewegung packte er mich am Hemd.

»Weißt du, wer ich bin? ... Nein, du weißt es nicht, auch du weißt es nicht. Aber ich sage es dir, ... Mein Sohn, der war der Bandi, der bin ich.«

Da hatte ich es: es war der Geruch von verdorbenen Kutteln, das war dieses schwindelerregend Saure. Einmal haben wir im Sommer Kutteln draußen im Küchenfenster vergessen. Wir mußten der Quelle des Gestanks geradezu nachforschen.

»Genau so«, er ließ mein Hemd nicht los, schüttelte mich der jeweiligen Betonung entsprechend, preßte mich an sich, hob mich, hielt mich. »Ihr wart die Verteidigung! Das Mittelfeld? Die Läufer! Mein Bandi und du! Der Bandi war der Verstand, du das Herz! Wenn ihr gut gelaunt wart, habt ihr die Rollen auch mal vertauscht. Die Direktoren, so nannte man euch. Denn was auf dem Fußballplatz geschah, habt ihr bestimmt, du und mein Bandi, auf höchster Regierungsebene. Ihr hattet das letzte Wort ... Aber für mich bist nur du geblieben, mein Junge ... Oh, meine Dame, nicht dorthin, den Tisch dort habe ich ... für den Herrn Direktor und seine Familie ...« Er zwinkerte mir zu und rannte davon.

5.

Der Kellner rennt, die Novelle bleibt, bleibt stocken. Die Arme ist auf eine Schwierigkeit gestoßen. Auf die Schwierigkeit, die es auch bei Übersetzungen gibt.

Nicht nur, weil der Ton in Hrabals Texten mehrheitlich die lebendige Sprache transportiert und es ein lebensgefährliches Unterfangen ist, die Anreden, die persönlichen und landesüblichen Kumpeleien, Intimitäten, das ganze System der sich darin realisierenden gesellschaftlichen Verhältnisse umzusetzen (Vereinbarungen, Kompromisse, Betrügereien, Gefechte, Traditionen, Ruinen, Vergangenheit und Zukunft –

mit einem Wort: die merkwürdige Gegenwart) –, sondern vor allem, weil es um ein sehr spezielles (echt super) tschechisches Kauderwelsch geht, um tschechisches Schwatzen, tschechisches Geplapper. Das ist nicht nur eine sprachliche Besonderheit (Erscheinung!), das Problem (?) besteht nicht darin, was sie sagen und wie sie das tun, sondern: wer da spricht.

»Bitte sehr, Herr Lojza, das gehört Ihnen.« Hier gibt es niemanden, der so spricht, denn die, die so sprechen, sind dort, in Prag, in Nymburk, Usti nad Laben, dort gibt es die tschechischen Großparlierer, diese Typen!

Selbst in mittelmäßigen tschechischen Werken ist das zu finden, dieses Gute, also geht es dabei um ein unpersönliches Wissen, um ein Allgemeingut und damit um Kultur. Neulich zum Beispiel gab es (zeigte man) einen mehr als gerissenen Tschechen, nämlich einen tschechischen Fernsehfilm, da erklärte ein feiner alter Herr, ein nur halbwegs alter Herr, der zu allermindest ein Doppelspiel trieb, er erklärte einem unerfahrenen Jüngling – in einer Arie –, wie man mit Frauen umgehen sollte, mit den Frauen müsse man so umgehen, daß man dem Fräulein, während man ihr von der Relativitätstheorie erzählt, hopp, einen Schuh bereits ausgezogen hat, hopp! $E=mc^2$, hat man den Schuh in eine entfernte Ecke geschleudert, und schon ist alles erledigt. Erledigt? Du Depp, warum fragst du nicht, was mit dem anderen Schuh los ist? Wieso denn, was ist mit dem anderen Schuh? Nichts! Nichts ist mit dem anderen Schuh! Und weißt du warum, mein lieber Herr?! Weil ihn das Fräulein eigenhändig ausziehen wird. Der Schuh, der übrige Schuh, wird sich in nichts auflösen. Wieso denn, könntest du zu Recht fragen, mein lieber Herr. Da nämlich, Vaclav, kommt wieder die Wissenschaft ins Spiel, daß nämlich, bitte schön, die Frau die Asymmetrie einfach nicht aushalten, nicht ertragen kann, und so weiter, mein Sohn, Vaclav, so ist es wis-sen-schaft-lich.

Die Novelle hat lange schon keinen so erfrischenden Blödsinn gehört. Das würde sie ausprobieren wollen ... Allmählich würde ihr allerdings ein Licht aufgehen – lux oritur, ein spätes ungarisches Licht! –, daß es solche Figuren auch hierzulande geben könnte, wie denn auch nicht, zum Beispiel die Figuren von Iván Mándy. Großartig! Denn er, Mándy, ist auch schon siebzig Jahre alt. Nur schwatzen seine Figuren nicht, sie murmeln eher und zucken mit den Schultern. Sie haben zärtliche, verstaubte, wilde Bewegungen! Aber sie können genau dasselbe, sie stammen vom selben Ort.

Die aufeinander loszulassen, die Mándy-Typen und die Hrabal-Typen, wäre ein Heidenspaß, gemeinsam würden sie sich einen Lubitsch-Film anschauen und dann ordentlich ein Bier heben. Den Mándy-Typen würden allerdings die Fräuleins vom Café erwarten, den Hrabal-Typen hingegen die Fräuleins von der Post. Und was wird nun daraus?

Man braucht nur einen neuen Absatz, und schon haben die zwei die Damen vergessen, nun würde ihnen der Papa einfallen; der Vater vom Hrabal-Typen fuhr Motorrad, da gab es viele Sorgen, er war schnell wie ein Pfeil, seine Mutter aber ging einem, wie alle Mütter, ein bißchen auf die Nerven, aber sein Vater beruhigte sie: »Komm nur, Maryska, die gute Luft wird auch dir bekommen, du wirst schon sehen«, dann sprangen sie alle drei auf die Maschine, nur hatte der Vater, nachdem sie einige Leiterwagen überholt hatten, die Nerven der Mutter gleich wieder vergessen, er neigte sich vor und brüllte: »Targa Florio!« und schon stürzten sie davon. Seine Mutter war nur verschwommen zu sehen, wie sie den kleinen Bruder an die Brust preßte, und während der ganzen Fahrt schrie sie: »Franci, Franci, Herrgottnochmal, Franci!« doch der Vater ließ mit dem Tempo nicht nach, damals waren Popelinmäntel in Mode ... und die blähten sich, der Vater bekam einen Buckel am Rücken, der bis zum Kopf des Hrabal-Typen reichte; der Vater des Mándy-Typen hingegen ... er war ein

Vater, Gyula Zsámboky, Journalist, oh, zum Beispiel hatte er das ›Burgtheater‹ finanziert, ein toller Film!, ein Kunstwerk! Nur wäre jetzt von etwas anderem die Rede, mag sein, Olga ließe er dabei aus dem Spiel. Auf alle Fälle würde er eine Zeitung herausgeben, und zwar auf der Margareten-Insel, mit der Führung des Restaurants und des Hotels hatte er bereits Abmachungen getroffen, das waren wirklich europäische Köpfe, sie verstanden, wovon die Rede war, von welchen Möglichkeiten. »Eine gute Idee, Herr Redakteur, Sie haben ein wirkliches Konzept!« sagten sie. Das Blättchen würde einmal die Woche erscheinen, alles in allem nur einige Seiten, vom Format her etwa wie eine Speisekarte, die Abnehmer wären die Gäste im Restaurant, man ließe das Blatt unauffällig und elegant neben den Teller gleiten, und für die Hotelgäste würde es auf dem Nachttisch oder auf einem anderen Tisch bereitliegen ... er würde über die Insel schreiben ... über die Vergangenheit der Insel, darüber, wie das große und das kleine Hotel erbaut wurden, natürlich wäre alles mit Illustrationen versehen, von den besten Illustratoren gefertigt, er würde Walter Trier von der Berliner Uhu-Redaktion bitten, eine Vereinbarung mit ihm zu treffen; die Väter!, der Vater des Mándy-Typen und der freundliche Vater, der Vater des Hrabal-Typen. Tausende von Vätern; nun schweigt die Novelle ...*

6.

Meine Frau griff nach dem Nacken des Kellners, packte ihn am Kittel und zerrte ihn zurück, als wäre der Mann eine Katze. Mit sehr sanfter Stimme fragte sie:

* In meinem Traum war Hrabal mein Vater, aber jetzt möchte ich mich in diese Angelegenheit nicht verwickeln.

»Onkel Bandi, was ist mit dem einen Auge Ihres Kollegen, warum ist es so wunderbar, wieso leuchtet es in so vielen Farben und so kräftig, daß ich es immerzu anschauen möchte, doch sobald ich hinschaue, die Augen schließen muß, meine Augen, und schauen Sie, die Tränen sind noch sichtbar, warum ist das so?«

»Weil es aus Glas ist, mein Engel. Muranoglas, das beste, was es gibt, sein Vater hat es für ihn besorgt, auf höchster Regierungsebene. Er hatte ihm das Auge mit der Dienstwaffe herausgeschossen.« Er schaute mich an. »Deshalb muß man noch keine Schlüsse über die Regierung ziehen. Ich weiß, du magst es, Schlüsse zu ziehen.«

Meine Frau benimmt sich gerne wie eine alte Frau, die schon alles hinter sich hat, auf nichts mehr angewiesen ist, und sollte sie *doch* jemand schön finden, könnte das höchstens an der Weisheit der Jahre liegen, nicht der Rede wert. Das ist bei beachtlich vielen Männern von großer Wirkung, vor allem bei den Jüngeren. Der Kellnerjunge, das Vögelchen vor der Schlange, stellte mit hochrotem Kopf magische ungarische Biere auf den Tisch, der Alte verteilte das Besteck. Unsere Kinder grinsten hingerissen.

»Wie sie sich drehen und wenden.«

»Wie hurtig!«

»Flink sind sie.«

»Onkel Bandi, bitte, was ist mit der Bestellung!«

Der Alte wandte sich an meine Frau. Wieso denn?

»Wie heißt der Junge?« Das wollte meine Frau wissen, und wieder errötete der Junge. »Heißt er nicht Miklós?«

»Auf höchster Regierungsebene, mein Engel. Genau so heißt er.«

»Miklós, nehmen Sie die Bestellung auf.« Das sagte meine Frau, und ihre Stimme war blaß und entschieden, als käme sie von der Jahrhundertwende.

»Sehr wohl, gnädige Frau.« Als Vorspeise empfahl er Gänseleber mit Morcheln, dazu ein Gläschen Chardonnay, eine kalte Gurkensuppe, als Zwischengang dann Kalbsbries oder Lachs, und es gäbe zwar Wels, gefüllt mit Nüssen oder auch Ente Orange, doch würde er trotz der Saison eindeutig Rehmedaillons empfehlen, dazu unglaublich leichte Knödel.

»Und wenn schon von leichten Dingen die Rede ist, muß zum Schluß, ohne Wenn und Aber, ein Zitronensoufflé folgen. Sollten die verehrten Gäste in das Soufflé hauchen, flöge es davon… Wenn sie hingegen nicht hauchen, dann natürlich…«

Und schon liefen sie beide lachend davon, von der Tür rief mir Onkel Bandi noch zu:

»Herr Direktor, dann bringe ich also Topfennudeln, Kutteln und die Fischsuppe. Mit Rogen! Ich schütte viel Milch und Rogen hinein, lieber Direktor, okay?«

7.

Die Novelle würde nun, grob gesagt, die Zeit fein skizzieren, das ist keine leichte Aufgabe, eher schon eine Fieselarbeit. Doch die Vergleiche, die diesen Bereich zu beschreiben hätten, die Attribute für das Leiden, die ewigen Reihungen von Hauptwort und Gegenstand, die Satzstrukturen, die nicht so sehr von tragischen, eher von schweren und dennoch heiteren Verhältnissen innerhalb der Grenzen von Glücklichsein und Unglücklichsein berichten sollten – würden geradezu unbemerkt, unterhalb der Erdoberfläche, eine Ruhe der Zeit erschaffen, und damit gäbe es etwas Bestimmtes, das im Zusammenspiel mit den schattenhaften Fragmenten und den konkreten Gegebenheiten, dem Sommergeruch, dem rauschenden Weiß, der langsamen Wärme, den in den Asphalt gedrückten Schottersplittern, den trockenen und staubigen Blättern der Pappeln vom letzten Jahr und den weiblichen

Ausschnitten (?), die alles durchkreuzen, auf eine kaum logische Weise den Anfang des Jahrhunderts etwas nostalgisch (nicht klebrig-schmuddelig, nur eben nicht ganz wahrhaftig) heraufbeschwören würde, jedenfalls wäre es so, als gäbe es die Zeit, Zeit dafür, wofür es sie geben muß, für eine Bewegung, für ein Wort, für das Schweigen, Lügen und das Bier, das wir uns so sehr wünschen, als könnten wir diese persönlichen Splitter aus dem großen Felsen der Zeit für uns herausmeißeln und müßten sie nachher nicht in der jämmerlichen Art von Taschendieben wieder verstecken, denn sie würden uns gehören.

Dieses konjunktivische Geplapper würde Hrabals Geist nur mürrisch ertragen – aber Geburtstage haben ihren Preis! – die Novelle würde mit einigen entschiedenen Zügen skizzieren – wobei wir ihre Freude und Kraft spüren könnten – wie ein Tag, gleich einem begeisterten oder hingerissenen Augenpaar, plötzlich aufleuchtet und zu funkeln beginnt.

Es wäre Sonntag. Würde sich herausstellen.

Was sich da über den billigen, verrosteten Gartentischen zeigen würde, zwischen den zitternden sommerlichen Schatten, im leiernden Gerede der Kinder, dem fernen Gerumpel am Schanktisch, in der Nähe einer Frau und in der unerwarteten, vorhandenen-nichtvorhandenen patriarchalen Stille, am Sonntag – was mehr bedeutete als die bloße Möglichkeit von Nichtstun, eher ginge es um den verblüffenden Respekt vor uns selbst –, was sich dort also zeigen würde, was sich zumindest zeigen würde, wäre nicht die »Freizeit«, sondern die freie Zeit, und die wäre nichts anderes als die Freiheit selbst. Oder eher noch die Unabhängigkeit.

Schließlich würde alles – die ganze Paraphrase! – darüber reden, über diesen Kampf, bei dem es um die Ruhe der Zeit ginge, mit unterschiedlichem Erfolg, manchmal erschreckend aussichtslos, mal mit der dunklen Hoffnung, daß jemand überleben könnte, dieser Jemand müßte nicht unbedingt der

Ich-Erzähler sein (loben wir den Schöpfer dafür!), vielleicht wäre es aber doch er, vielleicht aber der Polizist oder seine wahnsinnige Tochter oder unsere tote Mutter, vielleicht wäre sie die Überlebende, und vielleicht gäbe es keine Überlebenden. Das kann man jetzt nicht wissen, mehr noch, es gibt kein Jetzt, das ein solches Wissen erlaubt.

8.

Nun hätten wir auch das hinter uns, die Novelle würde sich wohlig strecken. Dadurch oder wirklich nur durch eine winzige Unaufmerksamkeit oder durch den Sonntag wild geworden, würde die Novelle den Kopf verlieren und von ihrer Lieblingsvision berauscht zu sprechen beginnen, von der tschechischen Kultur, dem goldenen Prag!, wollen Sie das goldene Prag sehen?, sie würde sagen, daß es dort eine *feine* tschechische Kultur gäbe, die selbst die geistige Ödheit, die nach 1968 folgte, überbrücken könnte, sie blühe nicht, aber sie lebe, und sicher gäbe es in Prag phantastische Wohnungen, Schwejk und Kafka würden dort vorbeischauen, und alle lebten miteinander in einer unanfechtbaren Unabhängigkeit, als wären wir bereits in Europa, und daß für die Novelle das tschechische Biertrinken viel sympathischer sei als die legendären ungarischen Ausschweifungen ...

Oh, oh! Da entstünde eine unbehagliche Stille. Nun würde der arme ungarische Text die eigenen Bezugspunkte allzu verkrampft suchen, damit wäre er nicht eben sympathisch. Das käme sicher vom Neid! Prag – ja schon! Das goldene Prag, Kafka, Schwejk, das seien Embleme, damit gäbe es einen Ausgangspunkt, die Literatur aus Prag, die bedeute etwas!

Hier käme die Novelle endlich zur Besinnung, und um zu retten, was noch zu retten wäre, übergäbe sie das Wort den

Kellnern; so könnte sie zumindest den snobistischen Unterton und den Vorwurf der Anbiederung vermeiden. Wohin fliegt jetzt unser schöner Sonntag? An den Montag denken wir trotzdem nicht.

9.

»Na also. Das mit dem Bier. Ihrer Meinung nach.« Der Alte nickte, der Kellnerjunge räumte die Suppenteller ab, meine Kinder beobachteten sein Auge, das Glasauge. Ich gab ihnen einen Tritt unter dem Tisch. »Das Bier also sei etwas sehr Tiefes und Schönes …« Der Junge nickte wütend. »Herr Kollege, haben Sie das Ungarische Pimodan gelesen?«

»Ich habe es gelesen«, sagte der Junge errötend.

»Das von Endre Ady?«

»Ja.«

»Gut so. Dann lesen Sie es noch einmal.«

Sie räumten weiter ab.

»Was wollen Sie denn? Wollen Sie hier ein Tscheche sein? Ein Kulturmensch? Recht haben Sie! *Hier* ist es gut, ein Tscheche zu sein! Was wollen Sie denn?«

»Sie wissen es ja ohnehin …«

»Ich weiß es. Aber erzählen Sie nur … erzähle es doch den Direktoren.«

Der Junge sprach zu meiner Frau, schüchtern und frech, wie ein Schüler mit der strengen, aber gerechten Biologielehrerin.

»Ich möchte mit meinem einen Auge Murano, Burano und Torcello sehen. Das alles werde ich mir ansehen.« Aber er sah nur meine Frau.

Die Kinder begannen zu schreien:

»Murano!«

»Burano!«

»Torcello!«

Die beiden Kellner wirkten jetzt gleich alt, verwaist standen sie neben dem Tisch, sammelten Kräfte, um dann über die Betonwüste hinwegzukommen.

»Nehmen wir an, da ist Mitteleuropa. Das ist kein Blödsinn, Sie können's mir glauben. Ich zum Beispiel kenne in Budapest einen weiblichen Menschen, der sich auf höchster Regierungsebene mit Bier beschäftigt. Mit Bier und Hölderlin, das sind seine Fachgebiete ... Ein *Central-European-Dream*. Dann wird der gebildete Westen zumindest zur Kenntnis nehmen müssen, daß es zwischen ihm selbst und den Russen ein Loch gibt. Ein schwarzes Loch. Darin werden wir alles, was lebt und sich bewegt, vermengen – höchst zuvorkommend: nach Ihnen, Pan Gombrowicz, und wen sehen wir da?, doch nicht Danilo Kiš, den Kobold, den sein Leitstern hergeführt hat!? –, und nachdem sie alle zusammengetrieben wurden, kann man sie sich alle merken. Die Sache ist nicht ganz seriös, aber beinahe. Wenn alles gutgeht, können sie sich aus ihren Romanen gegenseitig zurufen. Wenn alles gutgeht, können sie sich, gleich nachdem wir sie als eine Einheit gesehen haben, auch wieder trennen, und jeder kann wieder er selbst sein ... Aber natürlich nur, wenn alles gutgeht ...«

»Die Donau wäre ihr Wappen!« strahlt der junge Kellner.

»Die Donau ist zu groß. Für Prag zumindest. Stellen Sie sich die Donau unter der Karlsbrücke vor ... Eine Anmaßung. Das gäbe Probleme auf höchster Regierungsebene, Herr Kollege. Großungarische Träume vom Schwarzwald bis zum Schwarzen Meer. Na, Sie würden schon sehen.«

»Die Donau ist nicht ungarisch.«

»Ach, mein Sohn, bis sich das herausstellen würde ...«

Meine Frau und ich mögen Bier so sehr, daß wir, als der erste Krug auf den Tisch kam, die ganze Kneipe in Schrecken versetzten, den Schaum schöpften wir mit den Händen ab, schmierten ihn uns und den Kindern ins Gesicht, rieben ihn uns und den Kindern in die Haare, wie die Juden, die sich Zuckerwasser in den Backenbart streichen, beim zweiten Bier wiederholten wir die Schmiererei, so daß wir schon von weitem leuchteten und nach Bier rochen. Das war zwar ein Spaß nach Studentenart, aber auch ein Zeichen für unsere Bier-Lust und für die jugendliche Begeisterung, die (trotz unseres Alters) aus uns hervorbrach. Wir waren Bierhalbstarke.*

10.

Die Frau sammelte die Kinder ein, wie Brösel von einer Tischdecke. Sie verabschiedete sich von ihnen, als würden die Kinder zu einem langen Weg aufbrechen.

»Ich bleibe mit eurem Vater noch da, wir trinken noch das Bier aus.«

Der Mann nahm das Kleinste auf den Schoß, umarmte es, während die Frau alle der Reihe nach küßte und ihnen ein Kreuz auf die Stirn zeichnete.

»Lebet wohl. Helft einander. Am Abend sollt ihr etwas essen.«

Sie trieben die kleine Bande bis zum Gartentor, dann gaben sie ihnen einen sanften Stoß, damit sie losgingen. Erschrokken flatterten die Kinder davon und schauten zu den zwei erwachsenen Fremden zurück, zu ihren Eltern.

* Im Traum habe ich mich zusammen mit Hrabal ordentlich betrunken. Da sitzen wir also beide, schauen uns um. Ein Polizist tritt ein, bestellt ebenfalls ein Bier. Und nun, o Schmerz, folgt ein sozusagen unübersetzbares Wortspiel, das, – da es die Möglichkeit nutzt, daß auf ungarisch »tschechisch stehen« so viel bedeutet wie »die Dinge kommen schlecht voran« – mit Hilfe der Wörter Sklave (rab), Schaum (hab), links (bal) in dem Dreieck randaliert, das durch die Freiheit, das Bier und den zu feiernden Autor abgesteckt wird.

11.

Er mußte Wasser lassen, ging also hinaus. Aus der benachbarten Damentoilette hörte er Stimmen, eine weibliche und eine männliche.

»Schauen Sie, lieber Meister …«

»Ich bin kein Meister.«

»Bohumil.«

»Für Sie bin ich nicht Bohumil.«

»Nun … wenn Sie weder Meister, noch Bohumil sind … was dann?«

Die Spülung wurde gezogen, das Wasser rauschte, es wimmerte im Wasserrohr.

»So soll ich Sie nennen?«

»Genau so.«

Plötzlich kamen ihm die Stimmen sehr bekannt vor. Er ging wieder hinaus. Draußen langte ein sympathischer Mann mit braunem Gesicht aus einer der Nischen nach ihm, ein Polizist außer Dienst.

»Ist die kleine Dunkelhaarige Ihre Frau?«

»Ja.«

»Dann stellen Sie sich jetzt vor, daß Beethovens Achte gespielt wird, die von Ludwig Beethoven, diesem unartigen Genie aus Wien, der auch den großen Goethe nicht grüßte. Ich warte. Sind Sie so weit? … Ich will da nicht hineinreden, aber diese Frau sollten Sie entsprechend schätzen!«

»Ich habe noch ein Bier bestellt«, sagte die Frau, als er zum Tisch zurückkehrte. Sie schauten einander nicht in die Augen.

12.

»Ich habe den Jungen heimgeschickt, den Miklós«, sagte der Alte und sank zu ihnen auf die Bank. Er hatte ein Bier für sich mitgebracht. Das Gartenlokal hatte sich geleert, alles wurde langsamer. Unausweichlich, wie ein angenehmes Hochwasser, kam die mitteleuropäische Melancholie der Sonntagnachmittage auf sie zu, Schlamm und Steinschutt, sie glitten in ein tiefes Tal hinab, aus dem sie nur die Zeit wieder hinauswerfen konnte, die teilnahmslos verstreichende Zeit. Der Mann hätte der Frau am liebsten eine runtergehauen oder wer weiß.

»Aber daß du nur ein halber Direktor bist, sollst du nicht vergessen, Direktor. Mein Bandi und du, ihr wart zusammen ein... den Ball habt ihr beinahe gestreichelt, ihr habt ihn nicht geschossen, sondern auf dem Tablett serviert... Bei den Direktoren weint der Ball nicht, so hieß es. Die beiden haben noch Respekt vor dem Ball, so hieß es. Den Ball sollst du nicht duzen, das ist eine uralte Weisheit. Mein Bandi, der war der Verstand und du das Herz.« Schluchzend griff er nach der Hand des Mannes und küßte sie. »Der Verstand und das Herz ... eine ideale Paarung... nur...« Plötzlich schlug er mit der Faust auf den Tisch, als wäre sie ein Bierkrug. In seinen alten, roten, wäßrigen Augen lag müder Haß. »Wozu habt ihr die Rollen tauschen müssen? Warum hat dir die Plackerei nicht gereicht, daß du dich abplacken konntest? Das Schuften. Warum wäre es eine Schande gewesen, sich ins Zeug zu legen?... Ihr wart ja zu zweit eine Person... Denn zu dritt wart ihr nicht einmal eine... Warum hast du zugelassen, daß mein Bandi das Herz ist?... Damals hatte er die Ilike kennengelernt...«

»Er war in die Ilike gestürzt wie Celestin in die Fleischsuppe«, murmelte die Frau liebreizend betrunken. »Für die Ili war es eine große Überraschung, daß sie von den Herren in der Stadt beachtet wurde, anstatt dem Wind preisgegeben zu werden wie ein kahlköpfiger Rabe, der fliegen sollte, wenn er kann. Diesen Satz muß man ins Englische übersetzen«, sagte sie, und gleich darauf schlief sie ein.

In der Grundschule war der Mann mit Bandi in einer Klasse. Bandi war ein unglaublicher Fußballspieler und unglaublich dumm. Dumm wie der Sand, absolut dumm. Aber es steckte viel Freundlichkeit in ihm, so daß ihm die Lehrer die totale Dunkelheit im Schädel nicht recht glauben wollten. Sie wollten versteckte Schätze aus ihm hervorlocken. Lächelnd schüttelte er den Kopf, ihr braucht mir nichts vorzusagen, Kinder, es ist vergebens ... er konnte geschickt Gitarre spielen, von ihm hörten die anderen das erste Mal von den Beatles, mit drei Gitarren und einem Schlagzeug gründete er eine Band. Und mir nichts, dir nichts war er dann mit der Ili verheiratet, Fußball spielte er nicht mehr, der Mann verlor ihn aus den Augen, hörte nur, daß das Paar zwei Kinder habe und daß ihr Blumenladen gut gehe.

Es war still, das heißt, es gab eine Pause. Dann ertönte die alte Kellnerstimme an der Grenze des Schweigens wie eine einsame schlechte Violine, die heisere, versoffene Stimme mußte alles allein ausdrücken: den Schrecken, das Glück, die Langeweile des Nachmittags, das Einmalige und das Geheimnisvolle im Leben eines beliebigen Menschen und auch dessen Heiligkeit? (Und sein schweigsames Vertrauen, seine Hoffnung, seinen Ehrgeiz?)

Ja, also der Direktor, der Halbdirektor, habe damals einen Fehler begangen, denn ja, diese Ilike ... wegen der Ilike ... schon sehr ... er, der Alte, sei abends recht müde, denn während des langen Tages schleiche sich das Trinken allmählich in ihn hinein, durch den Alkohol, nicht auf höchster Regierungsebene, aber mengenmäßig beachtlich, und die Ilike kam jedesmal zur Sperrstunde mit ihrem Schubkarren vorbei, um ihn abzuholen, sie legte ihn in den Karren und schob ihn nach Hause, es gab zwei Schubkarren, einen für die Blumenerde und einen für den Dünger, ihn hatte sie in den mit dem Dünger gelegt, *Väterchen muß noch wachsen*, blubberte das Riesenweib, sicher hat der Direktor sie neben dem Fußballplatz schon gesehen, diese berghohe Sinnlichkeit, dieses turmstarke, fleischige Stück von einer Frau, das gutgebaute Weib, zu Hause kippte sie ihn aus dem Karren, sie hatte herrlich viel Kraft, dann schleppte sie ihn wie einen Kartoffelsack ans Bett, vorher, an der Schwelle, schüttelte sie ihn, damit der Dünger von ihm abfiel, am Bett war es dann vorbei mit ihrer Wut oder vielleicht mit ihrer Kraft, und sie betrachtete den Mann, wie man ein Kind anschaut, *ein schöner Mann sind Sie*, kicherte sie, *wenn Sie bloß nicht so stinken würden*, und die Nachbarin spähte ihnen immer nach, *na, Ilike, ist der Schubkarren nicht zu schwer?* fragte sie, *schwer ist er schon, Marika, aber es ist ein Schubkarren*, und damit kippte sie ihn um. *Du wirst schon wissen, Ilike. Das weiß ich auch, Marika.*

Und so ging es jahrelang, genau gesagt zwölf Jahre, Tag für Tag, und dann fragte vor drei Wochen der Sohn, der Bandi, *finden Sie sich nicht widerlich, Vater*, und bevor er hätte antworten können, antwortete der Bandi, sein Sohn, *nein, du findest dich nicht widerlich. Aber ich, ich schon!*

Und das sei vor drei Wochen gewesen, vor einer Woche aber hat man ihn aus der Donau gefischt, anderntags waren die Ilike und die Kinder auf und davon, seine beiden Kinder. Nach Szentes sind sie gegangen, habe er gehört. So ein Läuferpaar wie die Direktoren würde es also sicher nie wieder geben.

»Du hast sie geliebt, was?«

Seine Augen blitzten. »O nein! Die Frau meines Sohnes! Das wirklich nicht. Begehrt habe ich sie nur, immer und ewig, bis daß der Tod uns scheidet ...«

13.

Es ist Abend geworden. Die zwei Männer sind auf den Tisch gesunken, so träumen sie ihre kosmischen Träume. Die Frau schaut mit aufgerissenen Augen starr in die Dunkelheit.*

14.

Die Novelle würde sich neben die beiden Männer auf die vollgeschriebenen Blätter legen. Wenn sie wieder zu sich käme, wären die Blätter leer, von Tränen und vom Speichel aufgeweicht, dadurch wieder weiß.

Oder sie würde losfliegen, aus dieser staubigen Budapester Vorstadt würde sie einfach losfliegen, fliegen, auf und davon und weg.

Der Mándy-Typ würde den anderen anstupsen.

»Schauen Sie doch. So geht es nicht. Das ist zu einfach. Wirklich, viel zu einfach.«

»Sicher, mein Herr, so ist das alles verpfuscht, von Adam bis zur Eva«, sagt der Hrabal-Typ und nickt.

»Können Sie denn fliegen?« rümpft der Mándy-Typ die Nase. Der andere antwortet nicht. »Auf höchster Regierungsebene, meine ich.«

»Lieber Freund, ich bin keine Renaissance-Figur. Über mir wölbt sich der Sternenhimmel, aber welche Moralgesetze gibt es in mir? Welche?! Alter...«

Und sie schwingen sich hinauf, der Novelle nach, auf und davon und weg.

* In meinem Traum war ich Hrabal und sprach folgendermaßen zu ihm, zu Hrabal oder umgekehrt: bitte, träume einmal auch von mir, du wirst sehen, in deinem Traum werde ich dir dafür danken...

»Summertime, Kollege, summertime«, sie lachen. So wäre die Novelle zu Ende, und vielleicht würde ihnen noch die Katze Celestin aus der Schwärze des Firmaments zulachen (da auch ich keine Asymmetrien mag), in ihrem Maul hielte sie das Selleriegrün, summertime, Kollegen, summertime …

»Fülle einfach das Formular aus, das du von mir bekommst. Wenn ich es ausfüllen kann, kannst du es auch ausfüllen. Wenn du es ausfüllst und an die angegebene Adresse schickst, bekommst du monatlich bis an dein Lebensende garantiert 9600 Dollar ausgehändigt.

Bekommst du die 9600 Dollar nicht monatlich bis an dein Lebensende ausgehändigt, zahlen wir dir zum einen deine schäbigen 89 Dollar zurück, die du uns für das Formular gezahlt hast, zum anderen darfst du unsere Billard-Tante in Long Island vergewaltigen, die Hundehütte über unserem Hund in Brand stecken, unsere Teerosen und unseren Gartenzwerg vollpinkeln, und du hast obendrein immer noch die Genugtuung, kein Geld verloren zu haben. Schicke uns ruhig deine letzten verdammten 89 Dollarchen, bevor uns die Formulare ausgehen.«

Fünf Kilo Muttermaterial

Auf der Straße kam mir, leicht schwankend, Petri entgegen. Er hatte keine Ahnung, wer ich war, für alle Fälle küßte er mir die Hand. Aus dem Aufblitzen in meinen Augen folgerte er offenbar, daß wir uns kannten. Dann wurde er verlegen, weil er nicht entscheiden konnte, ob ich ein Mann oder eine Frau war, so daß er sicherheitshalber meine Brüste abschätzte und beruhigt war. Ich stellte mich ihm nicht vor, sollte er doch in seinem Gedächtnis nachforschen, aber ich sah ihm an, daß ihm nichts einfiel. Das störte ihn nicht besonders, er kam ganz gut mit meiner Masse zurecht und musterte sie genüßlich, doch das ließ ihn wohl vergessen, in welche Richtung er wollte, denn er küßte mir, um seinen Orientierungsleerlauf zu vertuschen, erneut die Hand. Darüber war ich nicht erfreut. Ich dachte nicht im Traum daran, ihn irgendwie anzuzapfen, aber es war, als wäre von dem Handkuß ein trübes Zeug an mir kleben geblieben, das Übersetzungskondensat irgendeines deutschen philosophischen Stoffes kroch mir von der rechten Hand bis zum Ellbogen hinauf. Ich schüttelte meinen Arm, doch davon kroch die Strömung noch weiter hinauf bis zu meiner Achselhöhle.

Ich ärgerte mich, daß ich nun den ganzen Tag mit diesem Kleister überzogen war, und so ließ ich Petri stehen und stürzte mich in eine nahe Telefonzelle. Ich rief meinen Yogi an, um Rat zu holen, aber er nahm nicht ab. Mein Yogi, ein achtzigjähriger pensionierter Offizier, hatte mich als erster in die Sicherheitsregeln eingeweiht. Er warnte mich, durch die Stadt würden Hehler streifen, die mit Vorsatz meine positiven kreativen Energien absaugen könnten, was noch der günstigere Fall wäre, im schlimmeren Fall würde ich heimlichen Müllabladern begegnen, die mir unter Anwendung der raffiniertesten Methoden ihre umweltverschmutzenden Stimmungen und Gemütsbewegungen einspritzen könnten. Am besten sei Vorbeugung, wozu ständige Wachsamkeit und schnelle Reflexe nötig seien, doch wenn man herumträume und es dabei doch passiere, müsse man einen sofortigen Versuch der Läuterung unternehmen, indem man mit Kastratenstimme belle. Auch Nasenschnauben, Krächzen, Krähen und das Abkehren des Körpers mit der Hand könnten hilfreich sein, wobei man mindestens dreimal in sein Inneres rufen müsse: »Hebe dich hinweg, hebe dich hinweg, hebe dich hinweg!« Der Schrei solle bis zu den Zehenspitzen dringen und von dort in den Schädel zurückprallen bis zur Nasenöffnung, die man gen Norden gewandt putzen müsse, und schließlich sollen die Müon-Neutrino-Tau-Rotzpäckchen symbolisch zu Boden geworfen werden.

Ich zog mich zur Durchführung des Läuterungsprozesses in einen Torbogen zurück, doch man hielt mich wohl für eine Müllsammlerin, denn ein älterer Herr mit gezwirbeltem Schnurrbart fuhr mich an, ich hätte hier nichts zu suchen, außerdem sei die Mülltonne gerade geleert worden. Da ich mit dem Kleister in meinem rechten Arm beschäftigt war, wankte mein übriger Körper schutzlos als Zielscheibe unter den Zehntausenden winziger Wutnieten des Alten, die wie Kletten an mir haften blieben. Diese Art Wutnieten werden von der Literatur als harmlosester Fall erwähnt, aber ich bin gegen sie besonders anfällig. Nachdem man sich nämlich vorschriftsmäßig mit einer imaginären Schicht aus Erdbeer- oder Aprikosenmarmelade überzogen hat, muß man dem Emissionär der Wutnieten Küsse der Vergebung entgegenhauchen, wovon die Marmeladenschicht in einem Stück von einem abplatzt, mitsamt den darin klebenden Nieten. Die erhärtete Marmeladenmasse muß dann in einem Zerstäuber, den wir im Geist aufgebaut haben, bei 756 Fahrenheit neutralisiert werden, damit ein ahnungsloser Spaziergänger nicht wieder hineinstolpert. Wie gesagt, bin ich gegen Wutnieten dieser Art anfällig, da ich nur in sehr seltenen Fällen vergeben kann, bei Fremden oder oberflächlichen Bekanntschaften ist es sogar fast ausgeschlossen. Deshalb begann ich die Wutnieten mit dem am meisten selbstschädigenden Verfahren von mir abzupulen. Ich produzierte Galle und umschloß damit jede einzelne Klette, in denen ich zu meinem Entsetzen die rhetorischen Parolen einer feindlichen Partei und den Kaffeesatz ihrer offiziellen Politik zu erkennen glaubte. Da stand ich bereits unter einem verlassenen Baum am Vérmező und zuckte, als wäre mein Inneres mit roten Ameisengeschwadern übersät. Für diese Operation ist die Aufnahme einer außerordentlichen Menge von Sauerstoff nötig, was – da ich asthmatisch veranlagt bin – meine ohnehin abgewetzten Herzkammerpumpen in nicht geringem Maße beanspruchte. Außerdem entladen sich als bekannte Nebenwirkung der übertriebenen Gallenerzeugung die Neurotransmitterstoffe, und der Patient wird von der Zwangsvorstellung heimgesucht, er müsse sich jeden Moment von einem Hochseeschiff in die Schaumkronen oder mangels eines Meeres mit voller Wucht zu Boden werfen.

Noch bevor ich dazu kam, mich wie eine Verrückte zu Boden zu werfen, sah ich einen anderen bekannten Dichter, einen gewissen Ákos Sz. auf der Promenade näher kommen, mit zur Begrüßung ausgebreiteten Armen, und noch bevor ich ihn warnen konnte, daß ich mich in freiwilliger Quarantäne befand und er daher stets den Seuchenpräventionsabstand von fünf Metern einhalten sollte, packte er mich am Arm und gratulierte mir begeistert zum Erfolg meines Buches. Ich konnte vor Verblüffung nicht antworten, da mindestens Dreiviertel der Nieten verklärt auf den Dichter übersprangen und obendrein auch noch ein großer Teil des deutschen Kleisters, den mir Petri angeküßt hatte, von meinem rechten Arm zu ihm hinüberrutschte. Ich wartete erleichtert und mit etwas schlechtem Gewissen darauf, verduften zu können. Ich sah, wie auf seinem Gesicht Offenheit und Vertrauensseligkeit von den Falten und Muskelzuckungen der Beklemmung abgelöst wurden. Ich beruhigte mich damit, daß ich ihn später anrufen und ihm den ganzen Schlamassel erklären würde, daß es streng verboten sei, mit so viel selbstvergessenem Vertrauen und so ungeschützt in dieser chaotischen Emotionswelt herumzulaufen, in der organisierter Gefühlsbetrug betrieben wird.

Als ich mich verabschiedete, wich ich vor ihm zurück. Vorläufig war ich mit dem Abpulen der verbliebenen Nieten beschäftigt, die bereits mehr oder weniger von einem grünen Belag überzogen waren. Da lief ein Neufundländer schwanzwedelnd auf mich zu, um ahnungslos an meinem Schoß zu schnuppern, und es gelang ihm, mit einem einzigen beseelten Nasenkuß sämtliche Nieten von mir abzuschnuppern, wovon er sich wiederum sofort zu Boden warf und vor Schmerzen winselnd hin und her wälzte. Das überraschte mich, denn die Nieten des alten Herrn befanden sich bereits in ziemlich verdünntem Zustand. Der Hundebesitzer ging empört und verständnislos auf mich los, und ich entfernte mich ohne Erklärung im Laufschritt.

Um in einen normalen, funktionstüchtigen Zustand zu gelangen, mußte ich täglich fünf Kilo Muttermaterial beschaffen. Ich begab mich schon am frühen Morgen auf meinen Erkundungsgang, aber ich hatte kein Glück. In New York, noch im Alter einer unbewußten Muttermaterial-Absaugerin, hatte ich nie Beschaffungsprobleme, ich klapperte einfach in ostwestlicher Richtung die Frühstückslokale der 181. Straße ab. Den puertoricanischen Kellnerinnen stand endloses, sich selbst erneuerndes Muttermaterial zur Verfügung, wovon ich nach Lust und Laune nassauern konnte. Ich nannte sie bei mir Schmandfabrikanten. Nur gut, daß sie einen nicht gleich gestillt haben mit ihren honigsüßen Nettigkeiten, die sie in wunderbar melodiöses gebrochenes Englisch einwickelten. Wenn ich Glück hatte und zwei Ecken von mir entfernt meine Lieblingskellnerin in der Frühstücksschicht arbeitete, brauchte ich gar nicht weiterzugehen. Sie lud meine Lebenslustbatterien für den ganzen Tag auf. Da mußte ich nur noch ein wenig Sendungsbewußtsein beimischen, das ich bei dem amerikanisches Traummonopoly spielenden puertoricanischen Gemüsehändler beschaffte. Vorher versorgten mich die Jemener Zeitungsverkäufer an der Ecke noch mit ein wenig weiblicher Haltung, indem sie mich Tag für Tag mit den verlockendsten Heiratsangeboten bombardierten.

Wie gesagt, ich war ein unbewußter Absauger, bis auf einmal die mit viel Mühe zusammengetragenen fünf Kilo aus mir verschwanden, als ich gerade an meinem Briefkasten herumnestelte. Ich schaute mich um, aber da war nur der vor sich hin summende Postbote, der Briefe in die Briefkästen des gegenüberliegenden Treppenhauses verteilte.

Ein anderes Mal verschwanden meine fünf Kilo mit einem Schlag, als ich an einer Bushaltestelle stand, so daß ich gar nicht in den ankommenden Bus einsteigen konnte, so sehr überwältigte mich das Weltuntergangs-Vergeblichkeitsgefühl. Der Briefträger dagegen stieg prall vor Lebenssäften ein. An jenem Tag fielen für mich zwei gutbezahlte Dolmetschaufträge beim Gericht aus. Ich meldete mich krank. Am Nachmittag machte ich mich wieder auf, um die fünf Kilo einzusammeln, aber in die Nachmittagsschicht waren irgendwie nur männliche Kellner geraten. Ich konnte kein Gramm Muttermaterial ergattern, obwohl ein schwuler Kellner für eine Weile als recht vielversprechender Fang erschien. Leider kreuzte schon bald sein Kerl auf, und es gelang mir nicht, sein Interesse neu zu entfachen.

Auf dem Heimweg ging ich an dem Postboten vorüber, der mich mit verwundert gekräuselter Nase und fragenden Augen anstarrte. Plötzlich kam mir die Erleuchtung: Er wußte, daß ich leer war wie eine geplatzte Kunststofftüte. Erst Jahre später erklärte mir mein Budapester Yogi, mein Postbote sei in erster Linie nicht Postbote, sondern Hehler von Muttermaterial gewesen, der sich bei so unbewußten Pechvögeln wie mir damit vollsaugte und es für Geld an vornehmere Klienten weiterlieferte, die zu Hause darauf warteten, aufgeladen zu werden.

In Budapest erwies sich die Beschaffung der täglichen fünf Kilo wegen der Schreckensherrschaft des Koeffizienten des allgemeinen Trübsinns als kompliziertere Aufgabe, erschwert durch den Umstand, daß ich in dieser Stadt an gewissen Tagen acht bis zehn Kilo zum Überleben brauchte – wegen der smogdichten ideologischen Luftverschmutzung, die sämtliche Körper, den Astro und den Äther inbegriffen, wie Laugenstein angriff und den Muttermaterialspeicher zu einem Sieb durchätzte. Wenn ich diese Menge nicht zusammenkratzen konnte, streifte ich die ganze Nacht schlaflos über die äußeren Galerien der Häuser, lugte zu Fenstern hinein und jagte nach ein wenig Abfallmaterial, doch meine Unwissenheit in diesem Metier behinderte mein Tun unbeschreiblich, war ich doch damals noch ein blutiger Amateur in der Kunst des arglistigen Meuchelsaugens von hinten.

Im Morgengrauen eilte ich meistens in Kindergärten und Krippen. Da gab es immer überschüssiges Material, gewisse Mütter litten sogar an einer Überproduktionskrise, ihnen und ihren Gören tat es direkt gut, wenn ich ein, zwei Scheffel von ihnen absaugte, denn so nahm es wenigstens nicht überhand, was bei den Betroffenen sonst zu wiederkehrender Überhitzung und Hyperventilation führte.

Auch an jenem Tag, an dem sich unsere Geschichte ereignete, war ich auf dem Weg in einen Kindergarten, als mich Petri aufhielt. So, in verseuchtem Zustand, wagte ich mich nicht mehr in die Nähe von Müttern mit Kindern. Ich hielt es ethisch nicht für vertretbar, sie mit Wutnieten, ideologischen Kletten und politisch-deutschem Kaffeesatz zu infizieren. Nachdem ich die Notreserven der Giftstoffe in mir an den Fahrkartenkontrolleuren in der Sechser Straßenbahn abgewischt hatte, die ja ein bißchen Gallenanregung von Berufs wegen brauchen, machte ich mich auf denWeg, Mütter zu suchen. Mittags kam ich in einem Kleinkinderhort im Neubauviertel Óbuda an und lehnte mich mit vor chronischem Materialentzug zitternden Gliedmaßen und dem damit einhergehenden niedrigen Blutdruck schwindelnd an die Mauer neben dem Eingang. Ich war der Ohnmacht nahe, als endlich eine Mutter auftauchte, aus der die Bereitschaft, zu sorgen, sich zu kümmern und zu pflegen, geradezu hervorquoll. Ich holte schon rasselnd Luft, die Mutter war kaum noch fünf Meter von mir entfernt und bespritzte mich schon fast mit der erlösenden Droge, als mir zu meinem Unglück eine Hand auf die rechte Schulter hieb und der Eigentümer dieser Hand mir heiser ins Ohr flüsterte: »Paß auf, da entschwinden die Mütter! Hahaha.«

Ja, über mir stand Esterházy, der Schriftsteller! Er schmierte mich, ohne es zu wollen, mit seinem ganzen Roman voll, der ihn viele Jahre harter Arbeit gekostet hatte, so daß mich dessen Gewicht taumeln und zu Boden sinken ließ, als wäre ich von einer Druckwelle getroffen worden. Wegen der heftigen Übelkeit schloß ich auf innere Blutungen. Für einige Augenblicke verschwamm die Welt vor mir, ich verlor das Bewußtsein, und als ich wieder zu mir kam, sah ich einen verstörten Esterházy mit verständnislosem Gesicht und Sendestörung über mir herumstehen, ja, etwa so, als hätte man das Leben aus ihm herausamputiert. Esterházy zog ein paar Hunderter aus seinem Portemonnaie, streute sie über mich und wies die Umstehenden eilig an, mich in ein Taxi zu setzen, während er mit dem Fahrrad davonsauste, offenbar sich selbst verfolgend.

Seither setze ich keinen Fuß vor das Haus. Ich hüte Esterházys Roman, mit dem er mich vollgeschmiert hatte und der etwa zweieinhalb Doppelzentner Muttermaterial entspricht. Ich versuche, es gut einzuteilen und davon mehr schlecht als recht zu leben, denn seit dem Vorfall sind Jahre vergangen. Ich hätte ihn längst als meinen eigenen Roman schreiben und herausgeben können, denn Esterházy versteckt sich seither und verweigert jeglichen Kontakt zu anderen. Er hat zwar den Verdacht, daß der Verlust des besten Romans seines Lebens irgendwie mit mir zu tun hat, aber bisher ist er nicht dahintergekommen, auf welche Weise. Ja, ich weiß ganz genau, daß dieser Roman Weltklasse hat, und deshalb kann ich ihn auch nicht loslassen. Er nimmt jedoch so viel Platz in mir ein, daß mir von alleine überhaupt nichts mehr einfällt. Was für ein Seelenschmerz – im wortwörtlichen Sinne –, hatte sich der Roman doch vor allem in meiner Seele breitgemacht und erfüllt jetzt mein Herz! Ich liebte schon immer Familienromane, doch gelang es mir nie, einen zustande zu bringen, denn leider verstehe ich nur etwas von Dingen des kurzen Genres. Aber jetzt, jetzt könnte ich endlich den ersten echten Roman meines Lebens auf den Tisch legen! Es ist eine ungeheure Verlockung, vor allem da ich schon seit so vielen Jahren in Symbiose mit ihm lebe, daß ich ihn ganz als den meinen empfinde. Ich wage es nicht einmal, jemandem die Türe zu öffnen, nicht daß irgend jemand, und sei es auch nur zufällig, ein Stückchen Esterházy-Roman aus mir reißt.

Dabei lauern viele Energieräuber rund um meine Wohnung, ich spüre sie durch die Wand, sie wissen, daß ich im Besitz einer großen Helligkeit bin.

Ich habe auch Bücher bestellt, und ich treibe mich viel im Internet herum, um die Kunst der Wiedergabe zu studieren. Die Ratgeber sind nicht allzu phantasievoll, weil jeder den Sex als wirksamste Methode zur Energierückgewinnung empfiehlt, sie unterscheiden sich höchstens in Details der Positionsbeschreibung voneinander. Entsetzliche Zweifel quälen mich! Was brauche ich mehr? Eines der funkelndsten Meisterwerke der Weltliteratur oder eine verklemmte Rückkopelung?

P.S.: Für weitere Informationen wenden Sie sich an die e-mail Adresse: ms_buksza@hotmail.com

Dezső Tandori

Dezső Tandori, geboren im Dezember des Jahres 1938, am 8., Schütze, na ja. Besondere Kennzeichen: Vögel (seit 19 Jahren, d.h.: Sperlinge, Grünlinge, Kohlmeise, Grasmücke, Papagei, Kanarienvogel, Schwarzdrossel etc.), alles Gerettete (hinkende, blinde, aus dem Nest gefallene usw.). Ein Hund (PON, Polski Owczarek Nizinny, polnischer Schäferhund der Tiefebene), dabei insgeheim Dackel-Narr. Besondere Kennzeichen: englische Fußballmeisterschaft (3 Tischfußball-Bücher, ca. »subbuteo«, in dieser Angelegenheit . . .). Unter dem Pseudonym Nat Roid Detektivromanautor (Karriere noch vor sich). Besondere Kennzeichen: Teddys, Koalas (unzählige Bären und andere Wesen gibt es bei ihnen). Bei ihnen, jawohl, denn: besonderes Kennzeichen: Ágnes Tandori, Gattin, Weggefährtin, Leidensgefährtin und Leidens-Weg, Lebens-Weg. Nun, mein lieber Übersetzer, hier wirst du ordentlich in die Saiten deiner Äolsharfe greifen müssen, deine Aufgabe ist nicht leicht. Besonderes Kennzeichen: Pferderennen. Vor allem in England, Irland, Frankreich, Österreich, Deutschland. In Budapest NIE. Das Pferderennen in Ungarn wurde von jenem gewissen Graf Széchenyi in Mode gebracht, der auch die Kettenbrücke erbauen ließ. Das Organische im Leben des Dichters Tandori, nicht wahr? Das Pferderennen ist nicht so sehr eine Wette. Rennbahnen in den verschiedenen Gegenden. Tandori, der Pferderennen-Fachautor, in Kürze Buch-Autor. Verlage, aufgepaßt. (Ein internationales Pferdewettrenn-Buch.) In London gibt es neben den besten kleinen Galerien die »besten« kleinen Büros. Tandori geht aus dem Büro in die Galerie, von dort in die Bibliothek ... Ach ja, er zeichnet auch Pferde, seine Landschaftsbilder, Pferdeköpfe (Hotelportiere, Fernsehmechaniker, British Museum, Kulturhäuser) werden an wichtigen ausländischen Orten aufbewahrt. Mal möchte er ewig leben, mal auf der Stelle sterben. (Er ist leichtsinnig; er hofft, daß auch das organisch ist.) Performance-Macher. Am liebsten spielt er auf der Bühne mit der Duisburger Schüssel. »Schau dich nur an, du Affe«, sagt er zu seinem Spiegelbild in der Schüssel, »das bist du, so schaust du aus, und da traust du dich, auch noch ein einziges Wort zu sagen?« Weitere Arbeiten sind (leider) zu erwarten. Übersetzungen. Zum Beispiel Doderer *(Dämonen)*? (Musils *MoE* ist fertig, danach!) Der Name seines Lieblingspferdes: *M*ark *o*f *E*steem.

Kettenbrücke

Dieser unser ungarische Schriftsteller, der gesagt hat, »das jenseitige Ufer liegt immer gegenüber des diesseitigen Ufers«, und dies als Hindu-Weisheit bezeichnet hat (das sage ich), hat noch etwas zum Thema Fluß angemerkt.

»Das Leben ist wie die Kettenbrücke.«

Seitdem ist das so.

Ich lebe seit 58 Jahren in der Nähe der Kettenbrücke, in Budapest. Genauer gesagt in Buda. Ich sehe die Pester Seite. Von dort kann ich gesehen werden.

Meine Kameraden (weil ich, das Pferd mit dem Namen Kettenbrücke, in einem Feld starte) werden den Rest dieser Sache bestimmt regeln. Der sie – Revolution, Schauplatz berühmter romantischer ungarischer Romane – erbauen ließ: Széchenyi. Es gibt da diese Geschichte mit der Brücke von San Luis Rey. Der berühmte Roman. Die Brücke von San Luis Rey bricht zusammen – stimmt das auch? –, eben dann, als fünf Betroffene über sie gehen, deren Leben eben dort angelangt war, wo es zu Ende gehen muß.

Um das Leben meines lieben Übersetzers zu verdrießen*: Haben sie nicht die Brücke von San Luis Rey dort eine Zeit durch eine Ebenholzbrücke ersetzt?

Ich sah (ich sah!) in den letzten Monaten des Krieges die gesprengte Kettenbrücke einstürzen. Ich ging über die aufgebaute Kettenbrücke, kurz nach ihrer Neuwölbung, zu einem Nikolausfest in der Kanzlei meines Vaters. Von der schöpferischen Kraft der »befreiten ungarischen Intelligenz, Arbeiterschaft« und, denke ich, auch der Bauernschaft (zwar nicht in

* Anm. d. Übers.: Der Übersetzer wird wegen der Sprachspiele des Originals nicht gleich lebensüberdrüssig werden!

dieser Gruppenreihenfolge) künden seitdem die goldenen Lettern der Gravur, außerdem, denke ich, ist somit von Széchenyi und einigen österreichischen Kaisern die Rede.

Das Wappen sowjetischer Provenienz wurde endlich abgenommen.

So ein Ort ist das.

Széchenyi (legte in Döbling Hand an sich, eine ganze Weile nach dem Sturz der Revolution und des Freiheitskampfes, in den 60er Jahren des 19. Jh.) ließ auch den Tunnel erbauen. Durch diesen ging ich in die Schule.

Aufschriften warnen den Wanderer vor dem Tunnel. Extrem giftig und gefährlich.

Für mich ist er das Symbol der Freiheit.

Nicht weil die Freiheit extrem giftig und gefährlich ist (die Freiheit kann frühmorgendliche Raserei sein!, wenn jemand weiß, wovon ich spreche), man kann sie jedoch ausschlafen. Die Sonne animiert zum Grinsen (dann wieder: laugt sie aus).

Nein. Deshalb, weil ich durch den Tunnel in die Schule ging. Neun Jahre hindurch. In den letzten drei Jahren lehnte ich mich auf und machte einen Bogen um den Burgberg (durch diesen hindurch haben sie den Tunnel gebohrt), das war mein Weg.

Auf der Kettenbrücke trug ich zum ersten Mal, mit zwölf Jahren, den knöchellangen Wintermantel meines Vaters.

Auf der Kettenbrücke habe ich, sozusagen, alles außer Kinder gemacht. Ach ja, daran erinnere ich mich gar nicht, wie denn das Lieben auf der Kettenbrücke war. Irgendwas war. Aber was war: für die Familie (danach!) weihnachtliche Blutwurst, Bratwurst, österliches Schinkenheimschleppen, von einem weit entfernten Markt – manisch! –, und *da* war die Kettenbrücke schon der kürzeste Weg.

In der Früh machte ich allein einen Bogen um die Burg, heimwärts kam ich mit meinen kleinen Kameraden, alle rauchten, ich nicht. Jetzt rauche ich viel im Tunnel.

Am Fuße der Burg fand ich einen unserer Vögel, dort begruben wir ihn dann auch. Über Nacht wird die Kettenbrücke in den Tunnel geschoben. (Ungarischer Scherz.)

Ich ging über die Kettenbrücke, als sie renoviert wurde. Einmal ging ich etwas trinken, in meine Lieblingskneipen am gegenüberliegenden Ufer (das Trinken hörte 1993 in Paris bei der Drehbrücke des Canal St. Martin am Todestag unseres Vogels, der in der Gegend der Burg aufgefunden wurde, auf), und auf dem Heimweg fand ich Szuszi, unseren Hund. Das ist nun bald neun Jahre her.

Unser Hund Szuszi verdankt sein Leben der Tatsache, daß ich die neu aufgebaute und dann erneut renovierte (so sind diese Dinge eben) Kettenbrücke – und die Kneipen am gegenüberliegenden Ufer – genießen wollte und loszog. Ich hatte keine Ruhe.

Szuszi brachte man zum Einschläfern. Ein streunender Hund. Beim Brückenkopf der Kettenbrücke fand ich auch unseren Vogel Szpéró, viel früher, im Jahr 1977.

Die Kettenbrücke ist jetzt von unserem Fenster aus gut zu sehen, weil sie die Kastanienbäume gefällt haben, nahezu die gesamte Allee. Mein Freund Ludwig (Hartinger), der diese Bäume so mag, wird Tränen vergießen.

Nun ja, ein, zwei blieben ja stehen.

Mit der Blutwurst und Bratwurst ging ich einmal auf allen vieren über die Kettenbrücke nach Hause. Der Gehsteig war nämlich so glatt. Damals (Winter ist dafür eine gute Zeit) wurde die Renovierung vorangetrieben, wie unten im Fluß die Eisschollen, auch die Bauarbeiter verkehrten auf allen vieren.

Ich hatte solche Manien, daß ich dünn, sehr dünn sein müßte. (Zur Zeit bin ich es auch ziemlich, ich kann gar nicht sagen, ob ich über oder unter 60 Kilo habe. Ich wiege mich nicht mehr.) Damals habe ich Abführmittel genommen. Einmal habe ich so meine Hose auf dem Pester (dem jenseitigen)

Ufer vollgemacht und kam über die Kettenbrücke nach Hause auf das diesseitige Ufer. Meine Schuhe mußte ich wegwerfen. Meine Hose habe ich auch jetzt bei mir, hier in London.

Diese Hose ... ach, aber das würde nirgendwohin führen, das würde nämlich überallhin führen.

Das ist wie das Leben.

Wenn man die Geschichte einer Hose beginnt.

Besser, es dabei zu belassen: Die Kettenbrücke führt, zum Glück, fix von dem jenseitigen Ufer zum diesseitigen (und umgekehrt) ... Ein Text (wie dieser) wohl von wo wohin? Eine Hose, wohin die dann überhaupt!

Das war diese Hose, in der ich am Ufer des Canal St. Martin saß.

Das war jener Tag, an dem das Trinken von mir abließ (und mir vielleicht so das Leben rettete, genau, das Trinken rettete mir das Leben, dadurch, daß es von mir abließ, weil ich ansonsten am Trinken zugrunde gegangen wäre, vielleicht), so ein Tag war dieser Tag ...

... ja, dieser Tag ist nicht nur der Gedenktag unserer Vögel. Weil der 16. März (lassen wir jetzt den 15. März, den Tag der ungarischen Freiheit) natürlich auch der Tag ist, an dem der geschätzte Maler de Staël Selbstmord beging. Am 15. März 1955 verlautbarten sie das Ergebnis des Petőfi- (Dichter des ungarischen Freiheitskampfes, bedeutender Dichter) -Wettbewerbs im Petőfigymnasium (damals ging ich nicht mehr durch den Tunnel dorthin!), den ich gewonnen hatte. Und seit dem 16. März 1955 konnte man über mich wissen (ich konnte es nicht mehr verschweigen), daß ich eine Art Schriftsteller werden will.

Vor lauter Freude ging ich damals über die Kettenbrücke.

Ich lebe, dachte ich.

Denn als ich zwischen 1954 und 1955 die Donau betrachtete, das eistreibende Wasser, unzählige Male –. Ich glaubte ...

... glaubte ich, daß ich todkrank war. Daß ich Krebs hatte.

Ich ging auf der Brücke, ich stand auf der Brücke ... Übrigens wurden in den 60er, 70er Jahren, mehr noch in den 80ern, einige meiner frühmorgendlichen Barbesuche von der Melodie zweier Schlager begleitet, diese mir vorgespielten Schlager waren Geschenke von meinen zwei Freunden, den Klavierspielern. Der eine: Green Green Grass of Home (zum Gedenken an unseren Vogel, der ein grüner Vogel war, ein Grünfink), der andere: »Auf der Brücke stand ich ...«

Setzen einem die Jahre so zu?

Kurz und gut, ich ging und stand auf der Brücke, befühlte die Geschwulst auf meiner Rippe, Knochenkrebs (dachte ich, wußte ich, alles), und solange ich es verschweige, solange bin ich frei.

Aber je länger ich es verschweige, desto unheilbarer werde ich. Das war ein angenehmes Erlebnis meiner Jugend, 1954 bis 1955.

Wie sie kam, so verging sie auch.

Die Jugend.

Die jugendlichen Märzfreiheitskämpfer kommen über die Kettenbrücke, wer weiß, schlagen entscheidende Schlachten (und verlieren den Krieg). Zurück zur Hose.

Der geschätzte Maler de Staël ist tatsächlich hinausgesprungen. Aus dem Fenster. In Antibes. Reich, auf der Höhe des Erfolges, vor weiterem Erfolg stehend, mit vier prächtigen Kindern, einer Frau hinter sich, dann natürlich mit Gemälden mediterranen Kolorits. Und mit nicht lösbarer Schwermut, wilder Problemsicht, mit dem Nichts-lösen-können-Wissen, *weil* mit dem Alles-Wichtige-lösen-wollen-Willen.

Ich will nichts Wichtiges lösen.

Nur Tag für Tag Aufgaben. In denen entweder das »Wichtige« enthalten ist oder nicht. Dann ist all das gar nicht (so) wichtig (gewesen).

»Wärest du so wichtig, daß du über die Brücke gingest?« Jetzt am Nachmittag gehe ich hier in London mit meiner Hose über die Hammersmith Bridge. Die ist genauso wie bei uns die Kettenbrücke.

Nur sind ihr Pfeiler und die Anfangsglieder ihrer Kette bemalt. Sie ist nicht grau. Sie hat eine wunderschöne, wilde Bemalung. Wappen, Schwerter, Adler. (Die schaue ich mir heute dann an.)

Der Gasthof »Brücke« neben ihr wurde versteigert. Man könnte glauben, daß einer, wenn er einmal so einen Gasthof erworben hat, ihn nicht mehr losläßt. Nun ja, würde ich denn immer über die Kettenbrücke gehen? Oder würde ich auch das einmal bleibenlassen?

Einmal werde ich es bleibenlassen.

Der baltische Maler legte Fuß an sich. Er war ein Verwandter dieses »gewissen« de Staël. (Ein russischer Emigrant usw.)

Ich sehe mir hier die Restaurants an: TANDOORI. (Vom Rost, bedeutet das ungefähr.) Und es gibt: BALTI TANDOORI, baltisches Tandoori.

Es gibt auch HALAAL TANDOORI. Halál bedeutet im Ungarischen Tod. Nun, was soll ich damit.

Ich habe ein Stammlokal. Das besuche ich morgens um neun. Gleich servieren sie mir das Käseomelett und die Pommes.

Das ist keine TANDOORI-Lokalität. Es gibt dort nur Tandori. Mit der Hammersmith Bridge verhält es sich heute nachmittag ebenso. Es ist gut, sich manchmal von der Kettenbrücke auszuruhen.

Die Hose wird sich in Stücke auflösen. Die Kettenbrücke wird sich nicht mehr in Stücke auflösen. (Hoffen wir's.) Ich werde schon noch einmal (hoffen wir's) bei der Drehbrücke des Canal St. Martin herumsitzen.

Übermorgen werde ich aus meinem Fenster schauen. Neben mir mein Hund. Es ist bald zehn Jahre her, daß ich »damals« über die Kettenbrücke ging. Ist schon gut, Szuszi. Ich schreibe mir auf: »Ein beschränkter, unendlich anmutsvoller, grenzenlos gutmütiger kleiner Patron.« (Patron = Kerl usw. *und* Irrlicht aus ferner Nacht, Wacht.)

Leben wir wohl, Kettenbrücke. Auf anderes können wir nicht bauen. Wir? Was?

László Darvasi

1999 wurde ich 37 Jahre alt.
Prosa, Dramen, Kleinigkeiten.
Mein Verlag ist der Jelenkor-Verlag in Pécs.
Mein Lektor: István Csuhai.
Roman: Die Legende der Buchgaukler.
Deutsch: Das traurigste Orchester der Welt – Berlin, Rowohlt.
Holländisch: Het treurigste orkest van de wereld – Amsterdam, Van Gennep.

Das Dorf der Narren

In der Gegend, die sich in der Höhe von Rostock bis zum Schiffszoll von Fiume, in der Breite jedoch von der Stadt Kiew bis zu den Münchner Bierfässern erstreckt, ist ein höchst sonderbares Dorf bekannt. Es ist ein namhafter Ort, obwohl ihn bis jetzt niemand beim Namen nennen wollte. Es genügte, von ihm zu wissen. Da Ursprung und Schicksal dieser Siedlung gleichermaßen im turbulenten Nebel der Geschichte verschwinden, begnügen auch wir uns damit, daß vom Dorf der Narren die Rede sei.

In diesem Dorf sind der Richter, der Priester, der Wucherer und der Ackerbauer Narren. Nicht nur der Steinschmied, auch die mit Kunstzöpfen, Schweineschmalz und Kupferraspeln hausierenden fahrenden Händler sind nicht normal. In diesem Dorf fluchen sie und erklären ihre Liebe natürlich in der Sprache der Verrückten. Hier sind auch der Wind, das Morgengrauen, die Tränen, die Berge, die Wasserfälle und die Auswaschungen im Gestein närrisch. Entlang merkwürdiger Straßen ragen närrische Bäume in die Höhe. Närrische Blumen treiben an den Kanalufern Blüten. Närrische Gassen schlängeln sich rauf und runter, und närrische Flurnamen weisen den närrischen Einheimischen den Weg. Jene, die hierher wandern, sind ebenfalls Narren. Aber Narren sind auch die, die von hier fortgehen. Hier sind sogar die Toten, die Geister und die Gespenster verwirrt. Närrisch ist die Vergangenheit. Närrisch ist auch die Zukunft. Hier ist die Güte Schwachsinn, die Liebe Torheit, die Bosheit reine Idiotie. Ferner war der Engel, der eines Nachts im August aus Unachtsamkeit drei Sternblumen vom Gewölbe des Himmels hinunterfegte und herniederstieg, um zumindest eine zurückzubringen, aber nicht diese mitnahm, sondern den Speichel eines stockdummen Tierhüters vom vernarbten Bauch der idiotischen Wirtsfrau, nun, dieser Engel war auch vertrottelt gewesen.

Fernerhin war Gott, der Aufzeichnungen gemäß in einem verrückten Augenblick dem Dorf einen persönlichen Besuch abgestattet hatte, gleichfalls nicht normal.

Die Ballade über Franz Keglevich

Es gab nahezu keine Irrenanstalt in Europa, an deren Tür Franz Keglevich nicht geklopft hätte. Dieser junge Mann war der einzige Sproß eines Wiener Hutmachers, sein ursprünglicher Beruf war Ingenieur des Wasserbaus. Trotzdem korrespondierte er mit europaweit bekannten Professoren des Ärztestandes, mit angesehenen Seelenforschern und Anstaltsleitern. Später besuchte er auch wissenschaftliche Konferenzen, traf Jung und Freud sowie Adler, und obwohl ihn die Ärzteschaft bis zum Schluß für einen Außenseiter, aus fachlicher Sicht für einen Outsider hielt, war die unausgereifte Veranlagung und die naive Sensibilität von Franz Keglevich, die er in Fragen der Irrenheilkunde bewies, trotzdem allgemein bekannt. Oberflächlich kannte er auch die Anschauungen von Guislain, Meyner und Ferenc Schwartzer. Der junge Mann verbrachte unzählige Stunden unter den Narren der verschiedenen Tollhäuser. Über die tobsüchtige Lebensgefahr lächelte er nur, wie andere das Mädchen, das Blumen feilbietet, anlächeln. So konnte er die tobenden Zwillingsbrüder aus Ivov, Jan und Aljosa, die um jeden Preis jeweils in die Haut des Bruders schlüpfen wollten, miteinander versöhnen. Den Jean aus Bordeaux mit seinem versteinerten Gesicht, der nur Kinder und Schmetterlinge tötete, brachte er zum Weinen. Es gelang ihm, Petrov aus Sofia zu beruhigen, und er konnte ihn dazu bringen, sich mit dem namentlichen Aufzählen von vierhunderteinundneunzig seiner zwölftausend christlichen Opfer, die er beim bulgarischen Massaker im Jahre 1876 getötet hatte, zu begnügen. Seine Methoden und Techniken entbehrten der Grundlagen der Wissenschaften, und das wußte er auch. Aber Franz Keglevich starb nicht deswegen einige Tage nach der deutschen Besetzung Wiens unglücklich. Nicht die Einverleibung, nicht die vor der Stephanskirche grassierenden Neobarbaren stimmten ihn traurig. Franz Keglevich wurde sein Leben lang eigentlich von einem einzigen geheimen Wunsch geleitet. Franz Keglevich wollte wahnsinnig werden, dieser selbstaufopfernde Akt hätte ihn, seiner Ansicht nach, dem Geheimnis der Schöpfung nähergebracht, angesichts dessen, daß die Schöpfung selbst ein Wahnsinn ist.

Franz Keglevich hatte allen Grund, unglücklich zu sein.

Scheinbar hat er alles im Leben erreicht. Er war beliebt, hatte zu den höchsten Kreisen Zutritt, er führte ein harmonisches Familienleben, doch so sehr er sich auch danach sehnte, umsonst forderte er es von seinem Schicksal ein, umsonst knirschte er nächtelang mit den Zähnen, verrückt konnte er nie werden.

Der närrischste Mensch der Welt

Das war natürlich ein Ungar, obwohl in seinen Adern auch ein wenig slawisches, rumänisches und ein klein wenig schwäbisches Blut floß. Géza Melicher war sein Name, er wurde am 15. März 1848 geboren. Er wurde katholisch getauft, seine Mutter war Eszter Juronics, sein Vater Endre Melicher, der als Eisenbahnbeamter bei der Bahnhofsinspektion arbeitete. Zwei Geschwister Géza Melichers kamen noch zur Welt, aber keines von beiden erlebte das Erwachsenenalter. Géza Melicher wurde ebenfalls Eisenbahnbeamter, nachdem er an einem windigen Tag im Mai nach Cegléd zog, wo er im darauffolgenden Frühjahr schon als Bräutigam den Flieder brach. Borbála Dányi wurde seine Gattin, die einzige Tochter eines Großbauern der Umgebung. Im Laufe der rasch verstreichenden Jahre wurden ihnen drei prächtige und gesunde Kinder geboren: Anikó, Péter und Sándor. Géza Melicher wurde des öfteren ausgezeichnet, obwohl er aufgrund seiner Geburt ein berüchtigter Kossuth-Anhänger war. Er war dem Rotwein zugetan, den Tanzunterhaltungen und insbesondere der Bohnensuppe mit Eisbein, wobei er den ersten Löffel Suppe immer mit geschlossenen Augen zum Mund führte. In seinem Garten ragten Nußbäume empor, und er hatte auch einige Bienenstöcke. Im Alter von zweiundsechzig Jahren, 1910, gab sein Herz den Dienst auf. Dieser ungarische Bahnbeamte aus Cegléd, Géza Melicher, war der närrischste Mensch der Weltgeschichte.

Die Aurél-Hubert-Narrenanstalt

»Geliebter Sohn, Dávid Józsua. Ich schreibe Dir am fünfunddreißigsten Tag des fünftausendsechshunderteinundsechzigsten Jahres der Geschichte der Welt. Wahrlich kann ich unserem lieben Gott nicht genug danken, daß ich einiger dieser vielen wundervollen Sonnenaufgänge, dieser Mittagssonnen und sternenhellen Nächte teilhaftig werden konnte. Obwohl ich nun Blut huste und der Eiter aus meiner Seite perlt. Einst dachte ich, mein einziger Sohn, Dávid, daß jeder Tag der weltlichen Geschichte einen Ausblick auf die Vergangenheit eröffnet, in der alles, was ist, nicht nur einmal und auch nicht nur zweimal existiert, sondern unzählige Male, und daß diese grenzenlose Fülle beherrschbar ist. Mit zwanzig Jahren erwarb ich die Spezereihandlung des Dávid Singers. Zwei Jahre später kaufte ich die Bäckerei des lahmen Emánuel Fillipovics, dann erwarb ich sämtliche Niederlassungen der Zipser Milchhändler. Einige Wochen später belieferte mich der Wurstfabrikant Ödön Szép direkt vom Schlachthof. Mein Kartell wuchs so sehr wie das eines Menschen, der vom Himmel gesegnet ist, den jedoch die Sterblichen fürchten. Ich bot koscheres Fleisch feil und verkaufte gewürzten Schweinsrücken, Schinken und Eier. Ich verkaufte an Christen, Juden, Atheisten und auch an Mohammedaner. Den Armen gewährte ich Kredit und verlangte keine Zinsen, ich konnte es mir leisten. In dieser Stadt aßen und entleerten sich die Menschen meinetwegen. Mein Kaftan war aus immer feinerem Tuch genäht. Mein Geschäft prosperierte, ich war Herr der Zahlen, kannte die geheime Relation der Mengen, ich errechnete exakt, woraus was folgt, trotzdem wußte ich währenddessen, mein Sohn, geliebter Dávid Józsua, wußte ich, daß ich verrückt war, daß ich nicht recht bei Verstand war, obwohl die

Welt davon nicht das geringste merkte. Deshalb suchte ich auch so häufig die geschlossene Abteilung des allgemeinen Krankenhauses auf, deshalb ließ ich den Schaum der Verwirrten auf meine Finger rinnen, deshalb beobachtete ich stundenlang die festgebundenen Verrückten, und dabei weinte ich mit unbeweglichen Augen und wußte nicht, ob ich glücklich oder unheilbar unglücklich bin. Und je mehr mein Geschäft blühte, je mehr ich mich in der Achtung der Gesellschaft sonnen konnte, desto stärker brannte meine geheime Verrücktheit in mir. Bis mir ein sich aus Galizien hierherverirrter Jude, ein gewisser Aurél Hubert, der blondes Haar hatte und nur zur Zeit des Sonnenunterganges lächeln konnte, gegen ein Schmalzbrot eine Berechnung überließ, die seit Jahren einer Frage des christlichen Evangeliums nachging. Aurél Hubert hat sein ganzes Leben lang daran gearbeitet zu errechnen, wie viele Verwirrte der Mensch geheilt hatte, den die Christen für den Erlöser halten. Die Berechnung von Hubert kam der Wahrheit nahe, sehr nahe, und eben das wurde ihm zum Verhängnis. Hubert starb, ohne das exakte Ergebnis zu kennen. Der sanfte Schneefall am Silvestertag deckte ihn schließlich auf den Holztreppen unserer Synagoge zu. Also damit Du es wissen mögest, mein Sohn, vielerlei Berechnungen sind in dieser Angelegenheit richtig, indes muß sie auf jeden Fall mit uns selbst enden. Bei jedem mit seinem eigenen Namen. Ich verfüge deshalb, daß Du von meiner Habschaft eine Narrenanstalt erbauen läßt. Benenne sie nach Aurél Hubert. Danach werde Händler, beginne ebenso besitzlos, wie ich angefangen habe, mache Dich an die Berechnung und sei erfreut darüber, daß Du eine Aufgabe bekommen hast, deren Endergebnis Du schon sehen kannst, und lediglich der dorthin führende Weg im dunkeln und ungewissen liegt. Auch dann, wenn es genügen würde, einen einzigen Namen auszusprechen.«

Sándor Tar

Über mich

Die Gegend, aus der ich stamme, ein kleiner Fleck im endlosen Raum, befindet sich in dem Gebiet des Landes, wo ein Schrei weithin hörbar und die Stille mächtiger ist. Bestimmt ist es auch von Bedeutung, daß mein Geburtsort keine Stadt, kein Dorf, keine Gasse oder Siedlung ist, sondern einer der weit auseinanderliegenden, kleinen, einsamen Höfe der Tiefebene. (Heute ist es ein Stall.) Dafür hatte man sich einst, im Geiste eines heute schon versunkenen Zeitalters, zu schämen, wie auch der bäuerlichen Vorfahren und aller sich daraus ergebenden unablegbaren, eingebrannten Eigenschaften, der positiven und negativen Gefühlsregungen. Ohne Zweifel schämte ich mich auch, änderte mich aber nicht, und während mich die Zeit in immer neue Dimensionen trieb, blieb ich eigentlich ein wenig asiatischer, ein wenig Pußta-Nomade. Vielleicht kommt es daher, daß die Themen meiner Texte, meine Protagonisten von Anfang an überwiegend Handwerker waren, Menschen mit einem schweren Leben, die vom Schicksal stiefmütterlich behandelt wurden, auch im Laufe meines späteren Lebens geriet ich ja unter ihresgleichen, und noch heute lebe ich mit ihnen. Das ist eine Einschränkung, gleichzeitig eine Freiheit, und es ist eine segensreiche Überlebenstaktik: ich habe keine menschlichen, schriftstellerischen Probleme durch diese oder jene gesellschaftlichen, politischen »Übergänge«. In der von mir beschriebenen Welt, in diesem minimalen Dasein verändert sich seit Jahrhunderten kaum etwas. Ich wiege mich nicht in selbstgefälligen Illusionen, daß ich mit meinen Texten an alldem etwas ändern könnte, mein Verdienst ist lediglich, daß ich eine andere Welt vorstelle, eine Welt, in der ein Großteil der Menschheit lebt, und über die jene, die in ein anderes Dasein geboren wurden, trotzdem kaum etwas wissen.

Das ist keine dankbare, keine verlockende Rolle auf der literarischen Bühne, sie ist nicht einmal wirklich seligmachend, mich hält nicht das Mitleid, das Mitgefühl gefangen, sondern irgendein hartnäckiger Starrsinn. Und vielleicht die Liebe.

Das Meer

Der Untermieter war schon verdächtig, als er sich, noch bevor er das Zimmer auch nur angesehen hatte, sogleich danach erkundigte, ob es denn ruhig wäre. Ruhig ist es, sagte Tante Etus, und das stimmte auch. Das Fenster des Zimmers ging auf einen großen Hof, den eine Steinmauer begrenzte, dahinter war, wenn man sich auf das Bett oder den Stuhl stellte, die Leichenhalle des Krankenhauses zu sehen. Am Fuße der Mauer schwankte ein vergessenes, transportables Plumpsklo, das wohl die Maurer nach dem Bau zurückgelassen hatten, vor ungefähr sechs Jahren. Das verschwieg Tante Etus auch gar nicht und fügte hinzu, daß sie die Holzbude nicht benutzten. Dann fragte der Untermieter, in welcher Richtung Norden sei. Tante Etus wußte es nicht. Sie wußte jedoch, daß das fragliche Fenster nach Süden schaute, deshalb vermieteten sie es ja, weil es im Sommer hier so heiß war, daß man davon verrückt werden konnte. Natürlich sagte sie das dem jungen Mann nicht, der auch gar nicht danach gefragt hatte, doch schien es, daß ihn der Teil der Antwort, den er bekam, beruhigte. Auch das war verdächtig an ihm, daß er weder nach Bier noch nach Wein noch nach Schnaps stank, sondern nach allem. Zusammen. Tante Etus hätte es lieber gesehen, wenn der Untermieter das Zimmer nicht gemietet hätte, aber jetzt konnte sie nicht mehr absagen, sie hatten in der Anzeige nicht geschrieben, was für einen Geruch der Untermieter haben sollte, und das rächte sich nun. Der Untermieter schien indes ein ernster Mensch zu sein, er sah sich noch ein wenig um, mehr jedoch aus dem Fenster hinaus, alles andere interessierte ihn nicht sehr. Währenddessen dachte Tante Etus, daß es für den wohl unnötig gewesen war, den Boden zu schrubben, er bemerkt es ja nicht einmal. Wirklich nicht. Tante Etus fiel schon damals auf, daß der Untermieter irgendwie durch alles hindurchblickte, so als ob seine Augen aus Glas wären wie bei Jolánka aus der anderen Gasse, die so lange behandelt worden war, bis sie blind wurde. Der Untermieter öffnete das Fenster und schaute nur, schaute die Steinmauer an, mit einem nach oben gerichteten Blick wie der neue Hochwürden, das fiel Tante Etus nur so ein, daß es ihnen bei dem auch so ergangen war, als er anfing zu predigen, starrte zuerst nur die erste Reihe, dann die ganze Gemeinde hinauf, und der Glöckner schämte sich. Nun, ich gehe dann, sagte Tante Etus, weil man das nicht mehr aushalten konnte, nervlich, ich störe Sie nicht länger. Wann bringen Sie Ihr Gepäck? Es ist hier, sagte der Untermieter, nahm eine Art Tasche unbestimmter Farbe und unbestimmten Materials von der Schulter und legte sie auf das Bett. Bettwäsche? Ich schlafe im Schlafsack, sagte der junge Mann und wünschte dem nichts mehr hinzuzufügen. Auch Tante Etus nicht, die zwar noch nie einen Schlafsack gesehen hatte, sich aber vorstellen konnte, daß man darin auch schlafen kann. Später zog der Untermieter ein Heft aus der Tasche hervor und dann noch etwa zwanzig weitere. Tante Etus konnte sich von diesem Anblick nicht losreißen, was ist das, fragte sie vorsichtig. Hefte, sagte der Untermieter und legte den ganzen Stoß auf den Wäscheschrank. Kann sein, daß es dort oben staubig ist, sagte Tante Etus, ich lange nicht bis hinauf. Macht nichts, sagte der Untermieter, ich schon. Und was steht in denen, fragte Tante Etus, wenn ich Sie damit nicht beleidige. Wissen Sie, ich schreibe, sagte der Untermieter. Alles mögliche, fügte er noch hinzu. Aha, sagte Tante Etus wie jemand, der alles versteht, und ging hinaus, weil das für den einen Tag gerade genug war.

Das ist irgendein Schriftsteller, sagte sie zu Lajos, ihrem Mann, der neben dem Kachelofen saß und sich gerade darüber den Kopf zerbrach, wie man den Wein aus der im Keller gelagerten Weinkanne etwa durch ein Rohr bis zu seinem

Mund heraufleiten könnte, ohne daß Tante Etus von alldem etwas bemerkt. Das Rohr hatte er schon. Schriftsteller, fragte er dann, und was schreibt er? Das weiß ich nicht, sagte Tante Etus, das hat er nicht gesagt. Lajos, dessen Gesicht vom Genuß der verbotenen Weine rohem Fleisch glich, berührte das nicht sehr, wenn er schreibt, soll er nur, er wird schon damit aufhören. Er hatte wichtigere Sorgen mit der Rohrleitung. Am Abend hatte er die Lösung schon beinahe gefunden: neben dem Fauteuil hinunter, unter dem Teppich bis zum Fenster, dort hinaus – und hier riß die Sache ab, weil Tante Etus mit einem Heft hereinkam, schau, sagte sie zu Lajos, das gehört ihm. Dann schlug sie es auf und begann leise zu lesen: Das Fenster meines Herzens öffne ich dem Meer, meine geliebte Adria, Punkt, Punkt, Punkt. Was heißt Punkt, Punkt, Punkt, fragte Lajos, steht das dort? Nein, man muß es nur so lesen, sagte Tante Etus. Und weiter, sagte Lajos, es gibt kein weiter, sagte Tante Etus. Und auf den übrigen Seiten? Nichts. Das ist alles? Ja, sagte Tante Etus traurig. Dem Meer, sinnierte Lajos, wo gibt es hier ein Meer? Tante Etus wußte es nicht. In dieser Gegend gibt es gar kein Meer, versicherte Lajos Etus, hm. Und wem kann diese Adria gehören, fragte Tante Etus leise, obwohl der Untermieter nicht zu Hause war und es nicht hören konnte. Das ist ein Meer, sagte Lajos, sehr viel Wasser. Auf dem Schiffe fahren, sagte Tante Etus enttäuscht, ich verstehe. Er hat gefragt, wo hier Norden ist, sagte sie später, Lajos sah sie an, Norden? Das hat er gefragt? Ich habe ihm gesagt, daß sein Fenster nach Süden schaut, sagte Tante Etus. Aha, sagte Lajos wie jemand, der alles versteht. Dieses Zimmer schaut auf die Adria, auf das Meer, erklärte er Tante Etus, wenn jemand gute Augen hat. Wie gute, fragte Tante Etus. Von Debrecen sind es ungefähr sechstausend Kilometer. Ja, sagte Tante Etus, denn etwas anderes fiel ihr nicht ein. Und dann, fuhr Lajos fort, schaut dieses, unser Zimmer auf die Karpaten. Freilich, wenn jemand solche Augen hat. Und auch das ist schön. Große Berge. Täler. Bitte, fragte Tante Etus und dann, verwirrt, ach nichts. Noch nie hatte sie ein Meer gesehen, die Berge auch nur von weitem, kann sein, daß es gar keine waren, daß sie es nur so gesagt hatten. Und sie war sich sicher, daß sie recht hatte: die Adria, das ist eine Frau. Das Meer wurde nach ihr benannt, ähnliches hatte sie schon gehört. Wie kann denn jemand in ein Meer verliebt sein? Sie schloß das Heft und ging hinaus. Nun ja, murmelte Lajos, das Meer. Man könnte die Anzeige auch so aufgeben, Zimmer mit Blick aufs Meer. Dann dachte er daran, daß die Erde rund ist, deshalb sieht man von alldem nichts. Wenn sie hingegen andersherum gewölbt wäre, könnte man das Meer sehen, doch dann würde das ganze Wasser herfließen, und man müßte ständig putzen, so daß es schon gut war, so wie es war. Etus, rief er und wartete noch eine Weile, aber er hörte keine Antwort, so konnte er die Leitung zu legen beginnen, zumindest in Gedanken. Er machte immer alles zuerst im Kopf, und wenn alles paßte, begann er damit. Mit einem Bein und Krükken konnte er nicht unnötig umherlaufen. Das war auch sein Problem mit dem Wein, deshalb brauchte er das Rohr, das durchsichtig und biegsam war und das von dem Zimmer im Erdgeschoß durch das Fenster und den Kellereingang bis zum Rand der Kanne reichte. Lajos konnte nicht wissen, daß Tante Etus den Wein schon längst ausgegossen hatte, denn für Tante Etus war der Wein nichts anderes als eine Flüssigkeit, Feuchtigkeit, mit der man den Steinboden ebensogut wischen kann wie mit Wasser, außerdem war der Wein zur Hand gewesen, und sie hatte die Stufen nicht hochsteigen müssen. Es hatte ein wenig gestunken, doch seither gab es kaum Mäuse.

Das Fenster meines Herzens öffne ich dem Meer, las Tante Etus immer wieder, meine geliebte Adria. Sie stand vor dem Wäscheschrank auf einem Stuhl, in der Hand hielt sie das Heft, warum hatte er nicht weitergeschrieben? Wahrscheinlich war er auch hier gestanden, denn nur so kann man über die Mauer blicken, von hier aus hat er wohl das Meer gesehen. Er hat bestimmt gute Augen, deshalb stehen sie so hervor. Tante Etus war schon über die Sechzig, und jetzt spürte sie irgendwie, daß alles vertan war. Sie würde nie das Meer sehen, nicht einmal die Berge. Überhaupt nichts würde sie mehr sehen, nur Lajos, und die Mester-Gasse bis zum Geschäft und wieder zurück. Und einige Meter weiter das Krankenhaus. Dann noch den Großen Wald, bald, aber dorthin wird sie schon getragen werden, weil dort der Friedhof ist. Eine kleine Glocke ertönte, als sie das Heft schloß und auch, als sie es wieder öffnete. Und dann sah sie die langen Zeilen des Gedichts, und was sie bisher nicht gesehen hatte, die Leidenschaft, das Schmachten, das Ganze ein Zauber, wenn sie es an ihre Brust drückte, hörte sie es auch, und ihr Herz schlug schneller, dann sah sie auch durch das Fenster hindurch das viele Wasser, die Wellen, und als Lajos in der Tür des Zimmers erschien, stand Tante Etus auf dem Stuhl, schaute aus dem Fenster und wiederholte andächtig: das Meer! das Meer!

Er wurde zu Beginn des kalten Krieges geboren, seine Familie kam durch die für die Habsburg-Monarchie typische Blutsvermischung zustande: die breitestmögliche Skala von Rassen und sozialen Herkünften.

Die Konsequenz: historisches Interesse, Familienroman, Gattungsvielfalt (Prosa, Filmdrehbücher und Filmregie, Dramen und Theaterregie). Seine Novellen schreibt er oft zu Drehbüchern und Theaterstücken um. Sein Lebenswerk ist durch die Bewegung des Wandermotivs gekennzeichnet. Diese Unrast wirkt sich auch auf seinen Lebensstil aus. Häufig wechselt er seinen Wohnsitz, die Epochen und die Standpunkte. Diese stets vibrierende Anschauung macht seine Texte aus.

Schneefall in der Víziváros

Nach dem Schneefall erreichten Mutter und ich den Budapester Stadtteil Víziváros. Als wir aus der Straßenbahn ausstiegen, läutete die Glocke der nahen Kirche. Alles bereitete sich auf das sonntägliche Mittagessen vor. Meine Mutter hakte sich bei mir unter, so stapften wir zwischen alten Häusern über den Kristallteppich. Einige Schornsteine qualmten teilnahmslos vor sich hin, in der ganzen Umgebung war das die einzige Bewegung, nur wir hinterließen Spuren im Schnee auf den schmalen Gassen, die durch Treppen miteinander verbunden waren. Vor manchen Toren sahen wir hinausgeworfene Weihnachtsbäume, deren Nadeln schon ziemlich heruntergerieselt waren. Bald werden die Weihnachtsferien vorbei sein.

Das Läuten verstummte. Wir erreichten gerade den oberen Absatz einer dieser Treppenreihen, als mit dem letzten Glokkenschlag plötzlich der ganze Stadtteil verstummte und Mutter mich bat stehenzubleiben, um ein wenig verschnaufen zu können. Von dort war das Haus schon zu sehen, in dem der Vízivároser Großvater wohnte. Die Hände in den Taschen stapfte ich weiter durch den Schnee, mir war angenehm kalt, während ich den letzten Ermahnungen zuhörte. »Verlang nichts, warte, bis man dir etwas anbietet. Du weißt, wie Annamari ist, wehe, wenn du sie nachäffst. Wir sind ihre Gäste, zeig ihnen, daß du dich besser benehmen kannst als deine große Schwester. Hörst du?« Die kleine Pelzkappe auf Mutters Kopf saß ein wenig schräg und war ihr in die Stirn gerutscht, trotzdem trug sie sie mit Bestimmtheit. Auch den schönen schwarzen Wintermantel hatte ich sie noch nie zuvor tragen gesehen. Dann hakte sie sich mit ihrer behandschuhten Hand wieder ein, und so stapften wir weiter durch den Schnee.

Schneckenförmig schlängelte sich das Treppenhaus bis zur obersten Tür. Mutter läutete, da fielen ihr noch einige Anstandsregeln ein, sie drehte sich um, aber sie konnte nur einige Worte flüstern, denn der Vízivároser Großvater näherte sich bereits brüllend: »Sie sind hier! Das können nur sie sein!« Die Tür wurde aufgerissen, er erschien – monumental, mit grauen Haaren, in einem schwarzen Anzug –, beugte sich vor und umarmte Mutter fest, mit seinen großen Fäusten hämmerte er auf ihren Rücken, in der einen hielt er einen glänzenden schwarzen Stock unter dem silbernen Hundekopfknauf fest. »Gott zum Gruße, meine Liebe! Hinreißend siehst du aus! Küß die Hand, wie schön, daß ihr gekommen seid!« Mutter erwiderte lachend, noch in der Umarmung und unter Küssen den Gruß, aber das konnte ich des Gebrülls wegen kaum hören.

Im nächsten Moment schob der Vízivároser Großvater, dessen Gestalt noch immer hoch in der Eingangstür aufragte, seine Exschwiegertochter beiseite, um mich zu begrüßen. Eine Zeitlang erwog er neckend und fröhlich, wie er mich wohl zu fassen kriegen könne. Dann hob er langsam den Ebenholzstock hoch, ließ den kühlen Hundekopf meinen Nacken entlangrutschen und riß mich mit einem plötzlichen Ruck an sich. »Na, mein Junge, komm her!« Er umarmte und packte mich so, als ob er augenblicklich alles über mich mit seinem Körper in Erfahrung bringen wollte. »Endlich ein Junge! Wovor hast du Angst? Wie stehst du da? Was wirst denn du für ein Soldat?« Er schüttelte mich, schrie, stieß mich in die Brust, um mich seine Freude und Kraft spüren zu lassen und mich aus meiner Trägheit zu wecken, an diesem prächtigen, schneereichen Sonntag, an dem ich sein Gast war.

Aber all das war noch nicht genug. Er warf einen Blick zurück in die Wohnung, ob uns jemand zusah, und bedachte Mutter mit einem vielsagenden Blick, dann packte er mich am

Arm. »Nun? Was haben wir für dich?« Er zog eine silberne Taschenuhr hervor und gab sie mir in die Hand, damit ich ihr Gewicht spürte. Dann nahm er sie wieder zurück und zeigte mir, wie man das doppelte Gehäuse aufschnappen lassen konnte. Mit gedämpfter Stimme lobte er sie. Meine Mutter, angesichts der offenen Tür ebenfalls flüsternd, sagte, daß dieses wertvolle Geschenk nichts für mich sei, da ich es sowieso verlieren würde, aber der Vízivároser Großvater winkte ab. Er hatte sie nämlich von seinem Vater, meinem Urgroßvater, noch Anno dazumal mit der Auflage bekommen, sie seinem Sohn zu vererben. Sein Sohn jedoch, mein Vater, ja, wer wisse schon, wo der sich in der Welt herumtreibe, so sei ich als der einzige Junge eben der Erbe. Ich jedoch stand dort, in der Hand die große, schwere Uhr, und erkannte bald mit dem Scharfblick des Neuankömmlings, wieso sie flüsternd diskutierten. Sie fürchteten sich vor meiner in der Wohnung wartenden Großmutter. Bis jetzt war ich dieser Frau noch nie begegnet, aber nun erschrak ich unbekannterweise vor ihr. Es könnte sein, daß sie mich für einen Eindringling hielt, der gemeinsam mit seiner Mutter gekommen war, ihren Mann, den leichtfertigen Menschen, auszunutzen. Und wenn der Vízivároser Großvater mir gegen den Willen seiner Ehefrau die Taschenuhr heimlich unter der Eingangstür gab, wollte er mit diesem vorschnellen Erbe vielleicht einer Sache zuvorkommen. Er wollte dem Mißtrauen, mit dem mich drinnen meine Vízivároser Großmutter erwarten würde, zuvorkommen. Mit dem silbernen Zeichen des Bündnisses zeigte er schon an der Schwelle, daß er nichts mit der Abweisung, die uns in seinem Heim erwarten würde, zu tun hatte.

Vor Schreck gab ich ihm die Uhr zurück. Zu dritt und einander an den Händen stoßend, stritten wir. »Ich brauch sie nicht, ich hab eine.« Aber ich kannte diesen Großvater noch nicht. Mit einer einzigen Bewegung zog er mich von Mutter fort, beugte sich herunter bis vor mein Gesicht, holte tief Atem, als ob er mich bespucken wollte und pustete mir aus voller Lunge ins Gesicht. Damit wollte er mich gleichzeitig necken und mir den Teufel austreiben, was auch gelang. Gebannt ließ ich zu, daß er die Uhr in die Tasche meines Wintermantels steckte. Er machte mich glauben, daß ich vorher nur phantasiert hatte. Er sagte es auch, während er mich nochmals schüttelte und mir in die Augen schaute: »Phantasieren wir?« Ich ließ zu, daß er mich umarmte und daß wir so die Schwelle des Hauses überschritten. Den Vízivároser Großvater nannten Annamari und ich hernach unter uns den Dompteur.

Im Vorzimmer riß er uns Gästen die Mäntel eigenhändig herunter, während er zur offenen Zimmertür hineinschrie: »Nun? Wer ist hier? Wer ist gekommen? He!«

Er steckte zwei Finger in den Mund und stieß einen lauten Pfiff aus, so wie man für gewöhnlich Hunde ruft. Daraufhin erschien eine schlanke, schöne Frau in einem gutgeschnittenen Kleid in der Zimmertür und blieb dort stehen. Sie starrte mich nur an. Hinter ihrem Rücken sammelten sich mehrere Leute, die mich ebenfalls anglotzten und einander hin und her stießen, um besser zu sehen, bis sie schließlich als stummes Gruppenbild verharrten. Auch der Vízivároser Großvater sagte nichts, Mutter hinter mir blieb ebenfalls stumm, alle beobachteten die große Begegnung.

Das Gesicht der Frau, die in der Tür stand, war mir von irgendwoher bekannt. Ich hatte Zeit zu überlegen, woher ich es kannte, weil sie nur dastand und mich mit unverwandtem Blick anstarrte. Einer der Beobachter im Hintergrund räusperte sich und flüsterte: »Wie sehr sie sich ähneln!« Und das stimmte auch, das Gesicht der Vízivároser Großmutter glich exakt dem meinen. Wir sahen uns gefährlich ähnlich. Es jagte mir Angst ein. Noch dazu hatten wir dieselbe Frisur. Die Haare waren seitlich gescheitelt und schmiegten sich an unsere gleichförmigen Köpfe. Wer war dieser spöttische Spieler, der dafür gesorgt hatte, daß wir, ohne uns zu kennen, dieselbe Frisur trugen? Und auch unsere Augen glichen einander, unsere Münder und unsere Haut. Demzufolge gab es mein Gesicht bereits, war die Form, in der ich hier war, vorgegeben, war es gerade eine gutgekleidete ältere Dame, die sich in mir wiederholte, die mein Abbild war. Ich stand dort im Vorzimmer meinem Ebenbild gegenüber, und keiner kam mir zu Hilfe, alle warteten nur ab, was geschehen würde.

Dann, als die Vízivároser Großmutter sich aus ihrer Erstarrung löste, begann die Gleichheit nach und nach zu schwinden. Zuerst hob sie eine Hand in die Höhe und klammerte sich – während sie mich mit peinlicher Ausdauer weiterhin anstarrte – an den Türstock. In ihren Augen nahm der Ausdruck des Schmerzes immer mehr zu. Dann führte sie die andere Hand, deren Handfläche mir zugewandt gewesen war, an ihre Stirn und starrte mich auch aus dieser Haltung unverwandt an. Ich beobachtete das Schauspiel. Vielleicht hätte ich ihr helfen müssen, hätte aufschreien müssen: »Großmutter!« oder hätte ihr die Arme entgegenstrecken müssen, aber in dieser Paarszene fühlte ich mich, obwohl wir uns anfangs so glichen, fremd. Ich erwiderte ihren Blick, etwas anderes konnte ich nicht tun. Sie machte nun alleine weiter.

Sie begann schwach zu werden, ihre Augen schlossen sich, öffneten sich. Ihre Hand rutschte am schneeweißen, glänzenden Türstock hinunter und hinauf, dazwischen murmelte sie ein unverständliches Wort, es war offensichtlich, daß sie jeden Moment ohnmächtig würde, aber niemand bewegte sich. Ich blickte zur Seite, zum Vízivároser Großvater. Er begann mir über die Haare zu streichen, um mich zu beruhigen, und beobachtete weiter seine Frau, gelassen und mit einem gewissen Interesse. So auch die anderen. Und die Vízivároser Großmutter – die ich jetzt schon bemitleidete – sackte unter dem Schweigen der unbarmherzigen Zuschauer in sich zusammen und stürzte, während ihre Hand die glänzende Ölfarbe hinabglitt, auf den Parkettboden, dort breitete sie die Arme aus und schloß ihre Augen, die den meinen glichen.

Auf den letzten Seufzer folgte eine kurze Pause, dann schrie der Vízivároser Großvater laut auf: »Nun! Worauf wartet ihr? Kommt weiter!« Gleichzeitig nahm er mich in die Arme und riß mich mit, hinein in das Zimmer. Wir stiegen einfach über den im Türrahmen liegenden Körper, und auch Mutter konnte uns nur so folgen, drinnen stellten wir uns der Reihe nach der gesamten Gesellschaft, Verwandten und Freunden der Familie, vor. Mutter kannte einige von ihnen noch aus der Zeit, als sie die Schwiegertochter des Vízivároser Großvaters war, manche küßten ihr die Hand, andere die Wange. Annamari suchte ich vergeblich. »Wo ist Annamari?« fragte ich den Vízivároser Großvater. »Keine Ahnung«, sagte er, während er den Korken aus einer Weinflasche zog und mit dem Kopf zu seiner am Boden liegenden Frau deutete, »Sie weiß es. Deiner Großmutter hat sie gesagt, wohin sie geht.«

Aber auch das sagte er so laut, daß es die mit geschlossenen Augen liegende Vízivároser Großmutter hören mußte. So wies er sie zurecht, daß es Zeit wäre, ihren hausfraulichen Pflichten nachzukommen. Aus den Augenwinkeln sah ich, daß sie langsam zu sich kam, während ich mit verschiedenen Leuten sprach. Joviale Leute fragten mich, in welche Klasse ich ginge, was ich denn werden wolle. Egal was ich antwortete, alles fanden sie geistreich und lächelten dem Vízivároser Großvater anerkennend zu. Er war stolz auf mich und bat die ganze Gesellschaft in das andere Zimmer, wo Gläser und zwei ausländische Flaschen standen: »Annamari hat sie aus Rom mitgebracht. Die Gute kaufte uns von ihrem schmalen Budget die teuersten Tropfen.« Alle waren froh, der am Boden liegenden Großmutter auszuweichen, die sich indessen in unserer Abwesenheit sammeln und aufrichten konnte.

Der Vízivároser Großvater hatte vier Zimmer mit luxuriöser Einrichtung. In der einen Hand hielt er ein Glas voll des feinen italienischen Weines, mit der anderen zeigte er auf ein Detail eines Gemäldes, das einen Krieg im 17. Jahrhundert darstellte, bei dem die Christen die Türken besiegten. Danach bestaunten wir der Reihe nach barocke Statuen, wie sie sonst in Kirchen zu finden sind. Der Hausherr erklärte, daß in den letzten zehn Jahren die wertvollen Kunstgegenstände offiziell abgewertet und vernachlässigt wurden, so daß er sie billig erwerben konnte. Damals sei er jedoch noch arm gewesen. Aufgrund seiner Erziehung habe er ihren kulturellen Wert erkannt und sei überzeugt gewesen, daß sie wieder eine Konjunktur erfahren würden, deshalb habe er alles investiert, auch um den Preis, daß sie hungern mußten. »Europa kann nicht so einfach fallengelassen werden, wie die sich das vorgestellt haben«, sagte er zu seinen Gästen.

Ich wunderte mich, daß er sich seines Reichtums rühmte, denn meine anderen Großeltern brüsteten sich mit ihrer Armut. Sie versteckten alles, was sie hatten und – abgesehen von Großvaters Prasserei in den Kneipen, in der er sich kaum von einem Tippelbruder des nächstbesten Marktes unterschied – hielten mich stets an, meinen Wohlstand zu verheimlichen, da mich ansonsten die Welt bestrafen würde. Gewiß, die Kunstgegenstände des Vízivároser Großvaters und seine Möbelstücke mit Intarsien, aber auch seine stolzen Worte rühmten nicht den puren Reichtum, sondern weckten eher den Eindruck, daß in dieser Wohnung die Maßstäbe von Herkunft, Kultur und moralischem Anspruch ausschlaggebend waren. Das Fehlen jeglicher Furcht überraschte mich trotzdem. Ich hatte das Gefühl, in der Wohnung eines Siegers zu sein, der seine Zukunft fest im Griff hat, der – wie er über sich selbst zu seinen Gästen sagte – »ein Jahrzehnt außer Gefecht gesetzt war«, nun aber wieder an Boden gewann, wie die Männer auf dem Gemälde, die elegant in ihren Rüstungen mit Spitzen besetzten Manschetten gegen die Heiden kämpften und deren Sieg schließlich Mozart vertont hatte. Es verwunderte mich auch, daß ich, wie ich erfahren hatte, einmal der Erbe dieser Wertgegenstände würde. Aber der Vízivároser Großvater bewies erneut, daß er auch meine stumme Rede verstand, und wandte sich unerwartet mir zu. »Man gewöhnt sich daran. Wenn du mich noch ein-, zweimal hier besuchst, wirst du dich bald heimisch fühlen. Glaub mir, daran kann man sich am leichtesten gewöhnen.« Und mit seiner beringten Hand wies er in großem Bogen auf die Wohnung.

Dann schaute er zur Tür, denn dort stand die Vízivároser Großmutter. »Nun, gut, daß Sie endlich gekommen sind, meine Teure«, brüllte ihr Gatte.

Die Gäste blieben ungezwungen, als ob nichts geschehen sei. Der Gerechtigkeitssinn der Vízivároser Großmutter ließ das aber nicht zu. »Seid mir nicht böse!« sagte sie laut, noch in der Tür stehend. »Aber Margit, meine Liebe, was hast du denn?« wandte eine der Frauen ein.

Die Augen der Vízivároser Großmutter füllten sich mit Tränen. »Seid mir wegen der Szene von vorhin nicht böse!« Daraufhin versicherten ihr alle, etwas lauter als nötig, daß es nicht der Rede wert sei, um damit die Angelegenheit so schnell wie möglich zu erledigen. Aber die Vízivároser Großmutter ließ sich auf einen verzierten Stuhl nieder und forderte ihre Strafe. »Ich habe mich unmöglich benommen.« Ihr Mann wies sie zurecht. »Genau. Aber nun hören Sie damit auf, meine Teuerste.« »Ihr wißt ja, wie ich bin.« »Ja, ja, wir wissen es.« »Aber wieso läßt er es dann zu, daß ich so bin? Ich muß so sein, aber ihr dürftet nicht zulassen, daß ich solche Ungeheuerlichkeiten mache.« Der Vízivároser Großvater begann zu schreien, daß sie zumindest nicht die Gäste beschuldigen solle und daß es auch ansonsten genug sei mit den Szenen, einige alte Freunde und Verwandte fielen ebenfalls über sie her. Sie beschimpften sie mit einer Lautstärke, die mir übertrieben vorkam, aber sie kannten ja die Vízivároser Großmutter und wußten, was sie brauchte. Ihre Augen begannen grün zu leuchten, ihre Gesichtszüge beruhigten sich, woraufhin der heilende Lärm plötzlich aufhörte. Der Vízivároser Großvater drückte ihr ein Glas in die Hand und strich ihr über das Gesicht, sie schaute dankbar zu ihrem Mann auf. Je erleichterter sie wurde, um so schöner wurde sie, und als sich unsere Blicke trafen, schaute ich sie voller Bewunderung an.

»Wo hast du die ganze Zeit gesteckt?« fragte sie anklagend. »Ich bin alt geworden, bis ich dich nun endlich sehen kann.«

Ich ging zu ihr, sie küßte mich.

»Die Wohnung ist wunderschön, Margit«, unterbrach sie Mutter. »Ich erinnere mich, daß sie früher nicht so prächtig war.«

»Unter der Rákosi-Ära haben wir viel gelitten«, sagte die Vízivároser Großmutter. »Ich habe unser ganzes Hab und Gut verkauft. Auch die schönsten Stücke. Die Brosche meiner Mutter. Aber egal. Es gab da eine winzige Gabel und eine Garnitur Messer. Aus Silber, mit vergoldeten Griffen. Sie hatten keinen hohen Wert. Aber im Traum sehe ich sie manchmal noch heute. Auch tagsüber. Wenn ich abwasche, sehe ich sie ganz deutlich im Abwaschwasser, wie Geister. Man müßte nur die Hand nach ihnen ausstrecken. Aber wer weiß, wo die mittlerweile sind.«

Jemand läutete. Mit Hilfe seines Stockes stand der Vízivároser Großvater auf, um die Tür zu öffnen. »Auf dem Tisch einer dieser Neureichen ist Ihre Garnitur, meine Teuerste.

Das wiederholt sich in jedem System aufs neue. Es wird Annamari sein.«

»Die hat einen Schlüssel«, auch die Vízivároser Großmutter stand auf. »Es muß jemand anderer sein. Ich gehe schon.«

»Bleiben Sie nur, ansonsten werden Sie mir wieder ohnmächtig.« Der Vízivároser Großvater bedeutete mir, ihn zu begleiten.

Im Vorzimmer fragte er mich leise, was ich von Großmutter hielte. Ich antwortete, daß ich es noch nicht wisse, bisher fände ich sie komisch. »Sie meint es gut«, beschrieb er flüsternd seine Frau. »Sie kann die Dinge schlecht einschätzen, sie macht vieles falsch, aber sie meint es gut. Sie ist gar nicht ohnmächtig geworden, als sie dich sah, aber sie wollte ohnmächtig werden. Sie dachte, daß das die Pflicht einer guten Großmutter ist, die zum ersten Mal ihren Enkel sieht. Und pflichtbewußt, das ist sie. Ihr tut es nur leid, daß sie nicht wirklich in Ohnmacht gefallen ist, denn so ist sie keine wirklich gute Großmutter. Das ist ihre Logik. Nun kurz und gut, sie jagt Trugbildern nach.«

Inzwischen öffnete er die Tür. Auf der Schwelle stand ein Mann. Sie betrachteten einander.

»Wenn du nicht willst, mußt du mich nicht erkennen, Bandi«, sagte der Mann.

»Ich würde dich schon erkennen«, damit drehte sich der Vízivároser Großvater zu mir um, dann wandte er sich wieder dem Ankömmling zu. »Aber mein Enkel ist hier, und ich weiß nicht, ob es gut ist, euch miteinander bekannt zu machen.«

So begrüßten sie einander. Dann warteten sie ab.

»Wenn du willst, kannst du es mir jetzt heimzahlen.« Der Mann sprach langsam, auch seine Augen bewegten sich langsam, seine Haut war schneeweiß. »Vor zehn Jahren wollte ich dich auch nicht kennen, als du zu mir ins Büro kamst.«

»Weißt du, worum ich dich bitten wollte? Daß ihr mir nicht die Wohnung wegnehmt und mich nicht deportiert!«

»Jetzt hast du ja wieder eine Wohnung. Und auch einen Enkel. Mein Sohn ist im Westen.«

»Meiner auch.«

»Wie geht es deiner Frau? Médi hat mich nämlich verlassen, als ich im Gefängnis war. Die Wohnung haben sie mir auch weggenommen. Irgendein hohes Tier hat Gefallen an ihr gefunden, als ich hinter Gittern saß.«

»Wann bist du herausgekommen?«

»Vor etwa zwei Wochen.«

»Und wo arbeitest du jetzt?«

»Bei der Untergrundbahn. Beim Caisson. Eine schwerere Arbeit gibt es nicht, das weißt du ja, Bandi. Gibst du mir etwas zu trinken? Biete mir was an, und dann gehe ich wieder.«

Der Mann nahm langsam seinen Hut ab, schlüpfte aus seinem Wintermantel. Jede Bewegung schien ihn zu schmerzen. Vielleicht litt er an einer Gelenkskrankheit oder auch nur an mangelnder Antriebskraft. Er schaute in den Spiegel neben der Garderobe, dann wandte er sich von seinem Spiegelbild ab. Er benahm sich zerstreut, wie einer, der in Gedanken woanders ist.

»Ich mache dich mit meinem einstigen Schulkollegen und Freund bekannt«, sagte der Vízivároser Großvater.

Wir schüttelten einander die Hand. Er hieß Miklós Kőszegi, aber das erfuhr ich erst später, denn er stellte sich mit einem unverständlichen Gemurmel vor.

»Ist Margit zu Hause?« fragte er dann den Vízivároser Großvater.

»Gut, daß du sie erwähnst. Bevor wir hineingehen, will ich dir noch etwas sagen. Margit denkt, daß sie dich aufgehängt haben. Sie hat es von einer Freundin gehört. Und du weißt ja, wie sie ist. Sie wird dich entsprechend empfangen.

Nimm es ihr nicht übel, wenn sie überrascht ist, daß du lebst.«

»Nun, beinahe wäre ich am Strick geendet«, sagte Miklós Kőszegi.

»Hast du gekämpft?«

»Ich war bei der Regierung.«

»Das weiß ich. Aber du hattest ja keine so hohe Position, daß dir dafür der Strick gebührt hätte.«

»Nur, daß in meinem damaligen Büro eine Schreibmaschine mit kyrillischen Buchstaben stand.«

Sie schauten einander an und begannen zu lachen. Auch ich lächelte, damit sie dachten, ich verstünde den Grund ihrer Heiterkeit. Da schickte mich der Großvater ins Zimmer zurück, weil er mit Miklós Kőszegi unter vier Augen sprechen wollte.

»Annamari?« fragte die Vízivároser Großmutter drinnen.

Ich schüttelte den Kopf. Auch andere Gäste und Verwandte interessierten sich.

»Wer ist es dann?«

»Wir haben uns zwar einander vorgestellt, aber ich habe seinen Namen nicht verstanden. Sie haben mich hereingeschickt, weil sie unter vier Augen etwas besprechen möchten.«

Die Vízivároser Großmutter wollte hinausgehen, um den Ankömmling zu sehen, aber ihre engsten Verwandten und Freunde verstellten ihr den Weg, in lautem Wortwechsel nötigten sie sie zu bleiben und sich nicht einzumischen. Dann fragten sie wieder mich aus.

»Hat er nicht gesagt, was er will?«

»Er will nur etwas trinken, dann wird er wieder gehen.«

»Und wie sieht er aus?«

»Er ist klein, hat braune Haare, die am Hinterkopf schon etwas grau sind, sein Gesicht ist sehr blaß. Er bewegt sich schwer. Man hat ihn vor kurzem aus dem Gefängnis entlassen.«

All das traf auf mehrere ihrer Bekannten zu, Namen wurden genannt und wieder verworfen, der eine sei im Ausland, der andere würde sowieso nicht herkommen oder aber lebe gar nicht mehr. Die Vízivároser Großmutter sprang erneut auf, und sie drückten sie wieder auf den Stuhl zurück. Sie meinten, es sei unmöglich, daß sie es mit meiner Hilfe nicht herausfinden würden.

»Hat er nicht gesagt, wieso sie ihn eingesperrt haben?«

»Er hat gesagt, daß er nicht gekämpft hat, sondern bei der Regierung gewesen war.«

Die Männer starrten nach oben und runzelten ihre Stirn, »Bei der Regierung war er?«, die Frauen steckten die Köpfe zusammen und zählten Namen auf.

Ich schämte mich bereits, daß ich ein so nutzloser Augenzeuge war. Ich wartete die Fragen nicht mehr ab, sondern erzählte schnell, woran ich mich erinnerte.

»Er hat auch noch gesagt, daß er früher, vor zehn Jahren, ein Büro hatte.«

»Damals war er noch Anhänger Rákosis, dann hat er seine Gesinnung gewechselt.«

Sie einigten sich auf einige Namen, vielleicht war es einer von diesen.

»Und Großvater hat gesagt, daß er einmal in seinem Büro war, damit sie ihm nicht die Wohnung wegnehmen, aber damals hat ihn dieser Mann nicht erkannt.«

Alle schauten sie die Vízivároser Großmutter an. Jetzt begann sie zu überlegen, ich aber freute mich, daß die Lösung jetzt endlich nicht mehr an mir lag. »In was für Büros ging der Bandi damals?« fragte eine Frau spitz, aber ihr Mann schnitt ihr mit einer Geste das Wort ab. Die Vízivároser Großmutter entschuldigte sich damit, daß sie damals mit den Kindern und dem Haushalt beschäftigt war, denn zu der Zeit wohnten auch ihre jüngere Schwester mit ihrem Mann und den beiden Kindern bei ihnen, weil die keine Wohnung hatten und fürchteten, deportiert zu werden, da sie die Familie eines Offiziers waren; die Erwachsenen arbeiteten den ganzen Tag, so war sie mit den drei Kindern zu Hause, denn damals wohnte auch schon Annamari bei ihnen, wegen der vielen häuslichen Probleme konnte die Vízivároser Großmutter nicht alle Schritte verfolgen, die ihr Mann zum Schutze der Familie unternahm. »Es kann sein, daß er bei jemandem war, mir das aber nicht gesagt hat. Ihr wißt ja, wie verschlossen dieser Mann mir gegenüber sein kann«, beschuldigte sie ihren Mann.

Dann fragten sie mich. »Hat es sich nicht herausgestellt, in welcher Angelegenheit der Vízivároser Großvater das Büro dieses Mannes aufgesucht hat? Was war der Grund?« Mutter versuchte mich in Schutz zu nehmen, woher ich denn so etwas wissen könne.

»Sie waren Schulkollegen und Freunde«, sagte ich zu ihr.

Jetzt wandten sich alle einem rauchenden Mann zu, der, wie allgemein bekannt war, ebenfalls ein Schulkollege des Vízivároser Großvaters gewesen war.

Der Mann lächelte nur, als sie ihn aufforderten, sich zu erinnern. »Ach! Woher soll ich das wissen.« Und als die anderen nicht von ihm abließen, verlor er mit der Zeit die Geduld. »Wir waren so viele in der Klasse, haben uns in alle Himmelsrichtungen zerstreut. Jeder von uns hätte es sein können. Was soll ich mich damit jetzt befassen?« Trotzdem ließen sie ihn nicht in Ruhe. Sie zählten alle Fakten auf, die sie bis dahin von mir erfahren hatten, damit sich im Kopf des einstigen Schulkollegen nun doch endlich ein Bild dieses Mannes einstellen sollte. Schließlich beugte sich der Mann vor, seufzte verärgert, drückte seine Zigarette aus und sprang auf. »Ich hab euch doch gesagt, daß ihr mich in Ruhe lassen sollt. Selbst wenn ich wollte, könnte ich mich nicht mehr an sie erinnern! Aber ich will auch gar nicht!« Einer meinte spöttisch, daß er wohl wisse, um wen es sich handelt, und nur seinen Namen nicht nennen wolle. Davon geriet der wütende Mann in Verwirrung. Er ging in das andere Zimmer hinüber, wobei er schrie: »Was denkt ihr euch? Was denkt ihr euch eigentlich, wie lange ich mir das anhöre? Schert euch doch alle zum Teufel! Ich werde keine Namen nennen! Ich erinnere mich nicht! Ich kenne nur einen Namen, und das ist mein eigener! Ist das denn so schwer zu verstehen?« Er verschwand im Zimmer, es war nur noch seine Stimme zu hören, dann auch die nicht.

Man wechselte Blicke, einige deuteten an, daß der ehemalige Schulkollege nicht normal sei. Später fragte jemand, was ich denn noch wüßte.

»Der Großmutter hat eine Freundin erzählt, daß sie diesen Mann aufgehängt hätten«, fiel mir plötzlich ein. »Großmutter glaubt, daß der, der jetzt draußen ist, gar nicht mehr lebt.«

»Nun, über wen ist dir bekannt, daß er aufgehängt worden ist?« wollten sie von der Vízivároser Großmutter wissen. »Das kann man sich ja wohl merken. Oder sind dir so viele Gehängte bekannt, Margit?«

Unter anderen Umständen hätte diese Tatsache der Vízivároser Großmutter vielleicht geholfen, die Lösung zu finden, aber jetzt konnte sie das alles nicht mehr ordnen. »Von welcher Freundin habe ich das gehört? Haben sie dir nicht gesagt, welche meiner Freundinnen das gesagt hat?«

Ich wollte auf alle Fälle helfen, dieses Spiel, dessen Ablauf der Vízivároser Großvater und dieser geheimnisvolle Mann jeden Augenblick unterbrechen konnten, interessierte mich. Ich schrie auf, als mir noch etwas einfiel: »Er hatte eine Schreibmaschine mit kyrillischen Buchstaben!« Alle verstummten, die Gäste schauten zur Tür, denn dort stand der Betreffende gemeinsam mit dem Vízivároser Großvater. Sie kamen durch das Nebenzimmer zur offenen Tür dieses Zimmers, zweifellos hatten sie gehört, was ich ausgerufen hatte.

Das sah man beiden an. »Ruhe!« wies mich der Vízivároser Großvater schnell zurecht, der andere Mann starrte mich an, drehte sich dann um, um, wie der andere Schulkollege, von hier zu flüchten, aber der Vízivároser Großvater packte ihn und zog ihn zurück.

»Nun? Erkennt ihr ihn noch?« Dabei beschämte er mich noch mit einem wütenden Blick. Mir wurde ganz heiß.

»Miklós Kőszegi«, sagten einige. Andere flüsterten den Uninformierten einige Informationen zu.

Ich wollte so weit wie möglich von hier fort. Unbemerkt ging ich ins Nebenzimmer hinüber, dort saß einsam der Vízivároser Großvater und jener Schulkollege, der sich zuvor nicht erinnern wollte. Er rauchte und schaute mich nicht an, als ich an ihm vorbeiging. Schließlich erreichte ich das hinterste Zimmer. Hier fand ich einen langen, gedeckten Tisch vor, die regelmäßige Anordnung der Teller und des Eßbestecks auf dem weißen Tischtuch. Erst jetzt merkte ich, daß es draußen wieder schneite.

Ich stellte mich ans Fenster. Auch der Wind blies wieder, die Schneeflocken wurden von unberechenbaren Luftstößen in verschiedene Richtungen gewirbelt. Während ich hinausblickte, hauchte ich Flecken auf das Glas und wußte, daß man mich eine Weile nicht suchen würde.

Damals geschah es öfters, daß ich mich vom Gymnasiasten plötzlich wieder in ein Kind zurückverwandelte, das sich zum einsamen Spiel von den Erwachsenen zurückzieht, weil es an ihrer Gesellschaft nicht interessiert ist. Auch jetzt war es so. Gekränkt starrte ich in die dichten Flocken, fast hätte ich geweint, so sehr hat mich der Wechsel meiner Rollen mitgenommen. Als mit Spannung erwarteter Gast kam ich hier an, als unbekannter Erbe. Da hatte man mich noch als Erwachsenen empfangen, hatte man mir Familiengeheimnisse anvertraut, sich nach meiner Meinung erkundigt. Dann traten mit Miklós Kőszegis Erscheinen neue Regeln in Kraft, und das hatte ich in kindlicher Einfalt erst bemerkt, als mich der Vízivároser Großvater beschämte.

Durch die offene Tür war Gelächter zu hören, die Vízivároser Großmutter rief die Gäste zu Tisch, trieb zur Eile, damit das Essen nicht kalt werde, aber man wollte lieber noch plaudern und trinken. Der Vízivároser Großvater vermittelte, so bekamen die Gäste noch einige Minuten Aufschub. Unter dem friedvollen Lärm fiel mir ein, wie mein Vater, der Sohn des Vízivároser Großvaters, vor einigen Jahren mit geschulterter Waffe plötzlich heimkehrte. Es war Abend, und Ausgangssperre war verhängt worden. Ich saß zusammen mit Mutter und Vati in der Küche. Deshalb in der Küche, weil wir uns fürchteten, daß zu einem der Zimmerfenster, die auf die Gasse schauten, wieder jemand hereinschießen würde. Auf dem Tisch brannte eine Kerze, wir aßen Bratkartoffeln mit Butter. Seit den Kämpfen waren wir in ständiger Alarmbereitschaft. Mutter wies mich zurecht, daß ich nicht in die Kerzenflamme, sondern in ihre Augen schauen sollte, da sie mir etwas Wichtiges zu sagen hatte. »Während du geschlafen hast, sprachen Vati und ich darüber, ob wir nicht ins Ausland gehen sollten, um dort zu leben. Du würdest eine andere Sprache lernen, und auch dort gibt es Kinder. Du bist in einem Alter, wo man noch leicht anderswo Wurzeln schlägt. Für uns wird es schwieriger sein. Es wäre besser gewesen, wenn wir noch während des Krieges von hier fortgegangen wären. Aber damals habe ich Vati noch nicht gekannt, und daß ich hiergeblieben bin, war lediglich dazu gut, daß wir einander kennenlernen konnten. Ansonsten hatten wir kaum Freude in diesem Leben. Wenn es dich nicht gäbe, würden wir gehen, aber nun überlassen wir dir die Entscheidung. Du hast noch länger zu leben.« »Die Zukunft gehört dir«, warf Vati ein und lachte. Mutter fuhr fort: »Wegen der Sprachkenntnisse wäre Deutschland für uns besser, aber wenn du sagst: nach Frankreich, dann gehen wir dorthin. Morgen würden wir aufbrechen. Auch die Nachbarn gehen. Wir würden mit einem Lastwagen fahren. Der Fahrer hat die Grenze schon öfters überquert, er hat gesagt, daß der Weg noch einige Tage ungefährlich ist. Wir werden verbunden sein, als ob wir Verwundete wären. Die Sache ist einfach, trotzdem dachten wir, wir fragen dich. Würdest du gerne mit uns kommen?«

Ich sagte, daß ich lieber hierbleiben wolle. Sie seufzten, na gut, dann werden wir hier leben.

Dann, als wir uns gerade zum Schlafen – auf den Matratzen in der Küche – bereitmachten und die Kerze ausblasen wollten, klopfte es. Vati und Mutter gingen gemeinsam hinaus, um die Tür zu öffnen, sie sprachen mit einer Männerstimme, ich entkleidete mich unterdessen und schlüpfte unter die Decke. Draußen wurde manchmal geschossen, aber weit entfernt, und es war immer nur ein kurzes Feuergefecht. Ich hörte die Stimmen aus dem Vorzimmer, aber ich konnte mir keinen Reim darauf machen. An die Männerstimme erinnere ich mich jedoch bis heute. Sie hatte einen braunen Klang.

Die Nachbarn machten sich anderntags auf. Vati war nicht zu Hause, Mutter und ich beobachteten durch die Ritzen des einzig heil gebliebenen Rolladens, wie sie verbunden auf den Lastwagen stiegen. Vielleicht weil es ein entscheidender Moment war, gestand mir Mutter, wer am Vorabend bei uns gewesen war. »Dein Vater war hier«, sagte sie, während die Nachbarn auf den Wagen hinaufkletterten. Dann wartete sie, bis der Wagen abfuhr, die scheidenden Nachbarn schauten zum Abschied noch zu ihren verlassenen Fenstern hinauf, dann verschwanden sie, und unten blieb nur die leere Gasse zurück. »Er hatte ein Maschinengewehr auf den Schultern, er hat erzählt, daß er gekämpft hat und jetzt keine andere Wahl habe, er muß über die Grenze fliehen. Er wollte sich von uns verabschieden, deshalb ist er gekommen. Er ist dann gleich wieder gegangen, denn seine Truppe ist noch in der Nacht aufgebrochen. Wir haben ihm gesagt, daß wir bleiben.«

Ich weiß nicht, warum ich nur danach fragte, ob mein Vater, den ich noch nie gesehen hatte, Vati kennen würde, ob sie sich früher schon getroffen hätten oder ob sie einander gestern das erste Mal gesehen hätten. Mutter sagte, daß sie sich schon früher einige Male getroffen hätten. Um Vatis Namen zu tragen, sei die Erlaubnis meines Vaters nötig gewesen, und in dieser Angelegenheit hätten sie sich kennengelernt.

Damals hatte ich einen ähnlichen Schmerz und ebensolche Schmach verspürt. Genauso wie jetzt, als ich am Fenster des hintersten Zimmers in der Wohnung des Vízivároser Großvaters stand und hinaus in das Schneetreiben starrte. Mutter und Vati machten mich glauben, daß ich ein ausschlaggebender Faktor in ihrem Leben sei und daß sie um meinetwillen das Land nicht verließen, doch dann änderten sich, indem jemand anderer erschien, mit einem Schlag die Regeln. Ich habe Mutter nie danach gefragt, wieso sie meinen Vater nicht zu mir hereingelassen hatten. Denn, hätte mich der Scheidende wirklich sehen wollen, wäre er hereingekommen. Sie hatten es unter sich geregelt, genauso wie der Vízivároser Großvater und Miklós Kőszegi, ohne mich teilhaben zu lassen. Ich schluckte in der prächtigen Wohnung die Tränen hinunter, im Nebenzimmer rauchte einsam ein Mann, es war der einstige Schulkollege vom Vízivároser Großvater, der wütend aufgesprungen war, weil er sich nicht erinnern wollte: »Ich werde keine Namen nennen! Ich erinnere mich nicht! Ich kenne nur einen Namen, und das ist mein eigener!« Aber jetzt war ich ihnen nicht mehr so böse, weil ich wußte, daß die Erwachsenen mit dem unberechenbaren Wechsel der Spielregeln an mir nur das wiederholen, was mit ihnen immer geschieht.

Und es war damals bereits Frieden, wer fortgegangen war, war fort, gerade zu dieser Zeit ließen sie die Leute, die man entlassen konnte, aus den Gefängnissen, es schneite, und ich hörte in meinem Schlupfwinkel, wie die Vízivároser Großmutter genervt mit den Gästen schimpfte, daß ihr Essen, das sie unter großer Anstrengung und mit Sorgfalt gekocht habe, verderbe, wenn sie nicht zu Tisch eilten.

Zoltán Kőrösi

Vor zwei Monaten antwortete ich einer in Frankreich lebenden ungarischen Dame auf ihren Brief so etwa, daß es meiner Meinung nach mehrere Zoltán Kőrösis gäbe. Zumindest so viele, daß ich sie nicht zählen könne, ich habe aber oft das Gefühl, daß sie nichts, aber auch gar nichts miteinander gemein hätten. Der eine zum Beispiel liest die Zeitung jeden Morgen im Bett. Der andere kann es kaum erwarten, daß die Familie das Haus verläßt, er winkt vom Fenster aus, dann setzt er sich an das Gerät und werkelt den ganzen Vormittag an etwas herum. Der dritte geht jeden Tag zur Arbeit, ist anständig und höflich. Der vierte ist Mittelfeldspieler in einer Fußballmannschaft, nicht brutal, eher kombinatorisch. Der fünfte trinkt Weizenbier. Der sechste läßt abends die kleine Lampe lange brennen. Der siebente ist vierunddreißig Jahre alt. Man könne gar nicht alle aufzählen, und das lohne sich wohl auch nicht. Und irgendwo in der Mitte der Reihe gäbe es einen Zoltán Kőrösi, der warte. Er tue nichts anderes, passe nur auf und warte, warte unaufhörlich.

»Gut, aber worauf wartet er?« fragte die Dame aus Frankreich in ihrem Brief. Nun, eines Mittwochs vor einem Monat saß ich früh vormittags an meinem Computer. Ich bastelte an einer Art von Roman und gerade an einem Stück, wo einer der Protagonisten, der übrigens Zoltán Kőrösi hieß, am Morgen mit schrecklichen Kopfschmerzen und Schwindel erwacht, beinahe blind ist und ohne jeden Übergang praktisch sein Sehvermögen verloren hat. Die Ärzte können bei ihm aber nichts finden, bis zum Abend vergehen die Kopfschmerzen, und er sieht wieder normal. Nur die Unsicherheit kann er nicht vergessen. Dieses Gefühl, daß die Außenwelt, die er mit seinen jetzigen Augen sieht, nicht mehr dieselbe ist wie die einen Tag zuvor.

Als ich diesen Absatz eben beendet hatte, saß ich vor dem Gerät und fühlte plötzlich in meinem Schädel einen sonderbaren Schlag, der gerade so lange dauerte, als würde jemand einen Lederball gegen meinen Hinterkopf schleudern, einen komischen, fast elektrischen Knall, von dem ausgehend ich auch noch einen unerträglichen Laut zu hören glaubte, es war Schmerz und Überraschung zugleich. Ich sprang auf, war aber so schwindelig, daß ich mich hinlegen mußte. Arzt, Rettungswagen mit Sirene. Gehirnblutung, sagte dieser Mensch im weißen Kittel und beobachtete dabei, ob ich seine Worte verstand. Computertomographie. Ich lag auf der Rollbahre und sah auf die über meinem Kopf vorübergleitenden Lampen. Am Nachmittag stellte sich schließlich heraus, daß sie keinen Auslöser finden konnten. Der Schwindel verging, zurück blieb nur eine elementare Unsicherheit in mir. Kein Mangel, sondern etwas anderes.

Versuchen Sie, es zu vergessen, sagten die Ärzte. Ich versuche es, antwortete ich.

An der Art Roman habe ich seither schon weitergeschrieben, auch den gewissen Absatz hinter mir gelassen. Nein, ich kann nicht denken, daß diese Geschichte etwas bedeutet.

Und was sei mit dem Zoltán Kőrösi dort in der Mitte der Reihe? Auch jetzt kann ich nichts anderes sagen. Er wartet, etwas anderes tut er nicht. Vorläufig wartet er noch.

Flaschenbier

Ich will ja gar nicht viel; man sitzt da, sieht zu, wie der Schatten immer höher rutscht, zuvor umfaßte er gerade erst meine Knöchel, jetzt ist es schon, als würde er mich entzweischneiden, ich beobachte ihn wortlos, denn ich weiß, daß die Zeit in mir ohnehin schneller vergeht. So war es auch im Krankenhaus: die Stiegen hinauf, dann ging ich auf den Steinfliesen des Ganges dahin, eine rote, eine graue, mein Schuh paßte genau in ein Viereck, der Rock schwang um meine Beine, und wie ich unter den sonnenbeschienenen Fenstern entlangging, fiel das Licht herein und aus den geöffneten Türen der Geruch nach Medikamenten und Schweiß, die Ausdünstungen ungewaschener Körper, ich ging dahin und lauschte, was sich hier alles zusammendrängte, hie und da spielte ein Radio, diese Art von Geräten aus schwarzem Bakelit, auf deren Rückseite ein dicker, butterfarbener Gummi klebt, der die Batterien halten soll, und dazwischen das Räuspern, das unterdrückte, nervöse Lachen, das Seufzen und Stöhnen, die zusammenklappenden Flügel der Glastüren, das Klopfen der Absätze, Wassergeplätscher und das Rauschen der Toiletten, und all das so, als könne der Straßenlärm, die Geräusche der Autos und das Rumpeln der Straßenbahn jenseits der Baumreihe gar nicht bis hierher durchsickern; die grau gewordenen, aufgedunsenen Federdecken, die fleckigen Laken waren Wolken ohne Regen und Wind, auf kleinen, niederen Tischen vertrockneten Salamiräder und dünne Brotscheiben.

Aber als ich Saal 4 gefunden hatte, konnte ich nicht mehr mit dem Raster der Steine spielen, denn ich spähte vergebens hinein, dort war der Stock gegen das Bett gelehnt, und dort war auch er, aber sein Körper erschien wie von einer seltsamen Kraft in die Matratze gezogen, kaum daß er die Bettdecke anhob, und sein Kopf war im Polster versunken, der Bart wie ein Grasbüschel, Feri, sagte ich leise zu ihm, Feri, falls er schlief, wollte ich ihn nicht wecken.

Aber er schlief nicht, er öffnete langsam die Augen, und auch dann war es, als spanne sich über seine Pupille noch ein anderes, durchsichtiges Augenlid, er sah mich an, und trotzdem fühlte ich, daß er nicht mich sah.

Ich dachte daran, daß ich auf der Insel spazierengehe und dabei rauche, sagte er ruhig, auf dem Schotterweg, einfach so, allein, unter meinen Schuhen knirschten die Steine, wie ich langsam so dahinging, die Luft stand still, den Stock hatte ich nicht bei mir, und der Rauch der Zigarette stieg gerade in die Höhe, bis zu den Blättern.

Du weißt, daß du nicht rauchen darfst, ich beugte mich zu ihm hinunter, der Arzt hat es gesagt, keine einzige Zigarette.

Unsinn!, stieß er die Bettdecke von sich, verdammter Unsinn!, wieso gerade die Zigaretten, rief er, während er nach seinem Stock tastete, seine gelben Finger waren wie dicke Würmer, die sich aus der feuchten Erde winden.

Und ich fuhr zurück, denn seinem Körper, dem Laken, auch dem gestreiften Pyjama entströmte der Geruch von saurem Schweiß, Urin und Desinfektionsmittel, und auf seinem Bauch, dort, wo die Pyjamahose ihn nicht mehr hielt und die Pyjamajacke noch nicht bedeckte, auf dem Bauch schwoll der Bruch hervor, wie ein peinlicher, aber unverschämter Körperteil, er quoll schier heraus, wie das Innere eines aufgeplatzten Balls, wie eine Wolke vor dem Regen.

Du weißt es sehr gut auch selbst, ich sah von oben auf ihn hinunter, sie haben es jahrelang auch zu dir oft genug gesagt.

Wie ist das Wetter da draußen?, er sah mich nun an, und seine Augen waren ruhig und klar, ich sehe, daß die Sonne scheint, nur spüre ich nicht, ob die Hitze schon da ist.

Das Wetter ist gut, sagte ich, wirklich gut, innerhalb einer Woche ist alles grün geworden, die Bäume und auch die Sträucher, es scheint die Sonne, nur für den Nachmittag haben sie im Radio Regen vorhergesagt, aber trotzdem ist schon Frühling, richtig Frühling, wo die Sonne Kraft hat.

Er schwieg und schloß die Augen, nur eine Zigarette, fing er schließlich an, sie haben gesagt, unten neben dem Eingang ist das Buffet, dort könntest du sicher eine kaufen.

Feri, Feri, du weinst, ich beugte mich wieder zu ihm, auf seinen bleichen Wimpern zitterte eine Träne, wie ein Regentropfen, du weinst, um eine verdammte Zigarette, Feri?

Nur meine Augen, antwortete er, nicht ich, nur meine Augen.

Deck dich wieder zu, du erkältest dich, ich zog die Decke auf seinem Bauch zurecht. Ich gehe hinunter und schau mir dieses Buffet an.

Gut, lächelte er, gut, und legte seine Hand auf die Brust.

Ich komme gleich, sagte ich und strich mit der Handfläche über die Decke, aber so, daß ich seine Finger nicht berührte, dann sagte ich nichts mehr, da es jetzt nicht nur so aussah, sondern ich es auch so empfand, als würde ich ein leeres Bett berühren, ja, als wolle der Körper nicht einfach nur verschwinden, sondern gleichsam mit dem Laken, mit der stinkenden Decke verschmelzen, und auch der Kopf versank in die Gruben des Polsters, als wäre er ein aus der Höhe hinabgeschleuderter Stein, also trat ich einen Schritt nach hinten und machte mich auf den Rückweg, an dem niederen Tischchen vorbei hinaus auf den Gang, rot, grau, rot, grau, ich ging auf den Steinen dahin und fühlte die Wärme der Sonne, an der Reihe von Türen entlang wie an dunklen, hohlen Brunnen, dann die Treppe hinunter bis zum Eingang, ich betastete das Geld in meiner Tasche, dort war auch das Buffet, die bunten Abziehbilder und Aufschriften an der schmutzigen Scheibe, bloß brannte hinter der Theke keine Lampe, und vor dem Fenster war ein Gitter, in der Mitte aber hing eine kleine Tafel: Geschlossen, darauf warten Sie vergeblich, kam der Portier heran, das macht heute gar nicht auf, es ist Erster Mai, deshalb. Ja, nickte ich, Erster Mai, dann zeigte ich in Richtung Treppe, ich gehe noch kurz zurück, wenn das möglich ist.

Und wieder ging ich den Gang entlang, bis zu Saal 4, Feri, sagte ich leise, aber ich sprach nicht weiter, denn ich sah, daß er auch jetzt, während er schlief, noch lächelte, sein Mund jedoch bewegte sich leicht, ja, ganz so, als würde er an einem Schnuller oder einem Bonbon lutschen. Ein Bruch, flüsterte ich in seine Richtung, ein einfacher Bruch.

Und als ich aus dem Haustor trat, aus der Baumreihe hinaus in den Sonnenschein, und mir der Staubgeruch des warmen Asphalts entgegenschlug und ich hörte, wie rund um mich die Stadt brummte und atmete, wie der Lärm der Autos und das Klopfen der Schritte, das Dröhnen der Busse und Klappern der Straßenbahnen miteinander zu einem an- und abschwellenden Tosen verschmolzen, sagte ich noch einmal, aber nur mehr zu mir selbst, es ist Erster Mai und knöpfte meinen Mantel auf, das ist der Frühling, so ging ich bis zur Haltestelle, um mich von der Straßenbahn ans Donauufer, bis zur Brücke bringen zu lassen und von dort zu Fuß hinüberzugehen bis zur Insel, Entgegenkommenden auszuweichen oder beiseite zu treten, wenn jemand schneller war als ich, ja, ich trieb langsam in der Menge und sah mir die vielen Menschen an, die alle hierher gekommen waren, um sich von der Sonne braten zu lassen, Würstchen zu essen und Bier zu trinken und zu schauen, wie schnell in kaum einer Woche die Bäume und die Sträucher ausgetrieben hatten, um die Lichter anzuschauen und die Musik anzuhören, ja, die Musik, denn neben dem Spazierweg, am Rand des Fußballplatzes, stand eine riesige Bühne, schwerfällige Lautsprechertürme und glänzende Reflektoren, und gerade in diesem Moment trat die Gruppe auf die Bühne, vier Zigeuner und zwei Zigeunerinnen, und ich sah, daß der eine Mann Gitarre und der andere Mandoline spielte, der dritte aber hatte eine große Wasserkanne bei sich, um auf dieser den Rhythmus zu schlagen, der vierte wiederum legte sich einen Trog quer über die Knie, um darauf zu trommeln, und während ich langsam den Hang hinunterging, um mich an das Ende der sich vor dem Buffet schlängelnden Reihe stellen zu können, denn auch ich wollte genauso ein Bier trinken, das wie die Sonnenstrahlen war, die gelb am Gras schäumten, auf den Männern in Hemdsärmeln, den Haaren der Kinder in leichten T-Shirts und kurzen Hosen, da sah ich schon, daß auch vor der Bühne Zigeuner standen, Frauen mit glänzendem, blauschwarzem Haar und Männer in buntgemusterten Hemden, und als die Musik begann, bewegten sich auch schon ihre Körper, wiegten sich in einem Rhythmus, als antworteten sie nicht nur auf die Instrumente und den Gesang, sondern als seien sie mit unsichtbaren Stricken an die Gitarre, den Trog und die Mandoline gebunden, und während ich lauschte, wie wunderschön diese beiden Zigeunerinnen dort oben auf der Bühne sangen, dachte ich, morgen oder übermorgen muß ich vielleicht nicht mehr hineingehen, morgen oder übermorgen gibt es vielleicht gar keinen Grund mehr dafür.

Und als ich zur Theke kam, sagte ich zum Verkäufer, ein Bier, bitte, eine Flasche Bier, ich brauche kein Glas, fügte ich hinzu, denn ich wollte auch so trinken wie die anderen, den Kopf zurückgelehnt, mit geschlossenen Augen, aus der Flasche. Ich zog den Mantel aus, meinen Rock knüllte ich unter den Knien zusammen, und so setzte ich mich ins Gras, um die Gitarre und die Mandoline anzuhören, die Wasserkanne und den Trog, um diese beiden Zigeunerinnen anzuschauen, wie sie mit geschlossenen Augen und zurückgelehntem Kopf sangen, sie schlucken die Luft, als ob sie Bier wäre, und ich sah, daß aus der Menge vor der Bühne ein Mann heraustrat, ein großer, breitschultriger Zigeuner in malvenfarbenem Anzug und grellem Hemd, seine Haut war dunkel, sein Bart wie frisch gegossenes Pech, aber auf seinem Scheitel leuchtete ein schneeweißer Sommerhut, und ich sah, daß dieser Mann das Herumstehen nicht mehr erträgt, er erträgt es nicht, sich kaum bewegen zu können, denn mit dem schneller werdenden Rhythmus hebt auch er immer schneller die Hand, beginnt er, herumzuspringen, den Hut am Hinterkopf, dreht sich immer wieder im Kreis, greift sich an die Fußknöchel, dann richtet er sich wieder auf, setzt die Spitze seines Schuhs in die Erde, alsbald plumpst er wieder auf die Fersen, und dann hält er es wirklich nicht mehr aus, deshalb springt er plötzlich auf die Bühne, um dort fortzufahren, um dort weiterzutanzen, allerdings sind seine Bewegungen so, als würde ihn irgendeine Schande oder irgendeine Angst lähmen, denn er kann die Musik nicht besiegen, aber widerstehen kann er ihr auch nicht, deshalb bleibt er schließlich mit wunderschöner Langsamkeit nach und nach hinter dem Rhythmus zurück, er hebt die Hand, aber die Bewegung hört jäh auf, ihr Bogen bricht, als hätte ein Gewicht den Mann zurückgestoßen, er wirft die Beine in die Luft, aber auch das, als stünde er bis zu den Oberschenkeln im Wasser, und während all dem strahlt auf seinem Gesicht ein seliges Lächeln, und ich weiß, daß dieser Zigeuner schon vergessen hat, wo er ist, die Bühne und die Menge der Gaffenden sind neben ihm versunken, und er ist allein geblieben mit seinem Körper und der Musik, die seinen Körper bewegt, mit dem Rhythmus und seinen Muskeln, und wie ihn so das Klingen der Gitarre und der Mandoline, das Klappern der Wasserkanne und des kleinen Holztrogs durchdringen, die tiefen Stimmen der Männer und der Gesang der beiden Zigeunerinnen ist das, als würde er viele, viele Flaschen Bier auf einmal austrinken, wie er es auch getan hat, denn ich sehe, dieser Zigeuner ist furchtbar betrunken, noch dazu hoben der Rausch des Alkohols und der Musik einander keineswegs auf, sondern verstärkten einander noch, deshalb ist dieser Mann schon gar nicht mehr betrunken, er hat sich vielmehr der Musik überlassen, hat sich dem bewußtlosen Glück des Körpers überlassen, daß er einen knitterfreien, malvenfarbenen Anzug trägt, ein buntgemustertes Hemd, daß sein Bart pechschwarz glänzt und auf seinem Haar, auf seinem Scheitel ein nagelneuer weißer Sommerhut tanzt. Und als ich meine Flasche Bier ausgetrunken hatte und mich wieder an das Ende der Reihe vor dem Buffet stellte, denn von diesem Bier und von der Musik der Zigeuner war ich nur noch durstiger geworden, sah ich, daß der Mann auf der Bühne den Tanz beendet hatte, aber noch immer wie im Halbtraum herumschlenderte, daß er den Musikern der Reihe nach die Hand drückte und die Schulter der einen Frau streichelte, und ich sah, wie langsam und schwer er nur die Bühnentreppe herunterklettern konnte, weil ihn plötzlich die Kraft verlassen hatte, und ich sah, daß das Wasser nicht nur über seine Stirn und sein Gesicht lief, sondern der Schweiß auch sein malvenfarbenes Sakko unter den Achseln dunkel färbte, und während ich mich in Richtung Theke bewegte, beobachtete ich, wie stolz er sich schon wieder aufrichtete, als er zwischen den Stuhlreihen zurückkam, und wie er sich an den Nacken von zwei anderen Männern hängte, um mit torkelnden Schritten schnell auf das Buffet zuzugehen, wo auch ich gerade stand.

Und während sie sich hinter mir in die Reihe stellten, betrachtete ich, um nicht sie ansehen zu müssen, die Wolken, wie die Sonnenscheibe dort oben hinter diesen aufgedunsenen, schmutziggrauen Federdecken verschwand, und ich dachte, sieh an, jetzt ist die Zeit um mich und auch in mir stehengeblieben. Diese Männer aber waren furchtbar besoffen und schrien in einem fort, umarmten oder rempelten einander, aber selbst wenn sie einander nicht gerempelt hätten, hätten sie nicht an einem Platz stehenbleiben können, denn in ihnen arbeiteten die vielen Flaschen Bier und der Gesang der Zigeunerinnen, und so versuchten sie mit zusammensackenden Knien die Erddrehung abzubremsen, als würden sie auf einem schaukelnden Schiff herumbalancieren, und als ich schließlich zur Theke kam, um meine zweite Flasche Bier zu verlangen, da stürzte dieser Mann im malvenfarbenen Anzug so auf mich, daß er mich gleich zu Boden riß, hinunter aufs Gras, während das Geld, das ich in der Hand gehalten hatte, rundherum verstreut wurde, es glänzte zwischen den Grashalmen wie frisch gefallene Regentropfen. Und während ich unter diesem ohnmächtigen Gewicht lag, sah ich, wie sehr die zwei anderen Zigeuner erschraken, und dann sah ich auch schon, wie sehr sich auch der im malvenfarbenen Anzug und weißen Sommerhut schämte, umsonst hatte er zuvor auf der Bühne getanzt, umsonst hatte er die Kraft der Musik und des vielen Biers in sich, jetzt brachte er nicht einmal mehr ein Wort heraus, er saß neben mir im Gras, und in seiner Ohnmächtigkeit lief ihm aus seinen pechschwarzen Wimpern eine Träne übers Gesicht, deshalb dachte ich dann gar nicht mehr daran, daß mein Rock zerknittert war, daß mein Hintern und meine Knie schmerzten, sondern ich sagte fröhlich zu ihnen, nichts passiert, es ist Frühling, Erster Mai, und ich sah, wie dieser Mann im malvenfarbenen Anzug langsam, ganz langsam meine Worte verstand, wie er seinen Blick hob, um sehen zu können, daß ich ihn lächelnd anschaute, um somit auch selbst lächeln und lachen zu können und sich, wieder zu Kräften kommend, mühsam zu erheben und sogar mich aufzuziehen und schreiend dem Schankburschen zu winken, daß er mein Bier bezahle, darauf bestehe er, denn das sei das mindeste, nach dem, was geschehen sei, und sogleich legte er auch den Arm um meine Schulter, ich solle das nur nicht mißverstehen, brüllte er mir ins Ohr, er habe ja Familie und außerdem züchte er Ferkel, er sei ein ehrlicher Mensch und Familienvater, er betrinke sich sonst auch nicht und auf Frauen sei er nie aus, ja, ich solle ihn nicht mißverstehen, nur die Sonne und dieses wechselhafte Wetter hätten ihn verrückt gemacht und vor allem, daß ich ihn angelächelt hätte, und dann drängten sich auch schon die anderen dort um uns und klopften dem im malvenfarbenen Anzug auf die Schulter, als hätte er bloß eine weitere Tanzfigur auf der Bühne vorgeführt, schon gut, Feri, so ist es, Feri, sagten sie zu ihm und streichelten auch mein Haar dabei, aber es machte mir nichts aus, denn ich achtete nur darauf, daß dieser Pechbärtige auch Feri hieß, genau wie dieser Mensch, den ich in Saal 4 in das stinkende Laken versunken zurückgelassen hatte, Feri, sagte auch ich, Feri, und darauf begann der im malvenfarbenen Anzug zu nicken, ja, ja, er sei der Gute Feri, so kenne ihn jeder: der Gute Feri, der Ferkel züchtet, ich solle es nur sagen, wenn ich eventuell auch ein paar Ferkel bräuchte oder irgendwer von meinen Bekannten, er würde sie mir noch am selben Tag bringen und natürlich zu einem Freundschaftspreis, unter Bekannten sei das doch selbstverständlich.

Ich aber hielt den Hals meiner Bierflasche umfaßt und trat zurück, um mich von diesen Männern zu verabschieden, um zum Hang zurückzugehen und mein Bier zu trinken, bevor es zu regnen anfing, ich bedankte mich also und ging los, dann blieb ich doch noch einmal stehen, weil mir etwas einfiel, und ich drehte mich um, zurück zu diesem Mann mit dem weißen Sommerhut, haben Sie eine Zigarette, fragte ich ihn, Zigarette, wiederholte ich, denn ich sah, wie unverständig er mich anblickte, ja, eine Zigarette habe er, nickte er schließlich und zog aus der Innentasche seines malvenfarbenen Anzugs eine zerdrückte Schachtel hervor, ich brauche kein Feuer, winkte ich ihm, denn ich sah, wie er nach Streichhölzern kramte, ich werde sie nicht selbst rauchen, ich nehme sie nicht für mich selbst.

Und als ich in die Schachtel griff, fühlte ich, daß meine Hand die Hand dieses Zigeuners berührte, und ich fühlte, daß seine Haut so heiß war, als würde auch jetzt noch die Sonne darauf scheinen, und während ich die Zigarette in die Tasche meines Mantels fallen ließ, sah ich, wie schwarz seine Augen waren und daß auf seinem Gesicht auch jetzt noch die Spuren der Tränen glänzten, als wäre Schweiß daran hinabgelaufen, und der Schweißgeruch, der dem malvenfarbenen Sakko entströmte, schlug mir in die Nase und der Geruch des billigen Männerparfums, danke, sagte ich also, danke, Guter Feri, und mein Bier in der Hand drehte ich mich auf dem Absatz um und bewegte mich auf den kleinen Hügel zu und ich ging schon im Gras, als ich hörte, daß der im malvenfarbenen Anzug mir nachschrie, warten Sie, warten Sie, gehen Sie noch nicht weg, ich will Ihnen etwas sagen, rief er und rannte mir sogar ein paar Schritte nach, was haben Sie vergessen? drehte ich mich um, sagen Sie es nur, und ich lächelte ihn an, aber ich sah, daß er vor Schreck fast grau geworden war, er blieb mir gegenüber stehen und senkte den Kopf und nahm langsam den Hut vom Kopf, wie jemand, der durch eine Tür treten will, ich hätte jetzt zwanzig Stück schöne Ferkel, wenn Sie welche brauchen, sagte er leise, denken Sie darüber nach, zwanzig Stück gesunde, schöne Ferkel, wenn ich das sage, können Sie es mir glauben, es lohnt sich, gut, nickte ich, aber ich brauche keine, wenn ich welche wollte, würde ich es schon sagen.

Ich sah zu, wie er sich zögernd umdrehte, wie er immer schneller auf die anderen zuschritt, diese legten die Arme um seine Schulter und so, miteinander, drehten sie sich zur Theke, ich schlüpfte in meinen Mantel und zog ihn in der Taille zusammen, denn plötzlich spürte ich, daß Wind aufkam, ich setzte mich ins Gras, genau gegenüber von der leeren Bühne und machte mit zurückgelehntem Kopf einen Zug aus der Flasche, ich trank Bier, aber jetzt schloß ich nicht die Augen, im Mund noch den Geschmack des Biers, sah ich mir diese aufgequollenen, grauen Wolken dort oben an, wie sie unverschämt anschwollen, und ich beobachtete sie wortlos, denn ich wußte ja, daß die Zeit in mir ohnehin schneller verging, auch der Regen war schon da, er klatschte in großen, harten Tropfen herunter, richtig, die Sonne schien noch, aber der Schatten rutschte währenddessen immer höher.

Gábor Németh

Selbstportrait aus jüngeren Jahren

Ein Selbstporträt schreiben? Das können auch die Dummen, also ich auch.

Aber wieso schiebe ich es dann seit Monaten auf? Eine lumpige Seite. Dem werde ich auch noch entrinnen, wie allem, straffrei. Ich werde in aller Ruhe etwas stehlen. Noch dazu von mir. Das ist heikel.

Ich wollte einfach der *Weltbeste Schriftsteller* werden[1], nicht sofort, versteht sich, zuerst Straßenkehrer, dann Plakatierer, und nur als drittes der *Weltbeste Schriftsteller,* was soll's, ich kam ein bißchen langsam drauf, daß wahrscheinlich dieser am wenigsten arbeiten muß. Wenn mir damals jemand gesagt hätte, daß Schreiben Arbeit ist, hätte ich ihn wahrscheinlich ausgelacht. Ebenso wie ich es heute täte, in einer ähnlichen Situation. Meiner Mutter wurde ein recht baldiger

[1] 1972

Nobelpreis versprochen, also flambierte Spieße im Gundel, Gundelpalatschinken, gefrorene Himbeeren auf Weinblättern, teurer Sekt und alles, was sich der fleißige kleine Schüler von Onkel Ringelhuth nur vorstellen kann. (Offensichtlich hatte ich auch Lust auf Petersilie, natürlich nicht, um damit zu handeln [»mit Petersilie handeln« heißt auf ungarisch soviel wie »Mauerblümchen sein«, »abseits stehen«. Anm. d. Übers.], aber psst, ziehen Sie bitte die einschlägige Literatur zu Rate, Ende Mai zum Beispiel.) Übrigens dachte ich, daß für das *Weltgrößte Schriftstellertum* das Schreiben an sich überhaupt keine Bedingung sei, daß der Schriftsteller nicht auf Grund des Schreibens Schriftsteller ist, sondern daß das Schreiben eher eine angenehme Begleiterscheinung ist, der zeitweise nicht einmal die Geschicktesten entrinnen können, kein Thema, Themen gibt es ja, sie müssen etwas schreiben, aber wirklich nur aus Unfug.

Eigentlich dachte ich, daß ich der *Weltbeste Schriftsteller* sei, nur die anderen bräuchten noch ein wenig Zeit, damit es auch sie merkten.[2]

Süß, nicht?[3]

[2] 1992
[3] 1996

Brückenfußnote[1]

Etwas Lustiges über die Kettenbrücke.

Ist die Kettenbrücke denn ein Grund[2] zum Lachen?

Man kann, nur daß du dir dabei den Hals verkühlst.

Nun, aber im Ernst. Es scheint, daß die Kettenbrücke auf allem möglichen abgebildet ist: auf Geld, Schokolade, Schuldscheinen, Zeitungstitelblättern, Marken, Filmen, Reklame und so weiter. Auf der Freiheit oder der Ketten, fragt der Taxichauffeur mürrisch anderswo in diesem Band. Ich denke, daß es auch dort eine entsprechende Fußnote[3] gibt.

Zur Kettenbrücke fällt mir ein, daß wir endlich das kommunistische Wappen[4] ausgetauscht haben, die Heimat kann frohlocken, sie muß es sich nicht mehr ansehen, während sie von Pest nach Buda hinübertuckert. Der Tausch hat genau sechs Millionen gekostet, mir – im speziellen – fehlt genau soviel, diese sechs Millionen, zur Glückseligkeit, wenn sie so freundlich gewesen wären, diesen Betrag mir zu geben, würde

[1] Na, das übersetz' einmal, wenn Du kannst. So sind die Ungarn. Selbstgefällig, eingebildet und trachten nach dem Leben ihrer Übersetzer. [Anm. d. Übers.: Dein Übersetzer – starrsinnig und ehrgeizig – läßt sich jedoch nicht kleinkriegen.]

[2] Kausal- und Ortsbestimmung

[3] Nun, das ist es ja eben. Das hier, dieses Dings, in dem wir leben, ist ständig auf Fußnoten angewiesen, ansonsten versteht man es dort drüben, bei Ihnen, nicht.

[4] Was ausgetauscht wurde, ist vermutlich schon das zweite kommunistische Wappen gewesen. Ich kann mich nicht mehr daran erinnern, ob sie das erste von neunundvierzig achtundfünfzig durch das zweite von sechsundfünfzig ersetzt haben. Durch das ein bißchen weniger kommunistische. Beziehungsweise war auch dieses zweite ebenso kommunistisch, aber nicht so sowjetisch wie das vorherige. Nach sechsundfünfzig machten sie aus dem sowjetischen Kommunismus einen ungarischen, damit die Ungarn irgendwie das Loch, das noch im Oktober andere Ungarn in die ungarische Flagge geschnitten hatten, flicken konnten.

ich nicht mehr witzeln, oder wenn, dann höchstens über das kommunistische Wappen.

Nicht daß mir das jetzige gefallen würde, es ist zum Beispiel größer als nötig, das ist offensichtlich. Das absolute Fehlen jeglichen Gefühls für Proportionen.

Neunundachtzig entbrannte eine Debatte darüber, wie das neue Wappen, das nichtkommunistische, sein solle, das heißt genauer gesagt, welches der alten es werden solle. Das Kossuth-Wappen konkurrierte mit dem – sagen wir – des Hauses Árpád. Als ob es eine Art Volksabstimmung in dieser Angelegenheit gegeben hätte. Wahrscheinlich hat Kossuth deshalb verloren, weil seines aus irgendeinem Grund weniger nichtkommunistisch ausgesehen hatte als das mit der Krone. Vielleicht war es dem ähnlicher, was damals hier war. Darauf ist keine Krone.[5]

Die Ungarn sind komplizierte Menschen.

Es stellt sich die Frage, wieso kein neues Wappen, ein rein und zukunftsweisend nichtkommunistisches, wie wir es uns heute vorstellen, hätte gemacht werden können.

Einen Wettbewerb hätte man ausschreiben können, um zu ermitteln, was denn drauf sein soll.

Zwei rein nichtkommunistische Angelegenheiten, gekreuzt, in einem nichtkommunistischen Feld.

So ein bürgerliches und auch noch nettes, daß sich niemand angegriffen fühlen müßte. Nur nichts Militantes. Es soll ein gutes Staatsimage ausstrahlen. Wir sind ein kleines Land, aber gastfreundlich.

[5] Wenn wir schon dabei sind, ich wäre ein überzeugter Royalist. Es ist trotz allem besser, wenn die Unehrlichkeit ein Herz hat, atmet und ab und zu, wenn sie in der Kutsche durch die Avenue fährt, die nach ihrem Großvater benannt wurde, bewundert werden kann. Besser wäre eine Königin. Grundsätzlich wäre ich gerne ein Biberach, ein hinkender und buckliger Höfling, dessentwegen alle ständig Blut schwitzen. Ein Günstling mit dem entsprechenden Schuß Sarkasmus, was seine Hoheit, in Form prall gefüllter Geldsäcke, akzeptieren würde.

Sagen wir, ich träume, daß ich ein Wappentier bin. Zwei kleine ungarische Kätzchen, und spiele miteinander.[6]

Und das Feld? Eine schwere Frage. Die Symbolik der Farben. Heraldisches Dilemma.[7]

Vielleicht ungarngrau.[8] Die Farbe der zurückgewonnenen Unschuld.

Aber zurück zur Kettenbrücke.

Der Ungar erprobt seit Urzeiten seinen Charakter, indem er sich ins Auto setzt, wenn auf dem Roosevelt-Platz gerade Stoßzeit ist. Auf die Brücke kann aus zwei Spuren aufgefahren werden, doch aus irgendeinem rätselhaften Grund geziemt es sich nur aus der einen. Aus der sich ziemenden Spur dauert das eine viertel Stunde. Wenn er jedoch die unschickliche wählt, kommt er mitunter in einer Minute davon. Er überholt die ganze Kolonne und drängt sich unverschämt hinein. Man kann sich immer hineindrängen. Dort steht nie ein Polizist. Und trotzdem. Es gibt welche, die eher das Schafott wählen würden. Andere wägen ab, vergleichen das Schicksal des Vaterlandes mit den gegenwärtigen Veränderungen des persönlichen Lebens und entscheiden: so oder so. Und andere wählen ohne Ausnahme immer die unschickliche Spur. Mein Charakter ist im Fall, vom nie ins immer, bald wird mich der Pfuhl mit lautem Blubbern verschlingen. Einige Jahre noch. Sie vergehen, mein Leben schwindet, um im Stau dahinzukriechen, ist mir die Zeit zu schade. So werden wir alle zur Beute Satans.

Ist auch das noch nicht lustig genug, dann vielleicht das.

Am 23. Mai 1996 um 11 Uhr 52 erreichte ich mit meinem Tennispartner das Ende der Insel, das über die Margareten-

[6] Karinthy-Paraphrase (Karinthy: Frigyes Karinthy, ungarischer Schriftsteller. Sehr bedeutend.)

[7] »Linke Flora« Das könnte auch der Name einer Frau sein: Flora Link.

[8] Ungarisches Graurind: im Aussterben begriffene Rinderart. Das schönste Tier auf der Welt. Im Ernst.

Brücke zu erreichen ist, da wurden wir auf ein lautes Dröhnen aufmerksam. Wir wandten unsere Köpfe nach rechts und sahen Jossif Wissarionowitsch Stalin in luftigen Höhen. Sieben Jahre nach dem sogenannten Regimewechsel. Jóska[9] war sieben Meter lang, bewegte sich mit entschiedener Gleichmäßigkeit und einem Buch in seiner Hand auf die Kettenbrücke zu, und einige Minuten später, also ungefähr um zwölf, erreichte er das Objekt und begann darüber zu kreisen.

Bevor ich noch in den Ruf eines Lügners käme, schreibe ich noch schnell hierher, daß Stalin von einem Heereshelikopter herunterhing.

Am nächsten Tag, das heißt heute, lese ich in der Tageszeitung Kurír, daß er ein Requisit im Film eines ungarischen Regisseures, eines Oscar-Preisträgers, war.

Und zur Wahrheit gehört noch, daß ihn auf seinem Flug ein Bischof begleitet hat.

Ebenfalls aus Polyurethan oder so.

Ehrlich und im Ernst, Ungarn ist das Land der unbegrenzten Möglichkeiten.

Hier kann wirklich alles passieren.

Gemäß dummer Papis gibt es zum Beispiel den Tunnel deshalb, damit wir bei Regen die Kettenbrücke hineinschieben können. Oder dort auf den Brückenköpfen gibt es die zungenlosen Löwen. Zahllose Versionen machen die Runde darüber, weshalb sie wohl nicht sprechen dürfen. Typischer ungarischer Anekdotenpfeil.

Die Kettenbrücke[10] wurde von einem Ungarn mit dem Namen William Thirney Clark geplant, die Bauaufsicht hatte je-

[9] D.h. Stalin. Wen die Ungarn einmal liebgewonnen haben, der kommt nicht ohne Kosenamen davon. Vgl. noch: »sógorok«. [Anm. d. Übers.: sógorok = Schwager, d.h. die Österreicher.]

[10] Der sie erfunden hat – Graf István Széchenyi – konnte nie über die Brücke gehen.

doch ein Vornamensvetter von ihm, Adam. Ansonsten wurden sie in England geboren, als Kinder englischer Eltern, aber das soll uns nicht täuschen, denn alles, was auf dieser Welt auch nur der Rede wert ist, wurde von Ungarn gemacht, angefangen von Piroschka über den Computer bis hin zur Atombombe.

Auch dieser Text.

Német[11]-h Gábor

[11] Német-h: német (ungar.) deutsch.

JÁNOS HÁY

Es war einmal, hinter den sieben Bergen, in Buda, wo die Herausgeber einander gute Nacht sagen: dort lebte einst ein János Háy. Es war dies kein besonderer János Háy, er war genau so, wie andere János Háys. Seine Augen waren himmelblau, er selbst von schlankem Wuchs, wie ein Märchen-Königssohn, so sah er aus. Und würden wir seinen Charakter untersuchen, bis ins kleinste mit der Lupe, auch dann fänden wir nichts Verwerfliches an ihm: er war ein rechtschaffener, bescheidener, anständiger Mensch. Einen Fehler allerdings hatte er: wenn er für deutschsprachige Anthologien Einleitungstexte schrieb, prahlte er in einem fort. Daß seine Augen wie die Côte d'Azur seien, daß er hochgewachsen sei wie ein Kran und daß er eine Tochter, einen Sohn und eine Ehefrau habe und daß es Gedichte, Novellen, ja sogar einen Roman von ihm gäbe.

Er rühmte sich des langen und des breiten, und die Engel des Herrn im Himmel und die Wolkenfeen hielten sich vergeblich die Ohren zu, sie mußten sich diesen hochtönenden Lobgesang anhören.

Nicht einmal einem János Háy kann man bzw. engel mehr vertrauen, sagten sie, und ihren Stimmen entströmte die Glut der Traurigkeit. Durch die Wärme brach unter ihren Augen das Eis, und die Tränen begannen sich vom Himmelspalast zu ergießen, auf die ganze Stadt Buda. Die Straßen und die Gassen, die Parks und die Plätze füllten sich mit Wasser. Der Strom wälzte sich durch die Stadt und schwemmte alle János Háys hinaus, er schwemmte sie durch Ungarn und quer durch Slowenien, im Hafen von Pirano schließlich warf er ihre Körper ins warmschäumende Meer. In dem mächtigen Wasserstrom wäre vielleicht nicht einmal die Stadt übriggeblieben, aber die alten Meister waren auf alles vorbereitet gewesen. Mit den Brückenketten, die sich über die Donau spannten, hatten sie Buda gerade noch rechtzeitig an Pest angebunden.

Hätte ein Fischer mit geschickter Hand unterwegs einen János Háy, wie er so auf dem Wasser dahintrieb, in seinen Sack geschöpft, wäre auch unser Märchen sicher noch weitergegangen.

Der französische König Karl der Achte

Karl zu sein und König von Frankreich war schlechthin ein Fluch. Denn kein einziger, selbst wenn er der siebente oder achte in der Reihe war, konnte es verhindern, daß man Maß an ihn legte: Na, um wieviel kleiner ist nun der im Vergleich zu Karl dem Großen. Wie mächtig auch immer irgendein Karl sein mochte, ein Karl der Große konnte nie aus ihm werden, denn die Erinnerung ließ den Vorgänger von dereinst immer größer erscheinen als den nun Existierenden. So also ist es gewissermaßen bedrückend, daß das französische Herrscherhaus es immer wieder mit dem einen oder anderen Karl versuchte, daß es den historischen Zeiten gleichsam ein Opfer darbrachte. Obwohl vielen auch der Gedanke kam, ob ein Ludwig nicht vielleicht deshalb einen Sohn namens Karl auf den Thron trieb, damit die Kleinheit zu dessen Angelegenheit wurde und der Vater, Ludwig, sich vor dem Vergleich mit Karl dem Großen drücken konnte.

Die Könige, die nicht den Namen Karl trugen, waren auf jeden Fall in einer einfacheren Lage als die Karls, sie konnten sich beherzt Ludwig der Große, Peter der Große, Sulaiman der Große oder Johann der Große nennen, selbst dann, wenn sie ansonsten bedeutungslos waren. All das führte natürlich dazu, daß im Kreise der Herrscher die Großen so sehr überhandnahmen, daß groß eher klein zu bedeuten begann und sich manchmal neben einem Louis-magne ein, sagen wir mal, Pippin der Kleine viel mächtiger ausnahm. Besonders verwirrend war es, daß oft auch ganz kleinwüchsige Könige mit dem Beinamen »der Große« versehen wurden. Schließlich ging es so weit, daß, wenn jemand – vornehmlich im Kreise der Königsfamilie – sagte, »mein Kind ist schon ein großes Mädchen oder ein großer Junge«, man sicher sein konnte, daß von einem kleinen Mädchen oder einem kleinen Jungen die Rede war.

Die Nicht-Karlkönige lösten die Frage der Größe also auf diese Art, bei den Karlkönigen aber ging das nicht so einfach. Ewig war da die innere und äußere Erwartung, daß sie größere Herrscher würden als Karl der Große, denn nur dann konnte dem neutralen Betrachter ein Karl wirklich groß erscheinen. Aber Karl den Ersten zu überragen war ein Ding der Unmöglichkeit, deshalb versuchten die kommenden Karls, sich zumindest hinsichtlich eines bestimmten Charakterzuges über ihn zu erheben. Der zweite in der Reihe trug den Namen Karl der Kahle. Bei ihm lag die Größe an seinem Kopf, und zwar darin, daß sich über seinen Schädel eine Öde ungewohnten Ausmaßes spannte. Ihm folgte Karl der Dicke auf den Thron, der seinen namhaften Vorgänger durch Breite zu übertrumpfen versuchte, aber seine große Beleibtheit schwoll schließlich zur Unbeholfenheit an, und dann jagte man ihn nach allen Regeln der Kunst vom Thron, obwohl der Ausdruck jagen ein bißchen zu stark ist, denn damals konnte er sich vor Fettleibigkeit schon nur noch schleppen.

Nach Karl dem Dicken wagten die Franzosen dreihundert Jahre lang kein Experiment mehr mit dem Namen Karl. 1322 gelangte auch nur deshalb einer namens Karl auf den Thron, da Philipp V. ohne Erbsohn das Zeitliche segnete, und auf dem Weg des Eliminationsverfahrens der Thron auf seinen jüngeren Bruder überging, der zu seinem Unglück Karl hieß. Er war der vierte in der Reihe und bekam den Namen der Schöne, denn er versuchte durch die Schönheit die Größe zu erlangen, die sich an seinem Vorgänger messen konnte. Im übrigen war er nur äußerlich schön zu nennen, innerlich glich seine Seele einem ausgekotzten Gemüseeintopf, er ließ jeden aufhängen und vorzugsweise solche, die Geld hatten. Nach seinem Tod hatte Karl der Böse es auf den Thron abgesehen, aber er brachte es nur zu Karl dem Viereinhalbten, da die Franzosen seine Herrschaft nie anerkannten.

Was für eine andere Welt war das noch. Wenn man jemanden böse nannte, wußte jeder, von wem die Rede war. Philipp der Sechste sagte nur: verdreschen wir Karl den Bösen – und jedermann wußte, gegen wen Krieg zu führen war, und der Feind wurde mit einem einhelligen Schlag vernichtet. Wenn das Ganze in der Gegenwart passierte, erlitte der heutige Philipp mit Sicherheit eine große Schlappe, denn wenn er seinem Kapitän den Befehl gäbe, Karl den Bösen zu vernichten, würde dieser sicher fragen: welchen denn. Und wenn dieser den Befehl ohne Präzisierung an seine Soldaten weitergäbe, würden diese in alle Himmelsrichtungen laufen. Aber es ist müßig, sich darüber zu grämen, fahren wir fort in der Rechenlehre.

Nach Karl dem Viereinhalbten kam der fünfte: Karl der Weise, der sein Glück mit der Weisheit versuchte, allerdings erfolglos, wie sein Sohn bewies, der als der Sechste auf den Karlsthron kam und der sich von seinen Vorgängern nur durch die Numerierung unterschied, ansonsten hätte er vielleicht Karl der Wahnsinnige genannt werden können, denn er schnappte schon in jungen Jahren über, woraufhin das französische Volk den Verdacht hegte, daß sein Sohn Karl der Siebte gar nicht sein rechtmäßiger Nachfolger sei; er könnte vielleicht Karl der Bastard genannt werden. Auf Karl den Bastard folgte Ludwig XI. auf den Thron, der früher als geplant, nämlich 1483, starb, als sein Sohn, Karl, gerade erst dreizehn Jahre alt war.

Obwohl noch ein Kind, war er, was seine Häßlichkeit betraf, sozusagen ein Erwachsener. Er hatte einen buckligen Rücken, kurze Beine und einen schwächlichen Körperbau. Er verfügte über jede erdenkliche schlechte Eigenschaft, um den Thron der Franzosen nicht besteigen zu können. Er bestieg ihn dennoch, noch dazu als achter in der Reihe der Karls. Und wie seinem Körper die Häßlichkeit, so war seiner Seele die Hoffnungslosigkeit eingebrannt. Man weiß nicht, woher er die Kraft nahm, aber während seine Vormunde um die Macht kämpften, sog die kleine Häßlichkeit aus Büchern die Kunst des Regierens in sich auf, und als seine Gegner des Kampfes müde waren, stellte er sich als fertiger Regent vor sein Volk. Er schloß ein Bündnis und Frieden, ließ Gefangene frei und schuf sich so eine Gefolgschaft von ihm ewig treu Ergebenen. Er löste seine Verlobung mit Margit, der jüngeren Schwester von Kaiser Maximilian, und stürmte in die Bretagne, um die Verlobte Kaiser Maximilians, Herzogin Anna, zu heiraten, mit welcher die Küstengebiete unter seine Herrschaft gelangten. Natürlich konnte Maximilian den Verlust nicht ertragen, wohlgemerkt nicht den seiner Verlobten, sondern ihrer Mitgift, und er hätte Krieg führen wollen, aber niemand schloß sich ihm an; er war also dazu gezwungen, Frieden zu schließen, und da er seine eigene frei gewordene Schwester nicht gut heiraten konnte, stellte er flugs einer anderen Braut nach. Das Land Frankreich wurde vollständig, damit hätte sich Karl zufriedengeben können, hätte ihn nicht irgendeine innere Naturkraft aus dieser Hoffnungslosigkeit, in der die Geschichte die Karls erstickte, hinauskatapultieren wollen. Und das Gefühl des aus der Hoffnungslosigkeit Hinausgelangens war nichts anderes, als die Hoffnungslosigkeit, aus der Hoffnungslosigkeit hinauszugelangen, daß es eine Hoffnungslosigkeit gab, die man nur bezwingen mußte, und schon gelangte man auf das Gebiet der Unhoffnungslosigkeit hinüber. Woher auch hätte er wissen sollen, daß selbst Karl den Großen nur die Erinnerung der Hoffnungslosigkeit entriß, sein eigenes Leben und Sterben indes war das eines armen Elenden gewesen, eines Gefangenen seiner Zeit.

Das Hinausgelangen erstand als perlenverziertes Tor vor den Augen des Königs, als eine funkelnde Straße, an deren

Ende die Sonne strahlend glomm und Seejungfern die Männer mit ihrem Speichel labten. Er blickte nach rechts und nach links, nach vorn und zurück: was anderes hätte er sehen können als diesen südlichen Glanz, den Italien ihm entgegenscheinen ließ, Venedig, die Königin des Meeres.

Im Frühjahr 1494 stand er schon an der Spitze seiner Armee und zeigte mit dem Arm in Richtung der südlichen Lande:

»Das dort wird unser!«

Er grub seiner grauen Stute die Sporen in die Seite und brach auf gen Süden.

»Verdreschen wir denn nicht die Engländer?« fragte der Herzog von Orleans.

»Aber nicht doch«, antwortete der König »uns ist der Süden das Leben, der Osten der Tod!«

Der Herzog von Orleans brachte nicht einmal mehr »hah« heraus, ihm blieb gar keine andere Wahl, denn er hatte dem König Treue geschworen, als dieser ihn aus dem Kerker geholt hatte, also keine Mätzchen, auch für ihn war der Süden das Leben.

Sie gingen eifrig und in großen Scharen. Die italienischen Städte lagen vor ihnen wie bezahlte Geliebte. Sie waren kaum dort, als sich auch schon die Tore öffneten.

»Komm, holder Retter«, sagten die Torflügel, und der König erging sich verzückt in den Gängen der Städte, sogar Rom öffnete seine Pforten, und auch der in die Engelsburg geflohene Papst rappelte sich auf, um mit dem Franzosen Frieden zu schließen und sich mit ihm zu verbünden.

Aber was suchte Karl denn hier, könnten wir fragen, wenn ihn nichts anderes antrieb als die Erlangung der Königin des Meeres, wie war er in diese mächtige Stadt geraten, anstatt in den Gäßchen der Königin herumzugeistern? Wie verändert sich eine Absicht, oder wie nimmt sich ein von unten betrachtet geradliniger Weg von oben wirr aus, wer könnte das beantworten. Karl hatte das Gefühl, daß er, um die Königin zu erlangen, zuerst ihre Räte, Freunde und Verehrer bezwingen müsse – vielleicht ist das die Antwort, vielleicht auch nicht, auf jeden Fall stürmte Karl auch damals, nach der Einnahme Roms, nicht zurück nach Venedig, sondern wiederholte sich das Lied: Der Süden ist das Leben, der Osten der Tod, obgleich die Königin in seinem Rücken nunmehr schon im Osten lag.

Er rannte weiter, und die Truppe stimmte ein Kampflied an: Die im Osten wohnen, gehen gen Süden, die aus dem Süden in den Osten, der Süden ist das Leben, der Osten der Tod – man hat keine Vermutung darüber, welche zauberische Krankheit sie befallen hatte; singend hielten sie auf den Thron Neapels zu. Vielleicht hatte Ludwig, der Herzog von Orleans, den Herrscher dazu gebracht, Neapel einzunehmen, wo ihm der Thron aufgrund verwandtschaftlicher Beziehungen ohnehin zustünde, oder der König war schon derart verkommen, daß er eine Hofdame anstelle der Königsfrau wählte – man kann es nicht wissen.

Der Gesang der Franzosen schwamm in der lauwarmen Sonne: La Vie, La Vie, Leben, Leben, südliches Leben, der Süden ist das Leben, Tod, Tod, östlicher Tod. Ihr Marsch war Selbstvergessenheit, niemandem kam aus alten Studienzeiten das Sprichwort in den Sinn: Neapel sehen und sterben. Der Gefangenschaft der historischen Zeit entfliehen, aus den Fesseln der Karls – daran dachte der König und führte sein Heer geradewegs bis zum Thron, der aus Backwerk bestand wie in den Märchen, er war aus honigbestrichenen Schichten zusammengeklebt. Wenn die Untertanen eine Entthronung wollten, fraßen sie den Sessel einfach auf, und dem König blieb nichts mehr, auf dem er herumsitzen konnte. Während sie einen neuen Thron buken, jagten sie den alten König weg, er solle sich woanders ausruhen, in einer anderen Stadt auf einem Holzklotz sitzend. Diese neapolitanische Schöpfung war so berühmt, daß ihr Ruf um die ganze Welt ging, und obzwar es nirgendwo anders gelang, einen solchen Backwerkthron zu errichten, wurde die knusprige Waffel überall zur Lieblingsspeise, und wenn ein Untertan einen schrecklichen Haß auf den Landesherren hatte, kaufte er sich auf dem Markt einen Stoß Waffeln und fraß sich aus Rache bis zum Erbrechen damit voll, oder er verfütterte sie an seine Kinder. Auch heute noch sind die Neapolitaner Symbol jeder Opposition gegen den König, eine von Tyrannen gefürchtete Speise. Und natürlich konnte man auch nicht einfach die Sicuranza damit betrauen, alle auffindbaren Neapolitaner zu beschlagnahmen und aufzuessen, denn das hätte nichts anderes als die Erschütterung der eigenen Macht bedeutet, so als hätte man gesagt: Nur zu, beißt in mich rein. Karl ließ sich auf diesem frischknusprigen Thron nieder, und das süße Gebäck weichte seinen Hintern und über den Rückenmarkskanal sein ganzes Gehirn so sehr auf, daß er am Ende ganz vergaß, wer ihm zu dieser Herrschaft verholfen hatte: Er knirschte dort mit seinem Hintern, knirschte und verteilte an seine Kameraden die fettigen Ämter, diese plünderten das Fett aus den Ämtern, so daß nur dürre, ausgemergelte Kühe überblieben, und die dürren, ausgemergelten Kühe begannen in ihrem Hunger zu brüllen, und man hörte allerorts die Kühe brüllen: Auch du brüllst, Mailand, auch du brüllst, Rom, auch du brüllst, Venedig, ihr brüllt bestimmt alle, Venedig natürlich nur, um nicht hintanzustehen. Nun, aus diesem großen Brüllen wurde schließlich ein Bündnis gegen Karl.

Als der König zu Verstand kam, fand er von seinem Thron nicht einmal mehr einen Krümel vor, den letzten Bissen schleppte soeben eine tüchtige Ameise über das Pflaster des Palastes; auf sie stieg der wütende Karl noch drauf, zu mehr Bösartigkeiten kam er jedoch nicht mehr, denn er mußte schnurstracks hinauf in den Norden laufen, was – wie wir wissen – nicht die günstigste Richtung ist.

Fürwahr, fürwahr, die Königin war dahin, auch Italien war dahin – der bucklige Verlierer war schrecklich verbittert. Ludwig, der Herzog von Orleans, scharwenzelte noch um ihn herum: »Karliche Hoheit, zahlen wir es ihnen heim, zerfetzen wir sie in der Luft. Lassen wir sie nicht in ihrer eigenen Haut, ziehen wir ihnen ein Hundefell über.«

Karl winkte ab und ließ Ludwig im Stich, dort stand Ludwig neben dem Stich, der den leidenden Christus darstellte, er betrachtete den Erlöser, und währenddessen hörte er, daß der König wild mit der Hofdame schäkert, nicht mit Anna von Bretagne, der Königin, aber nicht doch, sondern mit einer kleinen Hofdame. »Das ist sein Ende«, flüsterte Ludwig, und mit dem König war es wirklich schnell zu Ende, wäre es nicht ohnehin schon zu Ende mit ihm gewesen, als er das neapolitanische Stadttor berührte.

Marlon und Marion

Es geschah nur ein paar Tage nach der Schöpfung, der Engel war fast noch ein Kind, daß er beim Herumtollen in einem der Gänge des Himmelspalastes beinahe ein wunderschönes Engelsmädchen umgestoßen hätte.

»Wer bist denn du«, fragte der Engelsknabe. »Ich habe dich noch nie gesehen.«

»Du konntest mich gar nicht sehen, denn ich bin erst jetzt in den Palast gekommen. Eines Morgens war der Sonnenwagen schon den Himmel emporgeklommen und er stand so hoch, daß er gerade in das Fenster des Herrn hineinblinzeln konnte. Der gewaltige Fuß des Schöpfers war nicht zugedeckt, und die Sonnenstrahlen begannen ihn an der Sohle zu kitzeln. Sie liefen hierhin und liefen dorthin, so daß der Erhabene, für ihn ganz ungewohnt, nicht wutschnaubend, sondern lachend und prustend erwachte. Er brüllte nicht auf seine Geschöpfe hernieder, ich werde eure ganze Art vernichten und jede Erinnerung an euch auf dieser Welt tilgen, sondern im Gegenteil: Er lachte schallend und sprach hinunter zu diesen Bösewichten, ›Bösewichte seid ihr also, Bösewichte, Lügner und Geldgierige, das seid ihr also, eure Sünden sind zahlreich, zahlreich also‹, zählte er ihre Vergehen auf und dazwischen lachte er schallend, ›ich werde euch meinen eingeborenen Sohn schicken, der wird euch Mores lehren.‹

Die Sonne aber hörte die Versprechen des himmlischen Vaters und bekam schreckliche Angst, daß der Schöpfer, wenn sein Fuß am nächsten Tag zugedeckt wäre und sie ihn mit ihren Strahlen nicht kitzeln könnte, möglicherweise in noch viel heftigeren Zorn geriete als vordem und er alles vernichten würde, so daß nicht einmal die Sonnenscheibe verschont bliebe. Also sprach sie liebenswürdig zum Herrn:

›Mein Schöpfer, jeder Tag wird deinem Leben süße Würze bringen, wenn ich eine meiner Strahlen, die morgens deine Fußsohlen liebkosen, wenn ich diese meine liebe Tochter in deinen Palast ziehen lasse‹, und damit hakte die Sonnenscheibe eine ihrer Strahlen los und ließ sie durch das Fenster des Palastes segeln. Das Engelsmädchen mit seinem aus goldenen Sonnenstrahlen gewachsenen Goldhaar wurde zur größten Freude jedes Himmelsbewohners, insbesondere des Herren.«

»Und dieses Engelsmädchen sollst du sein?« fragte der Engelsknabe staunend.

»Ja«, antwortete der Engel mit dem Goldhaar, »und da ich das Kind der Sonne bin, habe ich einen Sternennamen: Marion.«

»Marion«, sprach der Engelsknabe den wunderschönen Sternennamen nach, »Marion«, und von da an glänzte in seinen Gedanken einmal der Name, einmal das wunderschöne Gesicht des Mädchens oder sein goldenes Haar.

Aber der Herr betrachtete es nicht mit Wohlwollen, daß sein liebes Geschenk, die Liebkoserin seiner Fußsohle, ihre Tage nun mit einem seiner Engel verbrachte. Also ließ er die beiden zu sich kommen:

»Ich sehe, ihr habt einander liebgewonnen«, sagte Gottvater.

»Ja«, antworteten beide. »Als ob wir füreinander geschaffen wären«, fügte Marlon, der Engelsknabe, hinzu.

»Der Herr des Himmels versteht eure Gefühle. Damit ihr nie voneinander getrennt werdet, betraue ich euch mit einer Aufgabe, die ihr gemeinsam erfüllen müßt bis ans Ende aller Zeiten.«

»Was wäre das, weiser König?« fragte Marlon begeistert.

»Die Eisberge der Pole haben zu schmelzen begonnen, da meine früheren Beauftragten schlechte Arbeit verrichteten. Sie haben ihre Wachtposten verlassen und sind in die Hölle hinabgestiegen, um sich an Luzifers Feuer zu wärmen. Ihre Aufgabe muß übernommen werden.«

Begeistert verließen die verliebten Engel anderntags den Palast, um ihr gemeinsames Leben zu beginnen, diese Tage, in denen ein Augenblick in den anderen fließt, bis in alle Ewigkeit. Aber sie hatten ihren Dienst kaum ein paar Wochen lang versehen, da zeigte sich die Bitterkeit ihrer Lage: sie erkannten, daß diese Aufgabe keine Belohnung, sondern vielmehr eine Strafe war. Denn wenn sie sich lieben und mit warmen Händen ihre Körper streicheln wollten, begannen die Eisberge zu weinen, und es war zu befürchten, daß sie sich auflösen und die gesamte Schöpfung hinwegreißen würden, wenn sie sich aber der Kühlung der Eisberge widmeten, konnten sie einander nicht berühren, denn der durchfrorene Körper spürte nichts mehr, und wenn doch etwas, dann nur um so größere Kälte. Es folgten schreckliche Tage, da sie mit ihrer

Engelshaut Kühle zu erzeugen versuchten, das Herz mußte lodern, um von der Haut alle Wärme abzuziehen. Und das Herz loderte wild und hätte mit seinen Flammen gerne seinen geliebten Schatz an sich geschweißt, aber der Körper war wie erstarrtes Eisen, kalt und hart.

Wie viele Jahre flehte Marlon, sie mögen eine andere Aufgabe bekommen, sie hätten ihre Strafe schon abgebüßt, aber der Himmelskönig war unbeugsam.

Einmal schließlich erbarmte er sich und befahl Marlon zu Diensten neben die Sonne, Marion aber gab er nicht frei: an einem der an den Polen angefrorenen Berge lodert ihr Herz, und wenn Marlon für ein paar Minuten an ihre Seite kommen kann, laufen aus ihren Augen nur Tränen, fließt und strömt der salzige Saft, und dann schwillt das Meer um einen Zentimeter an.

Szilárd Podmaniczky

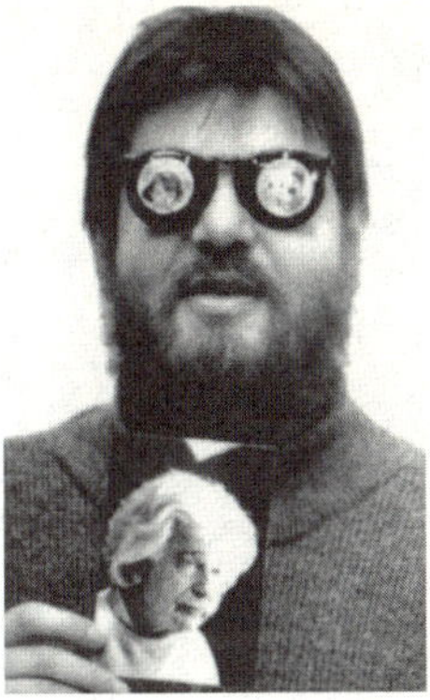

Ich wurde 1963 geboren, im Sommer. Lange Zeit wollte ich Astronom werden, schließlich erwarb ich ein Diplom als Mathematik- und Physiklehrer. Zu schreiben begann ich nicht, ich erinnere mich daran, daß ich schon immer schrieb, so als wäre zwischen Astronom und Schriftsteller kein großer Unterschied, als würde man auch am Himmel sich selbst suchen; und dann stößt man auf die nicht bewältigbar scheinende Erkenntnis, die da lautet: »… ich habe meinen Verstand nur dazu bekommen, um mit vollkommener Gewißheit von meinem unwiderruflichen und unaufhaltsamen Verfall zu wissen, um mich in jede Fuge der Fatalität und der Vergänglichkeit hineinzudenken und schon als Lebender die Einmaligkeit des Lebens und der Leblosigkeit zu durchleben. Wenn mein Verstand dazu fähig wäre, an etwas anderes zu denken, und nicht jeder Gedankengang ihn an diesen Punkt zurückführte, dann würde er nie innehalten, würde in endlosen Überlegungen kreisen, um seinen Ruhepunkt zu finden, ebendiesen unwiderruflichen und unaufhaltsamen Verfall, ohne den ich keinen Augenblick der Ruhe hätte.« (Ins Gras getretener Himmel.) Solche Selbstbekenntnisse sind immer zu schwergewichtig, um genau zu sein, aber trotzdem haben sie etwas. Etwas, das zumindest aussprechbar ist.

Der Fischhändler

Ich eilte im Fuchspelzmantel zum Fischhändler im Wald, den ich jede Woche besuche, in der Tasche ein gummiertes Päckchen Karten. Nach den heftigen Schlachten, die sich bis weit in die Nacht ausdehnten, verließ ich seine Hütte meist mit kleinen Fischjetons. Wir hatten uns darauf geeinigt, daß der Verlierer die Partie mit Fisch bezahlte.

Zwei Jahre zuvor hatte ich beim Stadttor eine Fischbude errichtet. Den ganzen Tag lang sprudelte Sauerstoff in die mächtigen Glasbehälter, und so manches weniger gefragte Exemplar lebte wochenlang dort vor sich hin, bis es einen Käufer fand.

Diesmal machte ich vor der Kartenpartie einen kleinen Abstecher. Ich suchte jenen Baum auf, von dem ich vor dreißig Jahren heruntergefallen war, weshalb nun mein rechtes Holzbein leise im Schnee knarrte. Der Baum vegetierte noch so dahin, das konnte ich selbst im Winter mit großer Sicherheit feststellen. Ich lehnte mich an den Baum und verschnaufte, denn ich hatte mich im Laufe der vielen Jahre zwar an das Fehlen meines rechten Beines gewöhnt, aber die Erinnerung an den Sturz hatte mich vollkommen aus der Fassung gebracht und ließ es sogar fragwürdig erscheinen, ob ich den Fischhändler heute wieder schlagen würde. Mehrmals dachte ich daran, für den Fall, daß ich müde wäre, gezinkte Karten bei mir zu tragen, aber der Fischhändler war ein so einfacher Mensch, daß ich es für eine Sünde hielt, ihn irrezuführen. Lieber nahm ich die Gefahr auf mich, daß der Fischverkäufer einmal durch einen Sieg frech würde und ich von da an mein Geschäft beim Stadttor nur durch die Rekrutierung einer Schar von Anglern weiterführen könnte. Damit würden sich allerdings meine Ausgaben derart erhöhen, daß ich auf Jahre hinaus den nächtlichen Zechgelagen entsagen müßte, den haarsträubenden Wetten und dem allerwichtigsten: der Gastfreundschaft des Bordells. Denn meine Sorte einbeiniger Mensch macht selten eine gute Partie, und, wenn mir auch schwerfällt, es auszusprechen, muß ich gestehen, daß mir in meinem Haus keine Frauenzimmer auf den Wecker gehen dürften, selbst wenn es so geistreiche wären, wie ich es mir in meinen Träumen denke. Das Bordell haben sie für mich erfunden, und für diese Erfindung preise ich sie auch oft genug.

Der Fischhändler stand mit seiner Mütze aus Bärenfell und mit dampfendem Glühwein in der Hand schon von einem Fuß auf den anderen tretend in der Tür, als ich auf dem Forstweg vor seiner Hütte ankam.

»Hast du einen Abstecher gemacht?« fragte er.

»Ich habe mir die Schmach meines Lebens angeschaut«, sagte ich und keuchte ihm in die Augen.

»Also los, fangen wir an!« sagte der Fischhändler ein wenig hastig und schob den dampfenden gläsernen Fischbehälter ins Zimmer, gerade so viele Fische, wie er bei den wöchentlichen Partien, schon allein aus Tradition, gewöhnlich verlor.

Die Bibel des Teufels

Damals wollte ich um jeden Preis gewinnen, aber es war, als hätte dieses zwanzigste Mal, daß ich verlor, mich verhext, als wäre ich selbst ein offensichtlich verlorener Posten, für den unter irdischen Bedingungen nicht einmal mehr die Zufälligkeit des Glücks gilt und den ein Unglück, das eine andere Art von Glück zu nennen ist, begleitet: ich kam im Toto immer nur bis zu neun Richtigen. Zuerst war es nur die Spielleidenschaft, die mich antrieb, die Gewinnlust hingegen riß mich zu Abenteuern unterschiedlichster Art hin, diese Abenteuer wurden jedoch gerade durch die Spielleidenschaft gebremst, welche inzwischen zu einer bloßen Leidenschaft geschwunden ist, das Spiel ist von ihr abgefallen, es ist kein Spiel mehr, sondern eine auf bestimmten logischen Abläufen beruhende Leidenschaft, eben diese Leidenschaft, die sich der Bezähmung der Unberechenbarkeit verschrieben hat. Als ich ein Kind war, predigten mir meine Großeltern immer, daß das Glücksspiel, so auch Toto, die Bibel des Teufels sei und daß dieses haarige Ungeheuer mit der Forke die Seele des Menschen über den Weg des ins Glück und die Zufälligkeit gelegten Vertrauens rauben würde, und als ich das hörte, lief mir ein kalter Schauer über den Rücken, als würde ich in eine Wanne voll mit Raupen geworfen, die genau dem Heer von Raupen entsprachen, die die Blätter des Maulbeerbaumes vor dem Toto-Lokal auffraßen, und so betrachtete ich das Toto-Lokal – schon vom Eingang der Kirche aus konnte ich das Toto-Lokal sehen – wie eine zweite Kirche, wohin die Menschen ihre dem Teufel geweihten Geldspenden tragen, und dann kommen sie in die Kirche und beichten ihre ausgefuchsten Geschichten. Einmal sah ich auch den Pfarrer in Zivil beim Verlassen des Toto-Lokals, wie er den Durchschlag in seine Gesäßtasche stopfte, und seit damals war ich überzeugt von dem, was meine Schulkollegen mir während der Mathematikstunde zugeflüstert hatten, daß auf diesem Dorf ein Fluch liege, daß der Teufel sich sämtliche Seelen dieses Dorfes mit ein paar sechsspaltigen Scheinen erkauft habe und es kein Entrinnen gäbe, nicht einmal dann, wenn man in den Brunnen des Friedhofs spränge, und auch dann nicht, wenn man Tag und Nacht getoastetes Knoblauchbrot äße, und auch dann nicht, wenn man so viel Schnaps tränke, daß man innerlich zu brennen begönne. So dachte ich, als ich meinen ersten Schein ausfüllte und im Toto-Lokal aufgab, schon an mein Ende, an dieses Ende, das ich aus der Bibel des Teufels herauslesen konnte, diese aus der Spielleidenschaft geschälte blanke Leidenschaft, die mir einmal den Garaus machen wird, wie sie sämtlichen Bewohnern des Dorfes den Garaus machen wird, weshalb auch ich nicht verschont bleiben und keine Ausnahme sein kann angesichts der tödlichen Herausforderung des Ineinanderfließens von Zufall und Glück. Manchmal, in der einen oder anderen schlaflosen Nacht, knarrt des Teufels Triebwerk der Logik, in dem ich, als Sandkorn, ganz blaß das Ende des Tunnels der Logik sehe ohne blassen Schimmer, wieso ich mich dem Toto verschrieb, aber wenn ich schon einmal damit angefangen habe, will ich nicht umsonst damit aufhören, und vielleicht gerade deshalb nicht, weil meine Leidenschaft nicht logisch ist wie die des Teufels.

Die Botschaft des Weltraumklos

Ein Mann, der das Gefühl hatte, auf diese anfangs lähmende, dann jede erdenkliche Hoffnung zunichte machende Erkenntnis gestoßen zu sein, daß er in der Kindheit und auch später an der Universität vom gesamten Lehrkörper an der Nase herumgeführt worden sei, daß ihn jeder einzelne Pädagoge, der ihn mit erzieherischer Absicht auch nur irgendwie bestraft oder gelobt hatte, in eine Richtung gestupst und gestoßen hatte, in die er, das sah er jetzt, nie gehen wollte, im Gegenteil, daß sein Leben eine vollkommen andere Richtung genommen hätte, wenn seine sich aus ihm herausbildende und zur damaligen Weltlage in diametralem Gegensatz stehende menschliche Natur nicht verstümmelt und zerstückelt worden wäre, dieser Mann beschloß im Zorn über die ihm widerfahrenen und irreversiblen Verletzungen, seine Enttäuschung und Ernüchterung auf eine der Größe und Bedeutung dieser Sache angemessene Art zurückzuzahlen. Als Zeichen seiner Wehrlosigkeit kaufte er zehn Weltraumklos, die er in das unmittelbar neben dem Universitätsgebäude befindliche Hotel transportierte, dort mietete er in der obersten Etage ein Appartement, ließ sich Lebensmittel für zehn Tage kommen und ging dann unter akkuraten kulinarischen Genüssen an die funktionale Auffüllung der Weltraumklos. Während dieser zehn Tage schreckte er keinen Augenblick vor seinem haarsträubenden Plan zurück, keinen Augenblick dachte er daran, umzukehren oder aufzuhören, er betrachtete die Auswirkungen seiner Tat als Auswirkungen des Erziehungssystems, und während alldessen verstärkten sich auch seine nächtlichen Alpträume, die ebenfalls Auswirkungen des Erziehungssystems und der unermeßliche Schäden verursachenden erzieherischen Prinzipien waren. Als die Weltraumklos voll waren, stellt er sie am offenen Fenster nebeneinander auf, dann schwang er sie über dem Kopf und warf sie auf das Universitätsgebäude, wo sie splitternd zerbarsten, das Glasdach und das Ziegeldach durchbrachen, die Fenster einschlugen und zusammen mit ihrem unmißverständlichen Inhalt in den Vorlesungssälen auseinanderfielen. Die Vorlesungen wurden unterbrochen, erschüttert umringten die Studenten, nun vor der ganzen Bescherung stehend, das vom Himmel geplumpste Geschenk, ebenso wie die unbarmherzigen, für ihre menschenmordenden Methoden bekannten Lehrer, die dieses Phänomen natürlich sogleich mit mehreren und mehrdeutigen Erklärungen versahen, als sie jedoch die Bedeutung der jäh hereingebrochenen himmlischen Gaben erkannten, lenkten sie die Aufmerksamkeit der Studenten sofort auf transzendentale oder religiöse Lösungen. Erst später, nach vielen Jahren, als sie auf ihre durch das Erziehungssystem zugrunde gerichtete menschliche Natur und auf die Erkenntnis stießen, daß die Transzendenz und die Religion auch nichts anderes seien als ein Stehbuffet der Seele, und als sie die Befreiung ihrer Gefühle ohne jeden Zweifel spürten, sahen alle Studenten ein, daß Botschaften mittels Weltraumklos zu verschicken soviel bedeutet, wie unendlich alleine zu bleiben auf der Welt und alldem ausgeliefert zu sein, durch das man sie bis dahin hindurchgetrieben hatte wie eine Viehherde.

Das Turmhaus

Entgegen dem Uhrzeigersinn lief die Wendeltreppe hinauf in das kleine Turmhaus, von wo aus es unmöglich war, ohne herzerweichende Melancholie in die Landschaft zu blicken; am östlichen Abhang teilte die Landstraße den Eichenwald und das Buschwerk, das die schier endlose Weite bedeckte. Das am Ende der Wendeltreppe sitzende Turmhaus, sagte einmal mein Freund, der Wildhüter, mit dem ich jedes Frühjahr die Frage erörterte, wieso wir beide auf das Ingenieursdiplom verzichtet hatten, sei ein statisches Wunder. Ich könnte schwören, sagte er manchmal auch, daß das Turmhaus nur vom Heiligen Geist mit einer großen, herrschaftlichen Geste gehalten wird.

Mein Freund, der Wildhüter, tappte jahrelang nur am Fuße der Wendeltreppe herum, nie hielt er die Gelegenheit für günstig, herauf zu mir ins Turmhaus zu kommen und von dort aus den Blick über das Gelände streifen zu lassen. Das Wild kann man aus dieser Entfernung ohnehin nicht sehen, sagte er mit übertriebener, falscher Schüchternheit. Auf meinem Hochsitz, fuhr er erregt fort, bin ich es schon gewohnt, Aufzeichnungen zu machen, hier würden mich nur die Himmelsrichtungen verwirren.

Als er sich endlich ins Turmhaus heraufwagte, nahm er die Patronen aus seinem Gewehr und näherte sich mit Schritten, wie man sie von Minensuchern kennt, dem westlichen Fenster des Turmhauses, nicht, daß sie explodieren, wenn ich falsch auftrete, sagte er.

Er hielt sich an der Fensterbank fest, wo ich sonst das belgische Teekraut zum Trocknen auflegte, und drehte den Kopf wie jemand, der einer Nackenverspannung entgegenwirken möchte; er sah sich gar nicht um, vielmehr lauschte er darauf, wann der Bretterboden unter ihm einbrechen würde, wartete auf die äußerste Gefahr, den jeden Augenblick erfolgenden statischen Zusammenbruch des Turmhauses. Ich sehe meinen Jeep nicht, sagte er zischend, und daraufhin beruhigte er sich oder was auch immer mit ihm passierte, denn er drehte sich um, setzte sich auf das Fenstersims und warf den Kopf zurück: na, wo sind denn die Fotos?

Zwei Jahre lang hatte ich mit Hilfe eines Stativs Fotos durch das Fenster gemacht, und aus der Fotoserie zeichnete sich ab, daß der Eichenwald vom östlichen Berghang herunterwanderte. Über den Einschnitt der zweispurigen Straße hinweg rückte er in Richtung des Buschwerks ins Tal vor. Mein Freund, der Wildhüter, betrachtete die Bilder, auch er sah dasselbe wie ich, das Wandern. Er sagte nichts, er sah mich nur an, als hätte sich mein Gesicht plötzlich verändert. Das ist schon was, nicht?, fragte ich. Das ist schon was, antwortete er. Der Eichenwald kommt herunter vom Berg, hinein in das Buschwerk, und es ist möglich, daß er in vielen Jahren das südliche Ackerland erreicht, sagte ich. Das ist nicht sehr wahrscheinlich, sagte mein Freund, der Wildhüter. Letztes Jahr wurde es einsam in ihm, dann ist auch noch unser letztes geschütztes Tier verendet, und da es jetzt nichts mehr gibt, was zu schützen wäre, wurde beschlossen, Holzarbeiter in den Eichenwald zu schicken, sagte er, und damit begannen wir, im Turmhaus, das vom Heiligen Geist gehalten wurde, Wein zu trinken.

Ein Jahr darauf erschienen die Leute aus der Forstwirtschaft, um den Eichenwald abzuholzen. Und sie legten ihn bis auf den letzten Halm um, nur das Buschwerk ließen sie stehen, das – wie aus den später gemachten Fotoaufnahmen hervorgeht – sich über den Einschnitt der zweispurigen Straße langsam auf den Platz des Eichenwaldes zu bewegt.

Péter Lengyel

Am 1. September 1939 begannen die Nazis den Zweiten Weltkrieg. Am 3. traten England und Frankreich in den Krieg ein. In den frühen Morgenstunden des 4. September, um drei Uhr, wurde ich geboren. Mein Vater erreichte 1943 die Biegung des Don, als jüdischer Häftling in einer Einheit von Zwangsarbeitern, die der Armee seiner Heimat – meiner Heimat – zugeteilt war. Schließlich starb er in russischer Gefangenschaft, ich habe ihn nicht gekannt. Er war Ingenieur und fotografierte. Mir ist nichts von ihm geblieben, nur seine Aufnahmen. Mit ihnen hat er mich sehen gelehrt, ganz so, als wäre er zu Hause gewesen, als hätte man seinen steinhart gefrorenen Körper nicht in ein Massengrab geworfen, ebenso wie sechshundert andere, an einem Morgen im April.

Die ersten drei Nachkriegsjahre verbrachte ich im Waisenhaus, danach wuchs ich auf der Straße auf, von früh bis spät vagabundierte ich auf dem Asphalt der Stadt, er ist meine

Heimat, dort lernte ich am meisten über die Natur des Menschen, über Gewalt und Liebe, über schleicherischen und freien Geist, über die Gesetze der Moral.

Nach der Niederschlagung der Revolution und während der Vorbereitung auf das Abitur schrieb ich meine erste Novelle. Eine sehr ungarische Geschichte: sie spielt in Paris, die Hauptpersonen sind zwei geflüchtete ungarische Halbwüchsige und ein Citroën DS 19, sie handelt vom Verlust des Zuhauses, von der Farbenfülle und der Kälte der großen Welt und von der Bitterkeit der Niederlage. Erst zwanzig Jahre später gab ich sie aus der Hand. Bereits bei meinem Novellenband interessierte mich die Konstruktion der großen Bögen des Romans. An meinem ersten Roman, ›Cseréptörés‹ (›Scherben‹) arbeitete ich neun Jahre. Er handelt von einem jungen Mann, der sich selbst, seine Geschichte nicht kennt. Er widmet sein Leben der Aufgabe, alldem auf den Grund zu gehen. In der Zeit, als die Arbeit daran stockte, schrieb ich die ›Mellékszereplők‹ (›Randfiguren‹). Er folgt einem anderen Organisationsprinzip als der phantasielosen Abfolge der Zeit. Der Roman spielt in den fünf Jahren, die dem Scheitern der Revolution folgten – Verfall, Desillusionierung, Verbitterung. Zehn Jahre lang war das Werk verboten. Novellen, danach ›Macskakő‹ (›Katzenkopf‹) – ein Pseudo-Kriminalroman. Anläßlich des Erscheinens der englischen Ausgabe schrieb man: »Ein philosophisches Rätsel zur Millenniumsfeier.« Gemeint war die Feier des tausendjährigen Bestehens des ungarischen Staates im Jahre 1896 und die bevorstehende Jahrtausendwende. ›Búcsú‹ (›Kirmes‹) hat zwei Autoren: der eine ist mein Vater, mit seinen Bildern vom Budapest der zwanziger und dreißiger Jahre. Auf diese Weise veröffentlichte er ein Buch, auf den Tag genau fünfzig Jahre, nachdem er umgebracht worden war.

Ich bin das, was ich in meinem Leben mache. Ein amerikanischer Astronom namens Morrison schätzte vor einigen Jahren auf einem Symposion in Bjurakan (Armenien) die gesamte von der Menschheit gesammelte Erfahrung auf eine zwischen 10^{21} und 10^{22} liegende Anzahl von Teilchen (Bits). Für alle im Laufe der Geschichte entstandenen Bücher und Handschriften veranschlagt er 10^{14} Bits. Aus Pflichtgefühl zweifle ich zuerst einmal. Kann man die menschliche Erfahrung überhaupt in Bits ausdrücken? Wie viele Bits hat der Geruch des Windes am Balaton? Ein Schneeball in meinem Nacken? Der Zauber einer belegten Frauenstimme? Die Schlußfolgerung hingegen akzeptiere ich: der überwiegende Teil verblieb im Reich der individuellen Wahrnehmung. Meine Aufgabe ist es, den Bereich der zum Ausdruck gebrachten und dadurch *geteilten* menschlichen Erfahrung zu vergrößern.

Im Zimmer meiner Träume hängen an den Wänden die Fotos, die mein Vater gemacht hat. Ferner eine Karte von Ungarn aus der Zeit der Jahrhundertwende und eine von Budapest. Und Aufnahmen des Sternenhimmels und der Erdkugel, wie sie die Apollo-Astronauten erstmals *von außerhalb* fotografiert haben.

Die unbewohnten Stockwerke des Morgen

Barsch-knurrig – Deine Mutter – Küchenmädchen – Aus dem Nichts – Das Herz des Eisens – Neumann, 0111 1011 – Mancherorts – Jüdischer Ungar - Interferenz des Lichts – Kleine Eiszeit

Strample nicht gegen den Wind, leg dich nicht an mit Zahlen von Gallup.

Söldner, an einem schläfrigen Nachmittag. Ihre Hände sind schwer, sie sprechen langsam und haben Mundgeruch. Die Würfel hängen ihnen zum Hals heraus, ebenso wie das großspurige Geschwätz, das barsch-knurrige, kaltschnäuzige Gerede von vergrabenen Goldschätzen, von neuem Harnisch, von Schlägereien vergangener Tage, feurigen kleinen Frauen und ausgiebigen Trinkgelagen. Das eiserne Hemd kann man auch nicht ewig mit Spucke polieren. Die Becher werden noch langsam gehoben, am hellichten Tag wird auch den Kochfrauen nicht nachgestellt.

»Na du? Wie heißt'n du?« kläfft der geharnischte Landser Ignatius in seinem zahnlückigen Ungarisch. »Budai.« Ich werde gefragt, also antworte ich. Schächerbastei, die verfallene Grenzfeste, in deren Hof ich seit Tagesanbruch den Blasebalg trete. Idyllisches Zwischenspiel unterm Birnbaum, während wir auf das Stabeisen warten. Der Söldner probiert seinen Helm aus, er will an einem Ritterturnier teilnehmen. »Wer ist deine Mutter?« »Panna Budai«, sage ich Rindvieh wahrheitsgetreu. Woher sollte ich auch so etwas wie ein Gefühl für die Gefahr haben? (Könnte ich ja, ich päpple-hätschle es nicht, ich lebe lieber statt dessen.) Das hatte er hören wollen: das Kind ist ein Bankert. Natürlich, zu natürlicheren Zeiten. In der Seele von Imperien blitzt auf, wie der Tropfen im Ozean frostiger Fiktionen, daß es das gibt: ein Mensch, der illegitim ist. Allein schon sein Dasein. Damit fängt es an.

»Budai, das ist doch kein Name«, setzt er inquisitorisch fort. »Was ist dein Vater?« Er kennt die Antwort, er fragt, weil er sie kennt. Er kennt mich, glaubt er. Die Daten liegen in der Luft, er ist überzeugt, daraus besteht ein Mensch. »Lebt nimmer.« »Was war er, als er gelebt hat?« »Ein jüdischer Baumeister. Sie nennen mich auch János Juda. Also eigentlich heiße ich Juda Budai, na.« Puff.

Ich weiß nicht mehr, wann das war, als sie mich das erste Mal zum Blasebalg schubsten. »Du willst essen, also mußt du was leisten«, so wurde ich in Dienst genommen. Ohne einen Mucks strampelte ich bis zum Abend, dann schnitt mir das Küchenmädchen vom Schuh das knusprige Ende ab. Fürsten verspüren wohl solchen mürbe-schmelzenden, himmlischen Geschmack in ihrem Mund – falls es Fürsten gibt, die seit vier Tagen nichts anderes gegessen haben, als Wald und Wiesen bieten. Ich habe zu essen, ein Dach über dem Kopf, eine Pferdedecke, der Regen kann mir nichts anhaben.

Ich bin aus dem Nichts gekommen, aus versunkener Landschaft, aus dämmrigem, irrlichterhelltem Nebel. Derartiges ist im Staub gediehen, in einer Pfütze geworden durch jungfräuliche Empfängnis. Tauglich, Äste und Pfähle zu tragen, dem Maurer die Steine herbeizuschleppen, im Schlamm herumzustapfen, das Pflaster des Hofes zu waschen und zu fegen, den Balg zu pressen.

Manchmal darf ich dem Schmied sogar schon das Eisen reichen. So weit habe ich es gebracht.

Ein großer, vierschrötiger Mann, wortlos macht er sich rings um das unter freiem Himmel flackernde Feuer zu schaffen, zieht sein Bein nach. Solange ich nicht über der Arbeit einschlafe, sieht er mich nicht einmal. Seine Mütze ist aus Leder, ebenso wie seine Weste, ledern ist seine Hose, seine Schürze, und aus Leder sind auch seine holzbesohlten Schuhe, ein unbedarfter Riese. Auf den ersten Blick.

Seine Werkzeuge stellt er selbst her, wer auch sonst, Eisen wird von Eisen geformt. Er pflegt, schärft und hütet sie wie sein einziges Kind.

Bewundernd sehe ich, wie er das Eisen hämmert, bewundere seine Kleidung, jedes einzelne seiner Werkzeuge, die werdende Lanzenspitze, die Fußangel, die Balkenklammer. Ich bestaune den Staub, über den sein Fuß stampft.

Auch nach Dunkelwerden gebraucht er keine Lampe: seine Arbeit selbst spendet das Licht.

Er schwenkt die fertige Klammer über das in den Boden gehöhlte Becken, die Zange ist mit seiner Hand verwachsen, sie öffnet sich, jetzt packt sie zu, jetzt hebt sie an, kippt und läßt los, ein Roboterarm (obschon der Erfinder der Maschinenhand noch in den unbewohnten Stockwerken des Morgen wartet), dumpf-täppisch klopft das Stück an die Steinauskleidung, kühlt sich knisternd ab, das rote Herz des Eisens wird schwarz. Erst wenn ein Faß voll fertig ist, gibt es eine Pause. Ich lerne und beobachte den Profi. So wie beim Autofahren Jóska Gáll, den Chauffeur, am Computer Dorka Kasza, die Mathematikerin.

Die dürftigen Palisaden der Bastei, die äußeren Pfähle werden ausgewechselt. Ich mühe mich und zähle mir an den Fingern ab, wie viele Klammern das sind. Das ist der Daumen, der schüttelt die Pflaumen, strecke ich der Reihe nach die Finger gerade. Der sammelt sie auf, der trägt sie nach Haus. Das Eisen platscht und zischt. Der Klitzeklitzekleine ißt sie alle auf – und schon reichen die Finger meiner beiden Hände nicht mehr aus (wir befinden uns im digitalen Zahlensystem). Ich mache ein Zeichen in den Staub, und gleich strecke ich, bloß keinen auslassen, sonst weist er mich zurecht, und das ist nicht angenehm, wieder meinen Daumen aus: eins. Ich könnte auch meine aus den Sandalen hervorlugenden, erdschwarzen, dreckstarrenden Zehen zu Hilfe nehmen, das wären nochmals zehn. (Hm. Wenn auf der Erde ein beseeltes Tier, das nur über zwei gegenüberstellbare Finger verfügt, zum Herrscher über das Leben wird, ob es dann wohl zehntausend Jahre früher zum binären System und zum zweifingrigen Neumann – dort wird er 0111 1011 genannt – gelangt? Schwer zu glauben, wenn ich so vor ihm sitze, aber der auf meinem Schreibtisch stehende betagte IBM, auf dem ich in diesem Moment schreibe, daß er sich dort befindet, hat unvergleichlich mehr im Hirn als jener wochenendhausgroße Apparat):

Meine Füße bleiben, wo sie sind, die Verdoppelung meiner Intelligenz muß noch warten.

Bis zwölf zu zählen, ist unmöglich, wer hat schon sechs Finger? Wenn man nicht zum Schamanen geboren ist.

Der Hinkende facht das Feuer an, erhitzt, dreht und wendet, hämmert das Eisen, bis in die Nacht. Überzeugend, vielleicht, weil er nicht spricht. Er ist.

Erst wenn er das Werkzeug aus der Hand legt, kann ich mich hinter dem Schuppen ausstrecken. Seine Kraft nährt sich aus seinem langsam glühenden Zorn – das ist gut so und nützlich, hier in der unheilvollen Nähe der Türken. Essen und trinken muß auch er, Gott sei Dank, das ist meine Rettung. Und ich mache Gebrauch von meinen Händen, meinen Füßen, wir verteidigen uns, der Osmane macht nicht halt, er kommt.

Die Tage eilen dahin, für sie mache ich kein Zeichen im Sand.

Es begab sich aber, daß ich weder blöde noch feig war. Trotzdem: ohne es zu merken, bin ich in Mode gekommen. Selbst dem schwachsinnigen Jungen, der das Wasser trägt – er fand die Latrine nach einer Woche noch immer nicht –, diene ich zur Belustigung. Ich bin in Mode. Das kann sein Gutes haben, vielleicht wird mir dadurch schneller klar, daß das Leben kein Honiglecken ist. An dem Ganzen kann ich nur mir selber die Schuld geben. Soldaten, Handwerkern, Knechten, in die Breite gegangenen Frauenspersonen, allen ist es zur lieben Gewohnheit geworden: sie piesacken mich.

Heute heften die tapferen Krieger mit ihren reichgeschmückten Dolchen – Allzweckmesser, neuzeitliches Modell – kurzerhand mein Hemd an die Tür der Pulverkammer und damit mich, der es anhat.

Soeben war ich voreilig: ich bin blöde, keine Frage. Drücken wir es so aus: aus praktischer Sicht. Dort, wo nur die Praxis zählt. Ich akkumuliere die Minuspunkte, trage sie zusammen, wie eine Elster glänzendes Metall. Soviel wie möglich und dann noch zwei. Ein Dahergelaufener, ein Jude, damit nicht genug, auch noch unehelich ist er! Gott bewahre.

Schwarz siehst du dann, wenn es keine Farbe gibt, weiß wie Sonnenlicht, wenn alle Farben zusammenschmelzen. Die Landser waren zu dritt. Keine Landser, nicht einmal Deutsche, so nennen wir eben die für Sold dienenden Soldaten, ob sie nun aus Flandern, Welschland oder sonstwoher kommen. Mein Gesicht wird zum Sportplatz: es gilt, mich möglichst oft mit der matschigen Birne zu treffen. Vor meinen Augen ein Schleier, ingrimmige, stumme Tränen, Wasser, Schweiß. Der Hof ist von Sonnenschein erfüllt. Das Licht wird von den beiden Seiten der nur einige Moleküle dicken Wasserschicht reflektiert, es kommt vor, daß gerade Wellenberge und -täler sich gegenseitig aufheben, dort fehlt dann eine Farbe, und schon ist das Licht nicht mehr weiß. In Regenbogenfarben glitzern vor mir die gedungenen Soldaten. Halb in Eisen, als hätte sie der Alarm aus den Betten gescheucht. Ihre Köpfe stecken im Helmsturz, unterhalb vom Küraß beginnt die Bauerntracht, ihre Hosen sind aus ebensolchem zu Fetzen gewaschenen Leinen wie die meine. Kettenhandschuhe haben sie an den Händen. Sie scheppern wie eine Wagenladung Kochgeschirr, alle haben das gleiche Handikap, ein edler Wettstreit. Sie scheuen kein Risiko und kennen keine Furcht, setzen ihre Weinration ein, verlieren sie, gewinnen sie zurück und überhaupt, endlich passiert etwas, sie sind guter Dinge.

Mancherorts explodiert die Zeit. Es gibt Punkte auf der Krümmung. Dort, wo. Momente, Schnittpunkte. Wodurch, wie und wo sie im Raum-Zeit-Kontinuum entstehen, ist nicht bekannt. Das Sein wirft Blasen, strudelt, die Reihenfolge von Ursache und Wirkung ist aufgehoben, es gibt keine Reihenfolge mehr, das Mögliche weitet sich, die Natur ist umfassender und komplizierter – es gibt mehr Dinge zwischen Himmel und Erde. Auf neue Weise zitiert das Hirn, auf uralte Weise zitiert das Hirn.

Ich weiß nicht, welches Geschick uns auf den Beinen hält. Ich tripple neben meiner Mutter her, so flink, wie meine kurzen Beine es erlauben. Mit zusammengebissenen Zähnen. Die Laufdistel ist unser Weggefährte, die vergesse ich nicht, solange ich lebe. Der Herbstwind treibt sie vor sich her, rundet sie: eine locker gefügte, netzüberzogene Unkrautkugel, perfekt geformt. Rauchfetzen über den Feldern, der nahende Winter. Mutter. Sie hält mich an der Hand, ich klammere mich an den Saum ihres Rocks, sie erzählt, singt leise, nur für mich.

Kann ich eine Erinnerung daran haben? Oder habe ich sie nur, weil ich es so sehr möchte? Wenn es Erinnerung ist: Eine Straße. Ein Bach war dort. Der Unkrautball, dann und wann vom Wind beflügelt, ein bodenlanger, faltiger, fleckigblauer Rock. Der Rest ist Hörensagen.

Mein jüdisch-ungarischer Vater hat in Buda meine Geburt nicht mehr erlebt, er starb, und zwar nicht im Bett. Nach jener männlichen Wendung des Wirtschaftslebens, als die Konkurrenz sich moralischer Schwächen und der Person des jüdischen Baumeisters entledigte. Mutter wurde nicht gesteinigt, weil sie mich unter dem Herzen trug – das erste Mal, daß ich etwas für sie tat, ich war ihr ein guter Sohn.

Auch das letzte Mal, danach hatten wir keine Gelegenheit mehr. Sie wurde nur aus der Stadt gejagt, mit nicht mehr als dem Kleid, das sie am Leib trug, ohne eine Scheibe Brot. Unterwegs setzten die Wehen ein.

Wir beeilen uns, vielleicht können wir so die Kälte hinter uns lassen.

Stolpernd laufe ich neben ihr her, halte sie auf. So geht das seit dem Frühherbst, als der Bodenfrost begann, sich auf das Land zu legen und zum ersten Mal meine Zähne laut aufeinanderschlugen.

Allein die Tatsache, daß ich bin, kann das Leben kosten (auch mir, nun recht bald schon. Noch bevor zwischen den eisigen Ufern des Baches der Strahl der Sonne auf einen zaudernden Wasserstreifen springt und braune Flecken zwischen dem Weiß der schneebedeckten Felder hervortreten). Zusammen kommen wir niemals lebend bis zur Schneeschmelze. Soviel kann ich aus den fallengelassenen Wortbrocken des alten Mütterchens erahnen.

Ein ausgesetztes Kind? Möglich. Sicher sogar. Dort vor der Tür hat sie mich zurückgelassen. Ich bin nicht erfroren auf einem gottverlassenen Feldweg. Wortfetzen, schnurrende Laute, verschlucktes Gemurmel, abgerissenes Wimmern, Stille: wir haben einander verstanden. Eine Umarmung. Seltsam vielleicht, aber in der kurzen Zeit, die uns gemeinsam gegönnt war, habe ich erlebt, was Sicherheit ist. Dann lange nicht mehr, eine Frau war es auch das nächste Mal.

Scharf nach links biegt der Weg vor uns, vom Bach gezwungen. Am anderen Ufer qualmen Rauchfänge, eine Gasse ist dort, Häuser.

Bei der Biegung knotet sie ihren Rock an der Hüfte zusammen – er fegt die Straße, und es gibt nichts Besseres, um sich damit in der Nacht zuzudecken –, sie hebt ihn hoch und durchwatet mit drei Schritten den Bach, immer werde ich dieses Platschen, das weiche Rieseln des zurückfließenden Wassers hören. Drüben, auf weglosem Gelände, rüttelt sie an der Tür eines tief in den Lehm gebauten Häuschens. »Gute Menschen«, flüsterte sie. Arm, warmherzig. Sie werden ihr Kind erkennen. »Sie kommen gleich«, das waren ihre letzten Worte an mich, so fest umarmt sie mich, daß es schmerzt, mein Gott, das tat gut.

Ich weiß nicht, was aus ihr geworden ist, ob sie den Winter überlebt hat, ich kann nichts mehr für sie tun. Was mein eigenes Los angeht, damit bin ich ins reine gekommen, es gibt Schlimmeres.

Ignatius, dem Söldner, bin ich ein Dorn im Auge. Mein Vater ist mein Vater. Ein jüdischer Ungar, das bin ich. Es gibt Leute, die stört das. Schon allein die Tatsache. Falls jemand glaubt, ich rede ins Blaue: in diesem Moment, neunzehnhundert usw., A.D., ist es meßbar. Eine demoskopische Umfrage belegt: Dreizehn Prozent der Bevölkerung stehen den Juden mit Mißtrauen gegenüber (ein weltweites Unternehmen, die Wortwahl war ein Volltreffer). Plus-minus vier Prozent Fehlertoleranz. Schulbildung: meistens unter acht Jahren Pflichtschule, dazu ein gewisser Prozentsatz der Intellektuellen. (Unerläßlich, sonst würde es das Ganze gar nicht geben.) Wenigstens hier und da, in winzigen Details herrscht Gleichgewicht im Universum: auch ich mag solche Menschen nicht.

Er hat mich noch nie gesehen, kennt mich nicht. Er weiß nicht, daß ich auf der Welt bin. Und kann mich nicht ausstehen. Hast du da noch Worte? Versetze dich in meine Lage: was kann man mit ihm anfangen? Verflucht noch mal, was?

Der hat keine Worte, versetzt sich in niemandes Lage. Vielleicht gehört da schon was dazu.

Bekommen die überhaupt irgend etwas mit?

Ich bedaure sie. Auch mich bedaure ich, wie kommen wir

dazu? Es liegt belastendes Material gegen mich vor: die Tatsache, daß auch schon mein Vater aufgrund dieses belastenden Materials umgebracht wurde. Seine Logik hat sich in den eigenen Schwanz gebissen, das gleiche kann er auch selber tun.

Dreizehn von hundert, damit hat es sich. Eine Glückszahl. Ich habe es verdammt gut. Besser als die Einbrecher, Kinder- und Grabschänder, Mutterficker und Vatermörder, bei ihnen erreicht das Mißtrauen die fünfzig, sechzig Prozent.

(Besser als die Ausländer – sic: Ausländer, mit Sack und Pack – und die Homosexuellen. Ja, nicht zu leugnen, das ist der gegenwärtige Stand von öffentlicher Moral und Bildung in meiner ungarischen Heimat – hier ist der Ort, dieses vielstrapazierte Wort zu gebrauchen.) 13 – was will ich mehr? Eine landesweite Liebeserklärung.

Ein Dorn im Auge: das bin ich. Habe keinen Vater, jeder andere hat einen, mich hat der Nachbar aus Gefälligkeit gemacht. Jeder Mensch ist Mensch (das stimmt unser einheimischer Nazi an in den Tagen triefender Blutorgien, während er beim Dritten Reich mit seiner Heimat hausieren geht und ihn der Mut überkommt. Nur der Jude, der nicht). Ich wäre kein Mensch, nicht so ganz. Das will er in mich hineinprügeln, davon mich überzeugen in seiner mit der Axt geschliffenen Art. Das soll ich akzeptieren. Ein Nazi, ich verstehe, aber trotzdem, wie stellt er sich das vor?

»Das präge dir gut ein, mein Kind«, keucht Mutter, Waldfee, sie hastet barfüßig über den gefrorenen Boden, in ihrem wirren Haar ist das gelbe Blatt eines Baumes hängengeblieben. »Das ist meine Schuld: ich habe mich einem Juden hingegeben.« Früh habe ich es mir eingeprägt, mit dem Licht zweier Scheinwerfer spaltet es den Kummer eines frustrierten Massenmordopfer-Kandidaten, das Dunkel paranoider Weltanschauungen. »Dein Vater war so voll Liebe. Und er hat so auf dich gewartet.« Sie bleibt stehen. »Wie die Juden auf den Messias«, lacht sie. Sie weint, lautlos.

Wiewohl ich noch in Buda in aller Form unter das Taufwasser gehalten worden war, blieb der Name Juda an mir hängen wie eine Klette, und heute, in Schächerbastei, Palisaden, Buda und Budapest, gäbe ich ihn nicht her um einen Wald von Affen.

Einmal, zuletzt, hin und her gestoßen, verliehen, verschenkt sogar von Palisade zu Palisade, finde ich ein Zuhause in diesem schäbigen kleinen Haus in Südtransdanubien. »Budai – de Buda«, dreht der Wallone das Wort um, gar nicht einmal so blöd. – »Budain? Putain!« Nutte, so lautet die Rohübersetzung von Budai, vorbei ist es mit dem schönen Reim. Hurensohn, Bastard – ein polyglotter Krieger. Und weißt du was? Vielleicht hat er damit ins Schwarze getroffen. Mutter hat mich lange gestillt, und damit ihre Milch nicht versiegt, hat sie mit dem geschlafen, der ihr zu essen gab. Hat man mir gesagt. Ohne einen Hauch von Mißbilligung sagt es die Oma, die mich von der Tür hereingeholt hat. Meine Mutter eine Hure? Dann deshalb, um mich am Leben zu erhalten. Der werfe den ersten Stein. Die erste faule Birne.

Der Zeitstrom beschreibt eine Schleife, kehrt zu sich selbst zurück, plätschert wieder schön ordentlich in gesetzmäßigen, gewohnten Bahnen – insofern die Gesetze dauerhaft sind und unsere Gewohnheit etwas bedeutet. Er plätschert, ich könnte sagen in Frieden, sage es aber nicht. Vor den, schon in den Toren der Türke.

Ich weiß nicht, wie viele Stunden das Wurfspiel gedauert hat. Die Welt vor meinen Augen ist auseinandergeflossen. Jetzt bekommt sie auch noch Farbe, von dem Birnenmatsch, der von meiner Schläfe rinnt. Doch heute noch könnte ich schwören, daß auf der Stirn von Jován, dem Schmied, noch niemals zuvor ein solch kalkweißer Zorn gestanden war. In Blitzesschnelle hinkt er herbei, packt, preßt, dreht, biegt, und drei Kamuffel fliegen in vier verschiedene Richtungen. Da schlugen sie lang hin, wie Kartoffelsäcke, es scheppert der

Blechhut. Helmsturz, Armkachel, Zündstein und Keule kollern durch den Staub mit lautem Getöse. Der Hinker wartet. Soldat Ignatius rappelt sich hoch, liest seine Säbel auf und nähert sich mit glühendem Blick. Er ist weder blöde noch feig. Jován zieht die Dolche neben meinem Arm heraus. Den einen zerbricht er mit bloßer Hand und wirft ihn dem Landser vor die Füße. Inzwischen habe ich mich abgeschüttelt und mir den Dreck aus den Augen gerieben. Klirrend fällt die Klinge zu Boden. Die Soldaten suchen friedlich ihre verstreuten Kopfbedeckungen zusammen und machen sich klappernd, rasselnd aus dem Staub.

»So macht man das. Hast du aufgepaßt?« Nicht einmal sein Atem geht schneller. Langsam kehrt die Farbe in Jováns Gesicht zurück. Warum wird es kalkweiß, wenn ihn der Zorn packt, während der Burgvogt paprikarot anläuft? Auch das will ich wissen. Er wartet, bis ich mein Gesicht am Brunnen gewaschen habe, dann hält er seine längste Rede. »Sie bewerfen dich mit Dreck, und du stehst einfach nur da? Von heute an verteidigst du dich. Wenn sie dich auch nur schief anschauen. Du hebst deine beiden Fäuste und läßt sie nicht sinken, nicht einmal wenn sie dich niederschlagen. So etwas möchte ich nicht noch einmal sehen, sonst bekommst du es mit mir zu tun.«

Die Predigt war versiegt, Jován hält inne, dann – wer hätte gedacht, daß auch er ein eigenes Leben hat – setzt er hinzu: »Auch ein hinkendes Kind wird gequält. Sei du der Stärkere.«

Der Rest ist bekannt. Wie ich das Problem löse, stärker als ein oder gar drei geharnischte Veteranen zu sein, hat der Schmied mir überlassen. Kein Ding der Unmöglichkeit. In den Arbeitspausen hacke ich Holz, schöpfe Wasser anstelle anderer. Ich handle wie die Menschen, die ihr Schicksal selber in die Hand nehmen, nach amerikanischer Methode (und anachronistisch. Gerade erst ist aus dem Mastkorb der Santa Maria der Ruf ertönt: »Land!« und noch einmal »Land!«

Vermutlich. Schon allein der Gedanke: du machst dir dein Leben selbst, der Mensch ist frei geboren. Alles ist möglich). In diesen vieles verheißenden und wenig Gutes versprechenden Zeiten wird die Freiheit in Millimetern gemessen, wenn du nicht als Magnat oder Fürst geboren bist. Und deshalb erblicken relativ wenige von jenen das Licht der Welt – das ist der Sinn des Ganzen. Die Blaue Mauritius oder ein falsch gestempelter Vizeregent um fünf Pfennig, ein einfacher Zwei-Kreuzer-Fehldruck für ca. vierzig Millionen oder das Blaublut. Der Seltenheitswert.

Der Umfang meines Armes, meiner Schultern nimmt zu, das Leinen meines Hemdes spannt sich, bis es bei einer plötzlichen Bewegung reißt. Ich nähe, flicke es zusammen, wieder platzt es auf. Tuch, Leinen ist im vereinbarten Lohn nicht enthalten (es gibt gar keinen Lohn, auch keine Vereinbarung, ein Dach über dem Kopf und Essen gibt es). Ich scheuere die Küche, trage Brennholz, und es dauert keine zwei Wochen, da bekomme ich graues Leinen, ausreichend für einen Anzug, keine drei Wochen sind um, bis eine mütterliche Kochfrau ihn mir näht, meiner dunklen Augen wegen. Die Menschen sind verschieden, Gott sei Dank.

Der sonnenverbrannte Nachmittag unter dem Birnbaum war nicht umsonst, seither weiß ich: Bei Ignaz sind Worte fehl am Platz. Einen kleineren Wald habe ich zu Kleinholz gehackt, aber dann stand ich jeden Tag zwanzig Minuten in der Sirsasana-Yogahaltung auf dem Kopf (vierundvierzig Minuten war das längste, der Wecker hatte nicht gepiepst. Man kann dabci gut vom Tonband lernen), das Wasser zweier Burggräben habe ich auf meiner Schulter hinaufgetragen, nun verschleiße ich mein drittes Hemd.

Wie ich heiße? Genau so. Sie könnten mich auch einfach Juda nennen – so wie den Schuhflicker Schuster, so wie andere Messerschleifer, Kleiber und Hinker. Die aus dem Süden werden Windische genannt, andere Polacken. Ich kann nicht wissen, wieviel Vorfahren im Laufe der Jahrtausende in den Weiten der Erdteile zugrunde gegangen sind seit der Zerstörung jenes Tempels, Fuhrmann, Trödler, Alchimist, Lumpenjude, Bauer und Priester. Der Name ist gegeben, ich wette, wir haben ihn schon getragen. In der Form Jehuda, Jahudi, in hebräischer, lateinischer, germanischer, slawischer Sprache eingebettet, auf Listen in arabischer, griechischer, lateinischer Sprache. In Gotisch, Kyrillisch und wieder in lateinischer Schrift, nun schon auf ungarisch.

Ich träume von Reisen, grünenden Wiesen, lange habe ich in diesem Haus ausgeharrt. Die Fußpfade sind nun schon gangbar, bis auf jene, die es niemals mehr sein werden.

Kleine Eiszeit im Karpatenbecken. Der sich nach Süden schiebende Eispanzer hat die Ufer Europas erreicht, das Baltische Meer ist zugefroren, als wäre es ein Tümpel. Kühl und niederschlagsreich sind bei uns die Sommer, ständig gibt es Hochwasser. Seit Jahrzehnten war der Wasserstand des Balaton nicht mehr so hoch. Kleine Eiszeit: sie fällt im großen und ganzen mit jener Epoche zusammen, die in der Geschichte des Landes den Namen Türkenzeit tragen wird. Eines Tages hatte sie ein Ende, man hätte es wissen können.

Dieses Foto entstand einige Sekunden, nachdem mich meine Freundin mit einem Glas Wasser übergossen hatte.

Es geschah ganz schnell; sie spritzte den Inhalt des Glases auf mich, dann holte sie von irgendwo einen Fotoapparat hervor und knipste. Mir blieb nicht einmal Zeit dazu, überrascht zu sein, geschweige denn zu protestieren. Auf meinem Gesicht macht sich ein (sichtbar) peinliches Grinsen breit, und so blieb ich auch.

Die Wasserbombe traf mich übrigens auf der rechten Brustseite, ein kleines Glas Wasser. Ich habe zu diesem Vorfall keinerlei Vorgeschichte zu berichten, an der Wand schaute mein Großvater von einer alten Aufnahme herunter, ebenfalls ein wenig verständnislos: »Na, also bitte!« Später wechselte ich das T-Shirt und ging hinaus in die Küche, um den Nachmittagstee aufzusetzen.

Ein UFO im Garten

Irgendwann, zu Beginn der ewig dauernden siebziger Jahre, fiel eines warmen Sommermorgens ein eigenartiges Objekt in den Garten der Familie András Wolf. Wolfs schliefen bei offenem Fenster, dennoch hörten sie nicht den Krach des Aufpralls. Das ist umso merkwürdiger, als das Objekt beträchtliche Verwüstungen im Gemüsegarten anrichtete, es fegte das Grün von den Kartoffelstauden, dem Sauerklee und dem Kraut. Die Äste einiger blühender Zierbäume und Marillenbäume wurden geradezu abrasiert. Von einem der Kirschbäume blieb nur der Stumpf übrig. Die Weinlaube wurde zur Gänze vernichtet, ihre mit großer Sorgfalt errichteten Betonsäulen fielen um.

Dabei war der Verursacher der Katastrophe gar nicht sehr groß, und besonders schwer sah er auch nicht aus. Der an die zwei Meter lange und zirka einen halben Meter breite, zigarrenförmige Metallkörper war von seinen geheimnisvollen Herstellern allem Anschein nach aus Blechrinnen zusammengenietet und -gelötet worden. Er mußte von großer Höhe heruntergefallen sein, wie wäre es sonst zu erklären, daß der Luftdruck zahlreiche Schindeln vom Dach der weiter entfernt liegenden Sommerküche abgetragen und sogar das Fenster eingedrückt hatte. In diesem komfortlosen Gebäude wohnte im übrigen der Untermieter des Ehepaares Wolf, aber der Betreffende, Károly, schlief seinerseits den Schlaf der Gerechten bis zum Morgen. Er war es, der die Verwüstungen im Gemüsegarten sowie das Objekt selbst entdeckte. Er trat barfuß in den vollkommen reglosen Garten, ging auf das glücklicherweise unversehrt gebliebene Klosett zu, vorbei an einem kahlgefegten Bäumchen, und wurde eigentlich zuerst auf ein paar Rübenblätter aufmerksam, die traurig unter dem metallenen Rumpf hervorlugten. So lief er in das Objekt unbekannter Herkunft hinein. Er bekam Kulleraugen, dann lief er in seiner Verwirrung zurück in sein Häuschen und zog Pantoffeln an. In diesem Moment öffnete das Ehepaar Wolf seine Tür, und gähnend und zerzaust trat die Frau heraus.

Frau Wolf bemerkte sofort, daß etwas Unheilvolles geschehen war, es genügte, einen Blick an das Ende des Gartens zu werfen. Das Objekt selbst konnte sie von hier aus nicht sehen, umso mehr jedoch den nun wieder erscheinenden und atemlos auf sie zu rennenden Untermieter. Selbiger schnappte nach Luft, als würde er mit voller Kraft brüllen, sein Gesicht war verzerrt vor Anstrengung, er winkte, dann war auch seine Stimme zu vernehmen. Er rief: »Gehen Sie hinein, gehen Sie hinein, und kommen Sie nicht wieder heraus!« Die Frau aber nahm von ihm gar keine Notiz, sie stieß den blindlings auf sie zu laufenden Untermieter zur Seite und setzte sich in Richtung Gartenende in Bewegung. Ihr Mann erschien und folgte ihr auf den Fersen, und so gingen sie nunmehr zu dritt aneinander geklammert auf den Schauplatz des unerklärlichen Ereignisses zu. Einige Schritte vor dem Objekt hielten sie inne, alle drei spürten das Vorhandensein des unsichtbaren Kraftfeldes, in das sie eingedrungen waren. In unmittelbarer Nähe des Objekts war die Luft eisig kalt. Mentholgeruch machte sich breit. Stumm gingen sie um das Objekt herum. Den Morgenmantel über der flachen Brust zusammengezogen, hockte sich die Frau nieder und berührte den kalten Metallkörper. Nichts geschah. »Ein UFO«, sagte sie, und man konnte ihren Atem sehen.

Der Untermieter hatte zuvor noch keinen Fuß in das Haus der Wolfs gesetzt, sie hatten ausschließlich auf dem Hof mit ihm verkehrt. Wenn sie ihn überhaupt eines Wortes würdigten. Sein Verhältnis zu den Wolfs war auch mit dem größten Wohlwollen nicht als geordnet zu bezeichnen. Das hatte mehrere Gründe. Zum einen bezahlte er seine Wohnung schon lange nicht mehr, da er keine Arbeit annahm. Das war zugleich auch der zweite Grund, wieso sie seine Person nicht ins Herz schließen konnten. Károly saß meistens zu Hause, beziehungsweise lag er hauptsächlich auf dem Bett, bäuchlings, um genau zu sein. Er verbrachte seine Zeit zwischen Halbschlaf und Wachzustand. Bei Sonnenschein saß er gerne im Garten, aber wenn Wolf oder seine Frau auftauchten, trabte er mit um Entschuldigung heischendem Lächeln in sein Häuschen zurück. In letzter Zeit erwiderten sie nicht einmal mehr seinen Gruß, da Károly vor dem Haus einmal ihre Tochter Elvira angesprochen hatte. Elvira war schon vor langer Zeit ausgezogen, sie ging auf die Universität, wo sie Chemie studierte. »Das fehlte gerade noch, verschwinden Sie von hier«, schnaubte Frau Wolf, als sie dieses Gespräch bemerkte. – Ein neuer Grund für Gehässigkeit. Trotz allem wirkte Károly nicht unzufrieden. Es schien sogar, als würde er die Verachtung, die von seiten seiner Vermieter auf ihn niederging, als eine natürliche Begleiterscheinung des Lebens betrachten. Es war schon mehr als Verachtung. Die Wolfs trachteten systematisch danach, Károly das Leben so schwer wie möglich zu machen. So hatte Wolf zum Beispiel im Spätherbst, als der erste Nebel den Garten hinter dem Haus einhüllte, ohne jede Erklärung einfach den fahrbaren Radiator aus Károlys Häuschen geholt. Als er später, schon im Winter, entdeckte, daß der Untermieter sein Quartier mit dem Herd beheizte, drehte er auch noch den Strom ab. Die Sicherung hatte er eingesteckt, und vergeblich schilderte Károly in den schönsten Farben, daß seine Gelenke jeden Morgen ganz erstarrt seien und daß auch schon sein kleinstes Sakko an ihm schlottere. »Schlafen Sie im Wintermantel«, erwiderte Wolf und schnitt ihm den Klageschwall über seine nächtlichen Qualen mitten im Satz ab.

Es führte zu einer weiteren Verschlechterung des Verhältnisses, daß Károly im Winter einer neuen Marotte frönte, dem Schneemannbauen. Er stellte kleinere und größere

Schneemänner verstreut im Garten auf, einen an jede Seite des Plumpsklos, einen dahinter. Vor der Sommerküche reihten sich wie weiße Wachtposten acht oder neun zum Teil mehr als einen Meter große Schneemänner, als müßten sie den Untermieter vor den gestrengen Wolfs beschützen. Sogar der Gasmann würde schon über sie lachen, erzählte die fassungslose Frau Wolf schnatternd ihrem Mann. Die Schneemänner schienen mit ihren Kohlenmündern höhnisch zu lächeln. Wolf hingegen meinte, er befürchte, der Untermieter sei verrückt geworden, denn »so etwas machen nur Wahnsinnige«. Jedenfalls zerstörte er mit einer Schaufel bewaffnet Károlys Schöpfungen, der das Vernichtungswerk durch sein kleines Fenster beobachtete.

Auch der Frühling konnte nicht ohne Kummer vorübergehen. Als nämlich die Jungzwiebeln und Radieschen wuchsen, schlich sich der im Winter tatsächlich bis auf die Knochen abgemagerte Untermieter jede Nacht in den Garten und plünderte die Ernte. Ebenso tat er es mit den noch unreifen Kirschen, aber er verschlang auch Akazienblüten, die er mit beiden Händen von den Ästen riß. In seinem elementaren Hunger ging er auf die Johannisbeer- und Stachelbeersträucher und die Erdbeeren los. Als ob er den ganzen Winter über gehungert und nur darauf gewartet hätte, zu verschlingen, was auch immer eßbar erschien. Er pflückte die kleinen, steinharten Pflaumen, auch die frischen Ranken der Weintrauben schmeckten ihm, ebenso wie die aus der Erde gerissenen, winzig kleinen, diesjährigen Kartoffeln. Was er übrigließ, und das war natürlich nicht wenig, blieb nur auf die entschiedenste Aufforderung des Ehepaares Wolf hin an seinem Platz, am Zweig, auf dem Strauch oder in der Erde. Und noch ärgerlicher war, daß Károly sich nicht dafür schämen konnte. Als verfüge er nicht über diese Fähigkeit. Lieber hörte er sich unterwürfig, aber immer heiter die heruntergeleierten Strafpredigten an.

Der größte und gleichzeitig letzte Skandal brach wegen der Bilder los. Als würde er die Farben der Jahreszeit nicht für stark genug halten, schnitt Károly aus einer westlichen Zeitschrift Bilder aus und hängte im Laufe einer einzigen Nacht mindestens hundert davon mit Reißnägeln im Wolfschen Garten auf. Fotos von Stargitarristen, modernen Autos, nackten Frauen, Tore schießenden Fußballspielern und Abbildungen von Eintopfgerichten leuchteten von den Wänden des Garten-WCs, den Baumstämmen und seiner eigenen Tür. Das brachte das Faß zum Überlaufen. Er mußte der Tatsache seiner zukünftigen Obdachlosigkeit ins Auge sehen. Frau Wolf stopfte die Sachen des Untermieters eigenhändig in einen großen Jutesack. Den Rest des Tages umgab Grabesstille den Garten und das Haus der Wolfs.

Und im Morgengrauen des nächsten Tages stürzte das UFO ab.

Es muß nicht erst gesagt werden, daß das hochbedeutende Ereignis die Aufmerksamkeit von Károlys Auszug ablenkte (wiewohl er befürchtete, es sei nur vorübergehend). Er fand das Verhalten der Wolfs sogar ungewöhnlich nett, nur ein wenig eigenartig. Die Frau bot ihm zum Beispiel Schnaps an und fragte ihn darüber aus, ob er auch ein angenehmes mentholenes Gefühl durch den Körper ziehen spüre. Wolf bestätigte diese Erfahrung, sein Rücken würde geradezu prikkeln, Károly indes nahm an sich nichts dergleichen wahr. Er sah nur, daß seine Vermieter eigenartig schauten. Ihre Augäpfel schienen irgendwie auf das Doppelte aufgeblasen. Als wären sie Verrückte oder Roboter, stellte der Untermieter fest, am nächsten Tag verschwand das dann und machte einem freundlichen Strahlen in ihren Blicken Platz. An seinem eigenen Körper beobachtete er nur eine Veränderung: seine ewigen Pickel, die er immer blutig gekratzt hatte, verschwanden innerhalb eines Tages spurlos! Seine Haut wurde glatt. Aber Károly schrieb dem keine besondere Bedeutung zu.

In den folgenden Tagen konnte er noch zahlreiche kleine Veränderungen im Verhalten und Aussehen seiner Vermieter beobachten. Gleich am Wochenende nach dem Absturz begann Frau Wolfs Busen zu wachsen. Die Frau, die nur aus Haut und Knochen bestanden hatte, blühte richtiggehend auf. Auch ihr Hintern wurde runder, und die Folge dieser wundersamen Ausformung war, daß die früher behende Frau Wolf kaum mehr einen Schritt tun konnte. Andauernd strauchelte sie, verlor das Gleichgewicht und keuchte bebend, wobei sie sich an den melonengroßen Busen griff.

Eines Morgens weckten Wolfs den Untermieter mit der Behauptung, sie hätten die sichere Gewißheit, daß das Objekt vom Planeten Atur gekommen sei und daß es auch Bewohner habe: kleine, durchsichtige Menschen! Ein andermal klopften sie mit einem dicken Fotoalbum unter dem Arm an Károlys Tür und erzählten ihm stundenlang mit feuchten Augen ihre Familiengeschichte. Als weitere überraschende Liebenswürdigkeit zimmerte Wolf für Károly eine kleine Bank, auf der er sich mit dem Rücken gegen die Hauswand gelehnt sonnen konnte. Als Károly das Geschenk entgegennahm, bemerkte er erst, daß sie das am Gartentor beginnende Blumenbeet abgegangen waren und die Setzlinge aus der Erde gezogen hatten, auch die Äste der Ziersträucher hingen abgeknickt herunter. Im Gegensatz dazu herrschte in der Wohnung der Wolfs ausgezeichnete Stimmung. Károly vernahm beinahe schon unartikuliertes Lachen sowie lautgeschmetterte Kinderreime. So etwas wie: »Ene, mene, mu und raus bist du«, und »Eins, zwei, drei, vier, Eckstein, alles muß versteckt sein«. Dann Holtern und Poltern und den Ton von klirrenden Gläsern. Als ob sie mindestens zu dreißigst da drinnen gewesen wären. Und das Gelage im Wolfschen Haus dauerte den ganzen Tag an. Einmal luden sie ihn sogar ein, mit ihnen zu spielen, aber Károly konnte sich vor Bestürzung zwischen den Trümmern der zu Staub zermahlenen Einrichtung nicht einmal bewegen. Sie bedauerten es gar nicht, daß er hinausging. Frau Wolf lief ihm hinterher und klagte mit vorgetäuschtem Schrecken »Ein großer Mann steht da drinnen mit einer Injektionsnadel, gehen Sie hinein, Károly, und verprügeln Sie ihn« –, dann trampelte sie unter übertriebenem Gelächter zurück zu ihrem Mann, um weiter zu spielen.

Ein anderes Mal (ebenfalls zu unchristlich früher Stunde) erwachte der Untermieter durch erneutes Gepolter. Diesmal war es Wolf, der ihn aufsuchte. Der Mann hatte einen Festtagsanzug an, dazu trug er eine schwarze Krawatte und einen Hut aus Kanin. Er sagte, er habe mit Károly etwas Ernstes zu bereden, die Sache dulde keinen weiteren Aufschub. Das Wesentliche seiner Mitteilung bestand darin, daß Károly um die Hand ihrer einzigen Tochter anhalten sollte. Er und seine Frau hätten ihn als den dafür am geeignetsten ausersehen. An diesem Tag kam András Wolf noch eine andere verspielte Idee. Er nutzte eineinhalb Minuten, die der Untermieter auf dem Klosett zubrachte, um Károlys Kleider zu stehlen. Die erbeuteten Stücke zog er sich sodann an und spazierte mit unschuldigem Gesicht unter dem Fenster der Sommerküche auf und ab. Als Erklärung flüsterte er Károly zu, er würde mit seiner Frau Kostümball spielen und sei jetzt als Károly verkleidet. Richtig überrascht war dieser allerdings erst, als er die Frau bemerkte. Sie saß in einem Rock mit wildem Blumenmuster auf der Schwelle des Hauses. Aus dem Mund hing ihr eine Pfeife mit Messingdeckel, ihr Haar war zerzaust, und in der Hand hielt sie Tarot-Karten. Die Frau räusperte sich auch und spuckte aus.

Das geschah (zwei Wochen nach dem Absturz des seltsamen Objekts) unmittelbar bevor das Ehepaar Wolf die Worte vergaß. Wenn sie auf irgend etwas zeigten, überkam sie schreckliche Lust zu lachen. Wenn sie eine Schaufel erblickten, hielten sie sich den Bauch, wenn ihnen ein zerbrochener Ziegelstein in den Weg kam, klopften sie sich die Schenkel, wenn Károly sich näherte, schnappten sie nach Luft und bogen sich vor Lachen. So, als würden sie durch alles hindurchsehen und unmittelbar das Wesen des gegebenen Gegenstandes betrachten. Daß sie sich dennoch nicht in solch einem philosophischen Zustand befanden, war daraus zu ersehen, daß sie das betrachtete Phänomen gar nicht benennen konnten, statt dessen winselten, bellten oder meckerten sie. Károly hörte obendrein Gezwitscher, Iahs und Grunzen vor dem Haus. Er ging schon durch den hinteren Zaun und den Nachbargarten ein und aus, an der Tür der Wolfs getraute er sich nicht mehr vorbeizuspazieren.

Zuerst ging Wolf auf alle vieren, dann folgte auch seine Frau. Und einen Tag später, während des alles übertönenden Geläutes der Mittagsglocke, kam Wolf, sich mit raupenartigen Bewegungen im Staub wälzend, auf die Sommerküche zu. Er kroch über die Schwelle und begann an den Zehen des in Träume versunkenen Károly zu lecken. Sogleich kam auch die Frau herbei. Nackt wie ein Neugeborenes schleppte sie sich daher, ihre mächtigen Brüste waren unter dem Körper fladenartig flachgedrückt, ihr Hintern leuchtete weiß. Erst in diesem Augenblick kam Károly zu sich. Entsetzt sprang er über seine ehemaligen Quartiergeber hinweg und flüchtete aus der Wohnung. Diese wandten sich mit Müh und Not nach ihm um. Der Untermieter wagte sich erst spät nachts wieder nach Hause. Im Wolfschen Haus war es ruhig und dunkel. Diese Nacht schlief Károly lange, am Vormittag schlich er ängstlich zum Gartenklosett. Aber er hatte nichts zu befürchten. Er fand Wolfs bis zur Taille in die Erde vergraben. Mit geschlossenen Augen wiegten sie sich in der heißen, nach Menthol riechenden Brise in unmittelbarer Nähe des Metallkörpers.

Wer weiß, wie lange sich diese schauerlichen Ereignisse noch fortgesetzt hätten, wenn nicht in dieser Nacht (niemand sah, wie) das UFO aus dem Garten verschwunden wäre. Károly verbrachte den folgenden Tag in seinem Quartier, er getraute sich nicht einmal, auf das WC hinauszugehen. Nur in der Nacht wagte er sich hervor, und auch nur deshalb, weil er durch die Fenster der Wolfs Licht scheinen sah. Der Regen fiel in großen Tropfen, und Károly, der alle Kraft zusammennahm, schlich sich ganz bis zum Haus. Das Ehepaar wachte. Mit gespielt wehmütigem Lächeln betrachteten sie den durch das Fenster verschwommen zu sehenden Garten. Wolf zog seine Frau an sich und küßte sie, und die Frau schmiegte sich in seine Umarmung.

Am nächsten Tag erwachte Károly, als Wolf ihn fest packte, am Arm zerrte und ihm eine Ohrfeige gab. Daraufhin tauchte auch die Frau auf und zog Károlys Kleidersack zur Türschwelle. Der noch halb benommene Untermieter ließ es sich gefallen, daß András Wolf ihn aus dem Bett zerrte und hinaustrieb, wobei er ihm den Arm auf den Rücken bog. Erst auf der anderen Seite des Tores kam er wieder zu sich und sammelte seine verstreut liegenden Sachen ein. Keinen Mucks hatten sie zu ihm gesagt.

István Kemény

»Die Kettenbrücke bin ich«

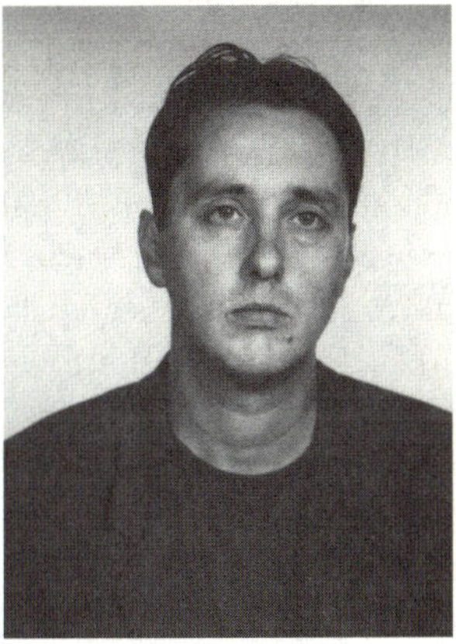

In meiner Heimatstadt kann und mag man in Anführungszeichen reden. Die Kettenbrücke ist auch nicht die Kettenbrücke, sondern die »Kettenbrücke«, weil sie von vier Steinlöwen in Krallen gehalten wird. Der König der Tiere ist das Symbol für die Selbstironie von Budapest. Die Stadt sehnt sich verstohlen nach Ruhm, aber wenn sie hin und wieder in die Verantwortung genommen wird, tut sie so, als habe sie es gar nicht ernst gemeint. Daß sie es gewagt hat, sich an den beiden Ufern eines Flusses niederzulassen, der fünfmal so breit ist wie die Seine? Daß sie sich nicht schämt, das Römische Reich mit dem Moskauer zu verbinden? Die Kultur mit der Barbarei? Daß ein Ausländer, der von der Fischerbastei aus das ungeschlachte Parlament erblickt, sich ein Kolonialreich von mindestens einer Million Quadratkilometern dazu vorstellt?! (Dabei gab es nicht einen einzigen Quadratmeter!) Löwen?! Ach, das ist ja nur ein Anführungszeichen! Das Wahrzeichen dieser Stadt ist die Kettenbrücke. (Ihre erste feste Brücke.)

Die Kettenbrücke bin ich, und zwar weil mein erster feststehender Ahne, mein Ururgroßvater aus Rácváros, in den dreißiger, vierziger Jahren des letzten Jahrhunderts Fährmann auf der Donau war. Er war ein guter Fährmann. Er verdiente auch gut. Da es auf der Fähre keine Kasse gab, steckte er die verdienten Groschen in seinen Stiefelschaft. Dann faßte er einen Entschluß und heiratete. Am Abend nach der Hochzeitsnacht ging er nach Hause, warf sich in den Sessel und streckte meiner Ururgroßmutter seine donauschlammigen Beine entgegen: »Na, Frau«, witzelte er in tabanisch-raizischem Dialekt, »zieh mir die Stiefel aus! Was du darin findest, gehört dir!« Meine Ururgroßmutter erbleichte und wußte sofort, daß sie am nächsten Morgen nach Hause zu ihren Eltern ziehen würde, denn mit diesem Mann könnte sie das Leben nicht verbringen. Doch – zum ersten und zum letzten Mal – zog sie ihm ohne ein Wort der Klage den Stiefel vom Bein, und dann ... ja dann lebten sie glücklich, bis sie starben. Oder zumindest bis die Kettenbrücke gebaut wurde. Wem in Pest, Buda und Óbuda wäre es wichtiger gewesen als meinen Ururgroßeltern, daß nichts den Osten mit dem Westen, die Kultur mit der Barbarei verbindet? Kann man sich vorstellen, daß der Fährmann und seine Frau die entstehende Kettenbrücke nicht täglich mit ihren Flüchen überhäuft hätten? Kann es sein, daß sich so viele Flüche nicht erfüllen, wenn man sie tagtäglich sämtlichen Tabáner Nachbarn auf raizinisch, schwäbisch und ungarisch zuraunt?

Ihre Flüche waren berechtigt, aber seither hat sich herausgestellt, daß sie der Stadt unermeßlichen Schaden zugefügt haben. Budapest ist nicht geworden, was es hätte werden können. Ich müßte in Ordnung bringen, was meine Ururgroßeltern verbrochen haben. Ich weiß, daß es nicht gehen wird. Ich träume oft von der Donau. Immer mit schlechtem Gewissen.

Ich bin ein schlechter Fährmann. Heute verbinden zehn Brücken und ein Metrotunnel Buda mit Pest, und in meinem Stiefel steckt nur mein Fuß.

Lili Marleen

Die Uhr am Bahnhof zeigt immer noch die legendären halb vier wie an jenem Tag, als sie stehenblieb. Die Melodie von Lili Marleen habe ich schon den dritten Morgen im Ohr. Langsam werde ich verrückt davon. Es ist Nebel, morgens halb acht. Allein die Bedeutung der Reise meiner Ritterkameraden konnte mich dazu bringen, aufzustehen und sie zum Zug zu begleiten. Sie fahren nach Prag, nach Prag, um noch heute abend den Pragern ihre Gedichte und Novellen vorzulesen und morgen den diabolischen PVO-Pianisten Filip anzuhören, der sich, wie man sagt, auf seinen letzten Auftritt vor dem Leberkrebs vorbereitet. Ich kann nicht mitfahren, da die Geburt jeden Moment losgehen kann.

Müde und neidisch stehe ich da, halte sie auf, und sie halten mich auf. Unterhalten können wir uns nicht, also gehe ich und warte die Abfahrt nicht ab.

Mit meinen riesigen Schritten, die früher eigentlich für andere Ziele geplant waren, gehe ich nach Hause. Meine bildschöne, schwangere Frau schläft in der Badewanne. Nach der Entbindung darf sie zwei Monate lang nur duschen, deshalb verbringt sie jetzt, solange es noch geht, hier ihre Zeit. Wir bekommen ein Mädchen, wir haben nachgesehen. Vielleicht wird sie Lili heißen.

Wir führen ein müßiges Leben. Ich hole Kakao und setze mich mit der Zeitung auch in die Wanne. Wir frühstücken. Sie singt. Wir stecken einander mit Lili Marleen an. Unser Hund liegt zusammengerollt neben der Wanne, als hätte man ihn aus der Tube gedrückt. Die Zeit geht vorüber, wobei sie immer mal zu uns zurückschaut.

Das Telefon steht gleich neben mir, aber es schweigt. Unsere Lieben lassen uns noch in Ruhe, weil es für uns noch sehr, sehr früh ist, an anderen Tagen schlafen wir um diese Zeit noch. Und doch, wie ich das Telefon so betrachte, erscheint es mir nicht gutartig, sondern angriffslustig. Als würde es gleich klingeln. Ich werfe die Zeitung darüber und starre es an. Dann schaue ich weg, und sofort klingelt es.

»Hallo, hier Jutka Aprilka, mein Telefonbuch hat sich auf der Seite mit deinem Namen geöffnet. Ich habe dich nur angerufen, weil ich mir das Bein gebrochen habe und ich jetzt alleine zu Hause liege. Ich werde lesen. Wenn ich was Gutes gefunden habe, rufe ich dich an.«

Und sie legt auf.

Die Telefonbücher gehen immer bei uns auf, schon lange ist das so. Weil neben uns das Wasseramt steht, vielleicht deshalb. Das wissen wir. Wir bekommen oft falsch verbundene und anonyme Anrufe. Wir zwei da in der Wanne könnten uns lange über die anonymen Anrufe beklagen, die der andere bekommt.

Über Jutka Aprilka muß man soviel wissen, erzählt Doroti ihren eigenen Beinbruch, daß sie zwölf Jahre alt und heute wohl die glücklichste in der ganzen Stadt ist. Und es kann sein, daß sie selbst nie darauf kommen wird. Am Abend lief sie Schlittschuh, dabei brach sie sich das Bein, und ihre Großmutter brachte sie mit dem Taxi ins Krankenhaus. Sie bekam einen Gips, und heute morgen fuhr sie der Krankenwagen nach Hause. Der Nebel löste sich auf, und die Morgensonne überflutete die Straße gerade in dem Moment, als Jutka von dem jungen Krankenpfleger, die Arme um seinen Hals geschlungen, zum Tor getragen wurde. Viele sahen die Szene, und alle empfanden eine Art Neid angesichts des blinzelnden Mädchens mit dem Gipsstiefel.

Dabei wird von nun an nichts anderes mit ihr geschehen, als was man sich sowieso ausrechnen kann. Zwei Wochen lang trägt sie den Gips, ihre Großmutter kocht ihre Lieblingsspeisen, mittags kommen ihre beiden Freundinnen, sie erzählen alles, was in der Schule los war, und sie erzählt ihnen, daß sie heute morgen die erstbeste Nummer gewählt und von ihrem Beinbruch berichtet hat. Sie beschließen, in zwei Wochen, wenn der Gips abgenommen wird, gemeinsam die Nummer noch einmal zu wählen und zu erzählen, daß alles wieder gut ist. Sie schreiben unsere Telefonnummer sogar auf den Gips, zeichnen etwas dazu und unterschreiben, dann gehen die beiden Mädchen nach Hause. Jutka liest weiter in ihrem Buch – dem ernsthaftesten Buch ihres Lebens, das sie am Morgen auf einem Bein hüpfend vom Regal gezerrt hatte, und sie wundert sich, daß sie es tatsächlich versteht.

Das Buch ist kein anderes als eins meiner alten Lieblingsbücher, ›Schmerz in Stein‹, das Karel geschrieben hat, dessen Enkel Filip der diabolische PVO-Pianist ist. Jutka liest jetzt ›Schmerz in Stein‹ mit seinen erstickend engen Zeilen, seiner Unvollendetheit, seinen schönen Tyrannen, übervölkerten Städten, seinen Giften, Leichen und seinem auf die Nase geschlagenen einsamen Michelangelo. In den zwei Wochen liest sie es langsam durch, und am Ende möchte sie doch kein Borgia-Mädchen sein, weder Giftmischerin noch schön oder mutig. Sie findet es gut so, nicht ruchlos zu sein. Die jetzt folgenden beiden Wochen haben nichts mit ihren späteren Lieben zu tun. Nur mit den vormittäglichen Sonnenstrahlen, denn die kommen von nun an zwei Wochen lang jeden Tag ins Zimmer. Und sie wird von diesen sonnigen Vormittagen erzählen. Sie wird von ihnen in zehn Jahren erzählen, wird von ihnen in zwanzig Jahren erzählen, sie wird immer öfter davon erzählen und uns dabei bald weglassen.

Plötzlich fällt mir ein, daß ich mich für ein Kind entschieden habe.

Ich lege den Hörer auf, steige aus der Wanne und gehe weg.

Und ich ging und ging bis zum Nachmittag. Ich wußte von Stunde zu Stunde, wo der Zug nach Prag gerade war, wann aus der Ebene Bratislava auftaucht, um wieviel Uhr die Jungs die tschechische Grenze passieren, wo sie die erste richtige Ritterburg erblicken, wann sie durch die dichten mährischen Wälder fahren, wo Überführungen den Wildwechsel über die Eisenbahnschienen führen, wo die Wintersonne schmerzhaft in das Abteil scheint und ab welchem Bahnhof sich endgültig das Gefühl einstellt, daß wir nach Berlin reisen, daß Berlin das Zentrum ist, daß Berlin uns in sich hineinzieht, immer noch Berlin, und man schafft es nur knapp, in Prag auszusteigen.

Ich lief und lief, und die Melodie von Lili Marleen ging mir durch den Kopf, nun bereits den dritten Tag, Lili Marleen und meine Freunde, die weggingen und mich zurückließen, nur weil ich Verpflichtungen daheim habe und sie nicht, weil sie allein sind und es kaum erwarten können, endlich Verpflichtungen zu haben, ich ging und schmollte. Warum konnte die Geburt nicht früher losgehen? Warum mußte ich dabeisein? Ich war doch kein Vater. Man sollte mich einfach in Ruhe lassen.

Ich hatte noch irgend etwas Erhabenes im Kopf, womit ich, wäre ich gefragt worden, diesen unsagbaren Egoismus hätte übergießen können, aber es fragte niemand. Ich stand auf der Brücke und betrachtete die häßliche Donau, ich stand draußen am Anfang der Autobahn, wo die Autos, die Budapest verließen, beschleunigten, lange stand ich vor dem Kinoprogramm, erledigte eine Angelegenheit im Dekanat, zählte mein Geld, telefonierte dreimal nach Hause und wußte dabei, daß dieses sentimentale Herumirren mir jetzt erlaubt war, ich darf das jetzt alles tun, ich habe mich für ein Kind entschieden, ich läutere mich jetzt, ich verabschiede mich von meinem alten Leben. Ich trete den Dienst an.

Wenn das Kind zur Welt kommt, stellt sich die Epoche der *endgültigen Schönheit* ein. Wer bis dahin genug gespart hat, wird leicht glücklich, wer nicht, der hat noch eine Chance. Er sollte allein an einem sonnigen Tag spazierengehen und von allem Abschied nehmen wie ein Mann. Das wäre ich jetzt.

Da ich das wußte, nützte es auch nichts. Ich schmollte den ganzen Tag lang, und dabei hörte ich wieder und wieder Lili Marleen.

Ich kann nicht wie ein Mann verlieren. Für mich gibt es keine *endgültige Schönheit*. So wie auch kein König darin herrscht. Wie auch kein Schmerz im Stein eingeschlossen ist. Ich habe nur Lili Marleen im Kopf, und all das denke ich auch erst Jahre später.

Die Nachmittagssonne half mir. Sie blendete mich. Als ich in die Királystraße einbog, die in Richtung Westen geht. Ich fand mich der Sonne gegenüber, die mir in der Királystraße entgegenkam. Ich blinzelte, schnitt Grimassen, sah nichts. Irgend etwas kam mir entgegen. Menschliche Formen, menschliche Umrisse. Gegenstände. Zeugs. Sie wichen aus, sonst hätte ich sie überrannt. Ich war dort Auserwählter des Strahlens, allein. Und da, geblendet in diesem nachmittäglichen Sonnenschein, zur Melodie der Lili Marleen, dachte ich etwas so Abscheuliches über die anderen Menschen, daß ich nie wagen würde, es jemandem zu verraten.

Mylord

Ich lese aus dem Tanzlexikon, Mylord:

»*Cordonne* (Angstreigen) ist ein moderner Tanz mittelalterlichen Ursprungs. Sein Herkunftsort, die südfranzösische Provence, macht seinen mittelalterlichen Ursprung aber gleich wieder fragwürdig, da die Provence im Mittelalter dafür bekannt war, daß dort nichts ursprünglich war, aber alles, was dorthin gelangte, besser wurde.

Cordonne ist also ein Reigen provenzalischer Herkunft. Die Kordone, die ursprünglich Pestherde, Häuser oder ganze Städte umzingelten, bestanden laut zeitgenössischen Beschreibungen lange Zeit nur aus unbeweglichen, kreidebleichen Menschen mit zitterndem Kinn. Als aber die Pest auch in die Provence vordrang, bewegte sich eines Tages der Kordon, der die Stadt umzingelte. Vielleicht weil das eine Kettenglied sich zu nah an das andere Kettenglied gewagt hatte, das aus Angst vor Ansteckung beiseite sprang, was ihm sein Nachbar und wiederum dessen Nachbar aus dem gleichen Grund nachtat, bis der ganze Kordon in Bewegung geriet. Einer anderen Theorie zufolge siegte einfach die Heiterkeit der Provenzalen, vielleicht hatten die Mädchen gerade Essen und Wein für die Wächter des Kordons gebracht, und die begannen ihnen nachzujagen, bis der ganze Kordon schließlich im Kreis Fangen spielte. Lachend, aber dabei natürlich schaudernd vor der Pest, diszipliniert den ganzen Kreis hindurch.

Jedenfalls wurde der *cordonne* ein Tanz mit abstoßendem Charakter, und das blieb er auch lange, doch mit dem Abklingen der Pest vermehrten sich dann auch die aneinander geklammerten Figuren. Denken wir dabei noch an den ursprünglichen Reigencharakter, sehen wir leicht ein, daß es die Kombination dieser drei einander ausschließenden Elemente (Reigen- und abstoßender Charakter sowie Aneinanderklammern), den heutigen *cordonne* (Angstreigen), gar nicht mehr geben kann. Zuvor müßte man sich ihn vorstellen können, erst dann könnte man ihn wieder lernen. Der *cordonne* ist ausgestorben. Seine klassische Form kannten nicht einmal mehr die ältesten heute lebenden Menschen. Der *cordonne*, den sie gesehen haben mögen, war die schrecklich entstellte Variante des zwanzigsten Jahrhunderts (Angstkreis).«

Von hier an fahre ich fort, Mylord. Ich bin Tanzagent. Meine Ware ist der Tanz, der Tanz an sich, Mylord, und das Tanzlexikon, aus dem ich diesen Abschnitt vorgelesen habe, gibt es sowieso umsonst zu meiner Ware. Ich verrate Ihnen auch, daß Sie es nicht bereuen werden, wenn Sie ein paar meiner Tänze auswählen! Wählen Sie nur ruhig! Wählen Sie irgendeinen, nur nicht den *cordonne*! Heute nicht! Heute freuen wir uns, heute will ich Sie vom *cordonne* abschrecken. Denn Sie sollen nicht erfahren, Mylord, was Sie auf dem letzten Ball Ihres Lebens tanzen werden.

Der *cordonne* ist der Schritt der Details zum Ganzen.

Der Schritt der Menschen zu Sätzen.

Der Schritt der Sätze zu Beispielen.

Tanz.

Ich ergänze das Tanzlexikon. Ich nenne Beispiele, Sie werden sie erkennen.

Unser erstes Beispiel: die Kater im Innenhof. Es ist Paarungszeit, da vermehren sich die Kater auf wundersame Weise. Es entfallen fünf auf jedes Katzenweibchen. Wenn Sie jetzt auf den Innenhof hinabschauen, können Sie sie sehen: da ist einer, da einer, und da (ja, vielleicht ist dieser halbe Kalksack auch einer). Es sind also vier Kater da. Sie beobachten einander grimmig. Sie fauchen, ducken sich, ihre Schwänze schlagen wild hin und her. Status quo. Sie kleben mit roher Katzenkraft am Boden. Jetzt springt plötzlich der fünfte aus dem Kellerfenster hervor. Das Ende der Situation. Die ganze Mannschaft gerät in Bewegung. Langgestreckt jagen sie einander. Ihr Tempo ist überwältigend. Da hinkt die Sprache hinterher, die das erzählt. Die fünf Katzen sind jetzt ein einziger grauer Streifen! Der Streifen erstreckt sich für einen Augenblick über den ganzen zwanzig Meter breiten Hof – und noch im gleichen Moment schlagen sie wie die Geschosse eines Maschinengewehrs in einem anderen Kellerfenster ein. Das ist der *cordonne.*

Der graue Streifen der Katzen ist nur ein zwanzig Meter langer Abschnitt des Angstreigens. Dieser Kreis umschließt ein Gebiet von gut zwanzig Kilometern, berührt Straßen, den

Park, den Sportplatz, Wohnungen, Gräber. Und in ihm tanzen nicht nur Kater, ganz und gar nicht! Schauen wir uns doch einen anderen Abschnitt unseres Angstreigens an, wer und was sich da bewegt! Wir sind an der stillen, langgestreckten Biegung eines Fußwegs fünf Kilometer entfernt von hier, irgendwo in Budaörs. Es ist früh am Abend, aber bereits vollständig dunkel. Die Laternen in der Gegend sind seit Wochen außer Betrieb. Alles ist ausgestorben. Es könnte auch Mitternacht sein. In der Nähe miaut eine Katze, es ist schaurig. Ein sechzehnjähriger Junge kommt mit Riesenschritten von der Tanzstunde nach Hause. Vor zwei Jahren hätte er sich noch vor der Dunkelheit gefürchtet, aber jetzt nicht mehr. Er fühlt sich wohl in der Dunkelheit, weil man da seine erniedrigende Unreife nicht sieht. Auch jetzt kommt er aus der Schande, und daheim wird er über die Tanzstunde ausgefragt. *Hast du jemanden nach Hause begleitet?* Es sind nur fünf Minuten vom Bus bis nach Hause. Wenn es doch nur hundert wären. *Ich? Das fehlt gerade noch!* Die Katze jammert schon wieder. *Schon gut, ich hab ja nur gefragt. Ich will dich doch nicht nach deinen Geheimnissen ausfragen.* Wieder Stille, nur seine Schritte hallen. Plötzlich hört er, daß ihn jemand einholt. Leise, kleine, eilige Schritte holen ihn ein und laufen ihm dann mit zwei Schritten Abstand hinterher. Er hört, daß es ein Kind ist, er hört weinerliches Kinderkeuchen und das hüpfende Klappern eines Ranzens. Jemand, der noch nicht alleine im Dunkeln nach Hause gehen dürfte, geht alleine im Dunkeln nach Hause. Das war vor einer Woche so und vor zwei Wochen ebenso. Das Kind folgte ihm unmittelbar bis zur letzten Ecke. Der Junge wagt es auch jetzt nicht, sich umzudrehen, er wagt es auch jetzt nicht, den verschreckten kleinen Begleiter anzusprechen, er wagt es nicht einmal, langsamer zu gehen, denn das würde den anderen erst recht erschrecken. Er geht und geht also mit seinen gesunden, verlegenen Schritten, und hinter ihm auf seinen kurzen Beinen der seelische Schwarzfahrer, der andere. Mylord, Sie sind der Halbwüchsige in dem Angstreigen, vor siebzehn Jahren. Das ist der *cordonne.*

Unser zweiter Angstreigen ist ein richtig großer Kreis. Sein Durchmesser beträgt dreitausend Kilometer. Ihre Großmutter eilt in den dunklen Morgenstunden die Straße in Böszörmény entlang. Sie ist noch eine junge Frau. Sie zerrt ihr schlafendes Töchterchen an der Hand hinter sich her. Sie gehen zur Sechs-Uhr-Messe. Die läßt die Großmutter für den Großvater lesen. Der Großvater ist an der russischen Front und hat schon lange nicht mehr geschrieben. Natürlich wissen sie alle nicht, daß sie an einem Reigen teilnehmen, und an was für einem! Irgendwo auf dem norwegischen Meer ist eine Kriegsmaterial-Lieferung aus dem Hafen von Glasgow in den Hafen von Murmansk unterwegs. Verdunkelte Lastschiffe in einer langen Reihe, mit den Lieferungen der Alliierten an die Sowjetunion in ihren Bäuchen. Von verdunkelten, ja dunklen Kräften beschützt, von Patrouillen, U-Booten, einer moralischen Überlegenheit. Auf ihren Kontrapunkt, die Straße in Böszörmény, zurückblickend, öffnet sich dort ein Tor nach dem anderen, und vermummte alte Frauen machen sich auf den Weg zur Messe. Es wird erst um halb sieben hell. Das ist der *cordonne.*

Ein drittes Beispiel haben wir nicht, Mylord. Seitdem wir drei sind, lieben Sie nur noch Ihre Tochter, mich vernachlässigen Sie. Meinen Ring tragen Sie nicht, meine Hand lassen Sie los, Sie behandeln mich wie ein Pestkranker einen Nichtpestkranken. Auch meine Vergangenheit trägt bedrückende Flekken, auch mein Urgroßvater wurde umgebracht, und auch ich war schüchtern und halbwüchsig. Nur weil sie ein Mädchen ist, ist sie doch nicht besser und nicht schöner. Mylord, Mutti kommt heute abend vorbei, Sie haben unseren Hochzeitstag vergessen. Befreien Sie sich heute vom *cordonne*. Ich bitte Sie, ich bitte Sie sehr, gehen Sie heute mit mir tanzen!

Lajos Parti Nagy

Eine Seite

Der Eigentümer dieses zerknitterten, bärtigen Gesichtes wurde 1953 geboren, seine Vorfahren väterlicherseits sind ungarische Bauern aus dem östlichen Grenzland, von der mütterlichen Seite sind es schwäbische Ansiedler, Donauschiffer. Obgenannter hatte in einem Dorf namens Tolna von ihnen Ungarisch gelernt und hatte höchstwahrscheinlich die Namen der Städte Braila, Belgrad, Regensburg oder Passau früher gehört als zum Beispiel den von Debrecen. Die Welt erstreckte sich entlang der Donau und sie tut das auch heute noch, ist für ihn doch die Kultur, der Raum, in dem er zu Hause ist, der sehr wohl zu einem Mitteleuropa ausdehnbare Landstrich entlang der Donau.

Dessenungeachtet oder mitsamt alldem wurde er in Pécs, das nicht an der Donau liegt, zum Erwachsenen und zum freiberuflichen Schriftsteller.

Er lebt seit 1987 in Budapest, bis zum Ende der achtziger Jahre hat er nur Lyrik geschrieben, danach auch Prosa und Dramen. Er liebt seine Arbeit, die Werkstatt, dieses quälerische, minuziöse Mißvergnügen, mit dem er arbeitet. Er ist zugleich Uhrmacher und Kohlenträger, er meint, ein Schriftsteller wäre so etwas Ähnliches. Acht seiner Bücher sind erschienen, seit Jahren werden seine Theaterstücke gespielt, er hat eine Menge Auszeichnungen erhalten, die Kritik und auch das Publikum erweist ihm Vertrauen, ja, vielleicht auch Zuneigung. Seine äußere Laufbahn kann also ebenmäßig genannt werden, die innere aber, holla, die ist eine chaotische Geisterbahn, ein entrücktes, blutiges Jodeln im Vergnügungspark des Todes. Er ist innerhalb der Schriftstellerei im Grunde genommen ein Dichter, was von hier aus betrachtet nichts anderes bedeutet als ein besonderes Verhältnis zur Sprache, nicht etwa, daß er mancherlei Geschichten mit Hilfe der Sprache formuliert, vielmehr diese formiert, verdirbt, verführt, bis Geschichten daraus werden. Wer also hinter dem Foto und hinter den vermehrbaren, doch überflüssigen Daten steckt, das ist hoffentlich im »Werk« aufzufinden, vielleicht gar nicht in einem konkreten Stück, sondern im ganzen, in der Sprache, die er benutzt, genauer: *wie* er sie benutzt. In der Art und Weise, das heißt, in seinem Verhältnis zur Sprache und durch diese in seinem Verhältnis zur Welt. Worum es geht: es geht um Mitteleuropa, um Ungarn. Um diese Welt, in der das Groteske wie auch das Absurde eine Wirklichkeit aus Fleisch und Blut ist, und wenn es postmodern heißt, dies zur Wirklichkeit der Sprache zu machen, dann ist der Genannte ein Postmoderner.

Um aber nicht gar so kantig abzuschließen: sollte ich mit einigen, nicht unbedingt zusammenhängenden Begriffen umschreiben, was den Eigentümer meines Gesichtes ausmacht, so wählte ich die Ironie, die Sympathie und das Spiel mit dem Einreißen und Aufbauen der Sprache. Und wählte Artistik und Vulgarität, zugleich und ineinander verwoben. Wenn ich allerdings das alles – den Betreffenden als Medium? – genau beschreiben könnte, dann müßte ich ihn nicht fortwährend *um*schreiben. Glücklicherweise sollte ich ihn umschreiben. Und zum Glück nicht in einem Lebenslauf.

Bumsti Gene

Es saßen drei Obdachlose auf dem Freiheitsplatz in Budapest, ihr Blick hing am TV. Am TV-Gebäude. Vielleicht war an allem der Schnee schuld gewesen, der erste Schnee, der wie eine Malerkolonne, mit entschlossenen Mienen, seit den Morgenstunden in Budapest am Werk gewesen war. Oder die Gene, die in der Luft herumschwirren, die vielen bumsti Gene – wie es Tauberich sagte, als ich heute morgen mein Fenster öffnete –, weil denen Genen ist nix verboten.

Tauberich ist solariumbraun wie die Schnitter, er ist eben mit seiner Frau Gemahlin zur Erholung auf den Bahamas gewesen. Er ißt Zigeunerspieß, das schmeckt ihm kalt, und unter seine beiden Flügel hat er sich chirurgisch je ein Mobiltelefon implantieren lassen, er ist wahrlich wohlinformiert, kein Zweifel. Er gibt so manche Details der gestrigen Geschehnisse zum besten, nicht als hätte ich es nicht schon zur Genüge gehört, daß das Phänomen zunächst um 9.30 Uhr von der Zugführerin Henriette Kiss wahrgenommen worden war, zudem habe ich es auch selbst gesehen. Ich sehe die Polizisten mit ihren MPs jeden Tag an der Ecke der US-Botschaft, wie sie die weißen Kaffeebecher vor den Mund halten, den Kaffee anblasen und herumstapfen. Das junge Ding blickte diesmal aus rein privaten Gründen in den Spiegel. Ihr Gesicht sah schon viel besser aus, nicht mehr so aufgedunsen, nur die Augen waren noch blutunterlaufen, diese wohltuende Beobachtung aber miniaturisierte sich angesichts des sich ihr bietenden Anblickes buchstäblich ins Zwergenhafte. Ohne ihre Kameraden durch Zuruf zu informieren, machte sie im physikalischen Sinne eine Kehrtwendung, klopfte sich eine Zigarette aus der Packung, erst die vierte heute, und rieb sich verstohlen die Augen, doch war auch das vergeblich.

Schließlich fragte sie flüsternd ihre zwei schweigenden Kollegen, ob sie dort drüben keine besonderen Vorkommnisse beobachtet hätten. Die beiden klammerten sich an ihren ausgekühlten Kaffee, und ihr offener Mund verriet alles. Doch, Himmelarsch, sie sehen's auch, nur dachten sie bisher, daß ... daß sie nicht recht sehen, daß ihnen die Augen vor lauter Schnee flimmern. Demnach also tun selbige nicht flimmern, und es gibt Probleme.

Sie repetierten die Maschinenpistolen und nahmen eine kniende Haltung ein, wie sie es gelernt hatten. Es könnt noch sein, daß das so Werbe-Dings sind, sagte der eine. Beispielsweise ein Heißluftballon, der wird großformatig aufgeblasen, und dann trinkt er Nescafé oder was. Eine Instant-Suppe. Das hätt man melden müssen, weil das wär eine Flugtätigkeit, sagte der andere. Die Knie froren ihnen, zudem waren sie ganz und gar lächerlich am stillen Vormittag, im rieselnden Schnee. Insbesondere da jene dort, abgesehen vom besonderen Vorkommnis, ruhig auf der Bank dasaßen, vor dem Sowjetdenkmal.

Eine kurze Weile wurden Probleme des Sprachgebrauchs erörtert. Was denn das eigentlich sei, was man da sehe. Und mit welchen Worten dies amtlich zu beschreiben wäre. Dann erhielt die Entdeckerin, Henrietta Kiss, den Befehl, mit der Funkstelle Kontakt aufzunehmen. Nichtseßhafte, meldete sie, drei Stück nichtseßhafte Bürger. Na und, Schatzi, sagte eine nervöse, seifige Stimme, na und? Es ist nur, ich melde, sie sind so groß wie das Botschaftsgebäude, ungefähr, oder wie die Nationalbank. Im Sitzen, mindestens. Ja, im Sitzen, glauben Sie mir, da ist eine große Parkbank, das heißt, die ist gewachsen, die ist ihnen voll gleich, größenmäßig ... Sie hätte es noch weiter ausgeführt, doch wurde Henrietta Kiss bald von der Funkstelle unterbrochen, der Diensthabende wollte mit einem gewissen Ludwig sprechen. Ihr habt sie wieder trinken lassen, heulte die Stimme am Ohr des blassen Polizisten. Ich melde, wir haben sie gar nicht trinken lassen, und diese Dings sind wirklich hier, sagte der Polizist, und wir ersuchen um einen Befehl oder um Maßnahmen, aber am besten wär die Alarmabteilung, wenn die ausfahren könnten. Daraufhin sagte die Funkstelle etwas überaus Garstiges und unterbrach die Verbindung. Wobei es doch ein so schönes, weiches winterliches Wort ist, »Alarmabteilung«, wie »Maronirösterei« oder »Unschlittschmelzerin«. Wie Schlittenglöckchen.

Wir sind b'soffn, sagen's drin, teilte Ludwig der Gewisse trocken mit und erhob sich. Aber das habn's net g'sagt, die Scheißer, welche Maßnahmen ergriffen gehörten. Eine Identitätsfeststellung, zum Beispiel. Oder wem seine Kompetenz das ist.

In den Fenstern der Botschaft waren attraktive Männer mit intelligenten Gesichtern zu sehen, Blitzlichter blitzten, handflächengroße Kameras surrten. Goldfarbene Frauen setzten braune, rote und gelbe Kinder von innen auf die Fensterbretter, dann verschwanden sie alle, wie auf Kommando, und alle Jalousien wurden innen heruntergelassen.

In den Nebenstraßen heulten die Martinshörner auf, jene drei blickten auf, sie waren aber nicht besonders überrascht. Sie zogen ihren Plastikkanister näher heran, der eine, der jüngere Mann fuchtelte herum, vielleicht in Richtung des Parlamentes, vielleicht in die des Martinshornes, dann blieben sie im Schneefall sitzen und rauchten eine Zigarette an. Es schien, als machten sie etwas aus, was das aber war, war nicht zu hören, obwohl Stille über dem Freiheitsplatz lag. Es herrschte eine tiefe Stille, und dicker Zigarettenqualm schwebte über dem Platz. Brutaler Gestank, sagte Taub, er habe fast seine Lungen dort beim Überflug herausgehustet oder was.

Tja, so hatte es begonnen, am Nachmittag hefteten sich dann die Augen der zivilisierten Welt auf Ungarn, die Fernsehgesellschaften bemächtigten sich der Hausdächer und der Botschaftsfenster, der Innenminister kam mit zahlreichem

Gefolge am Ort des Geschehens an. Ihm wurde gemeldet, es hätten sich außer dem Vorkommnis keine besonderen Vorkommnisse ereignet, es wäre zu einem kleineren Schadensfall gekommen, als der vorgehende Beamte, bereits nach dem Absperren des Platzes, die Personenüberprüfung vorgenommen habe, dabei seien die Personaldokumente irgendwie heruntergefallen und hätten an einem Toyota, zum Glück keinem der Botschaft, einen argen Blechschaden verursacht.

Daß man verhandeln müsse und daß die betreffenden Bürger friedlich, aber um jeden Preis vom ominösen Platz zu entfernen seien, das war der einhellige Wunsch des ungarischen Ministerpräsidenten und des Präsidenten Clinton. Ersteren erreichte die Nachricht auf dem Lande, letzteren in Washington, und nur ihr Durchblick und ihre Umsicht war größer als ihre Verblüffung.

Ich weiß es von Tauberich, daß die Stimme der gegenständlichen Personen gewisse Probleme beziehungsweise Verwunderung verursachte. Alles an ihnen sei nämlich gewachsen, ihr Körper mitsamt den Kleidern, ihr Wein in der Plastikkanne, selbst die Bank, auf der sie saßen, nur ihre Stimme, die sei leider so schwach geblieben, so belanglos wie die eines Menschen, obwohl ihnen, Tauberich und seiner Familie, die ins Mächtige angewachsene Stimme irrsinnig wichtig gewesen wäre, und daß er ein Vermögen bezahlt habe, na ja, egal, noch gut, daß sich die Unzulänglichkeit beizeiten herausgestellt habe … Hier verstummte Tauberich und grinste hämisch über meine unverständige Miene, ich würde es schon verstehen, nur keine Angst. So ich noch hier wohnte, dann.

Als der Korb des Kranwagens hochgehoben wurde, konnte man den Schnee flockenweise fallen hören. Was in drei Teufels Namen haben Sie zu sich genommen, daß Sie derartig gewachsen sind, fragte der Militärpsychologe, ein Oberleutnant, im netten Plauderton. Na ja, Kekse und Gratissemmel von denen Maltesern. Und den geschenkten Wein, sagten die

Angesprochenen stockend. Und wer ihnen den geschenkt hätte, fragte der Oberleutnant. Das wüßten sie nicht, sagten sie, vier Dings hätten ihn am Morgen gebracht, vier so Tauben, dem Anschein nach, zumindest. Sie hätten diese Bomberjacken angehabt, hätten aber nicht geschlägert, sondern den Wein hergegeben, geschenkt und für nix. Ein Plastikkannenwein, aber echt süß. Davon haben sie konsumiert, schluckzessive, bis sie auf einmal so groß waren. Oder es ist das Land eingegangen. Is' aber eh wurscht, das ist nur das Delirium, das geht vorbei. Ob sie aufstehen können, fragte sie der Fachmann. Die Hilde kann, meinten sie, und eine der Gestalten, die Frau, erhob sich recht mühevoll. Es war ein angespannter Moment, die Haut am Jochbein der Scharfschützen, in Deckung auf den Dächern, spannte sich, Präsident Clinton hielt im Oval Office die Luft an, aber es passierte nichts. Die angeheiterte Frau mittleren Alters bekam Schluckauf. Sie war ungefähr so groß wie das Gebäude der Nationalbank, aber sie war mager. Sie machte zwei Schritte nach links, zwei nach rechts, warf den Reportern Kußhändchen zu, dann plumpste sie wieder auf die Bank zurück. Sie lachten mit betrunkenen Fistelstimmen und griffen nach dem Plastikkanister, sie hatten zur Bedingung gemacht, daß die Kanne bei ihnen bliebe, ansonsten gebe es keine Verhandlungen und keinen Frieden.

Um drei Uhr herum teilte einer der Männer mit, daß er mal müsse, entweder rufe man ihm einen Genetiker herbei oder man lasse ihn hinter dem TV-Gebäude austreten. Na, das wär ja noch schöner, schnaubten die zuständigen Stellen, die die Vorgänge per Funk verfolgten. Noch ein Glück, murmelte einer von ihnen, daß er nicht auf den Kossuth-Platz will, und schon beim Gedanken daran geriet er ins Schwitzen. Der Hubschrauber des Ministerpräsidenten landete, nach einer kurzen Besprechung nahm er Abstand von seinem Vorhaben, unter Zuhilfenahme des Kranwagens und eines Helmes, Gefahr hin, Gefahr her, den großgewachsenen Bürgern die Hände zu schütteln. Der Krisenstab hatte bis Einbruch der Dämmerung unter Einbeziehung von amerikanischen Fachleuten einen konkreten Plan ausgearbeitet, und unter Mitwirkung des Heerespsychologen hatten sich die Leute nach einigen Debatten bereit erklärt, unter Polizeischutz schön langsam und kommod, vor die Füße schauend, gemessenen Schrittes in das Népstadion zu wandeln.

»Dort wird sich alles Weitere finden, meine Freunde.«

Das schien die beste Idee zu sein, das Népstadion, von wo sie eigentlich nicht fort können und wo sie bewacht werden können, mit Wasser- und Scheinwerfern, sagte ein nicht genannt werden wollender Sachverständiger zu Tauberich. Und er verriet auch noch, daß gewisse Firmen für eine spätere Werbetätigkeit die Kosten hierfür zu übernehmen wünschten.

Die Abenddämmerung zog auf, und jedem vernunftbegabten Menschen war klar, daß gehandelt werden mußte, bevor sich die drei endgültig zugesoffen hatten, sagte Tauberich, also wurden sie dazu gebracht aufzustehen, sie marschierten auch brav los, nur die Hilde wollte beim Ostbahnhof partout mit dem Zug fahren, doch konnte sie davon abgebracht werden, sie waren vom Aufheben, das um sie gemacht wurde, ziemlich verschüchtert und trotteten schweigend im nachlassenden Schneefall dahin, ihre opalisierenden Nylonsäcke und der Kanister wurden ihnen von vier Lastwagen nachgebracht. Eines wollten sie aber, bitte schön, haben, ein Martinshorn, wie im Derrick.

Tauberich verriet es mir heute morgen auf dem Dach, dicht an mein Ohr geneigt, daß dieser bewußte »Wein« zunächst nur zum Testen gedacht war, da waren noch nicht alle Komponenten drinnen, der binde noch nicht richtig, er werde innerhalb von 24 Stunden mit der Atemluft ausgeschieden, und dann müsse der Organismus entweder neu aufgeladen werden, oder man müsse die Blamage auf sich nehmen, bitte sehr, und man bleibe bis an sein Lebensende eine beschissene Taube von Galoschengröße, nichts anderes, mein Herr, gar nichts anderes, und er, Tauberich, wäre schön blöd, das auf sich zu nehmen. Dieser Fall sei ihm gerade recht gewesen, er hätte den Wirkungsmechanismus und die Fehler gesehen, und der Tag werde kommen und ich würde überrascht sein, wobei es keinen derartigen Radau und keinen Elefantenzirkus geben werde wie bei diesen Elenden, das werde es bei ihm und seinen Leuten nicht geben, soviel sei einmal sicher.

Sondern ein leises Wachstum und dann das Zupacken, Tauberich sah mir dabei tief in die Augen, nicht wie diese Trottel, mein Freund, die hätten alles haben können und wollten nur einen Genetiker und ein Pissoir. Übrigens, sagte er, sei er vor einer halben Stunde dort gewesen, beim Népstadion, und ganz klar, daß der Riesenwuchs bis zum Morgen vergangen war. Eingegangen, wie Socken in der Kochwäsche. Wie gewonnen, so zerronnen, die Betreffenden glotzten sich jetzt verkatert an, sie kriegten die Polizeibereitschaft und die reifüberzuckerten Funkstreifenwagen nicht mit. Sie hockten da an der Mittellinie, eng aneinandergerückt und seien so groß wie jeder andere.

Ein Stück Tremblay-Torte

Ja, Scheissi, sagt die voluminöse Frau mit den Goldzähnen zum Konditor, der vorhat, seinen Laden dichtzumachen, ja, Scheissi, Sie müssen sich halt auf Hochzeitstorten spezialisieren, Hochzeiten gibt's wie Sand am Meer, man hört's ja Samstag nachmittags, wie sie die ganze Andrássystraße vollhupen, sie gehen auf, voller Glückseligkeit, wie die Rose von Jericho, und ohne Torte ist das Ganze nichts, das können Sie mir glauben.

Ich sag Ihnen, die Torte von meiner Tochter, die war einfach zu groß für das Kabelfernsehen. Die sind herausgekommen und haben die Torte nur angeschaut, dann haben sie gesagt, das geht nicht. Wir sollen etwas davon abschneiden. Ja bist denn du noch zu retten, vor der Hochzeit? Da schneid ich mir lieber den Arm ab, du Dillo! Also haben wir nur das auf Video genommen, wie der LKW mit der Torte vom Heldenplatz her anrollt. Ein Zuckerbäcker-Tischler in Rákosmihály hat die Torte gemacht, koste es, was es wolle! Es hat sehr viel gekostet, Scheissi.

Weil das hab ich meinem Mann gleich gesagt, egal wie beschissen unser Leben ist, aber die Hortensia soll eine so große Hochzeitstorte haben wie der Papst oder was, wenn sie heiratet. Wir selbst haben ja einen Dreck gehabt, nicht einmal ein winziges Törtchen, weil wir uns haben beeilen müssen, so pressant war's bei mir schon, also ich sag, fürs Mädel: alles. Die soll's besser haben als ihre arme Mutter. Mein Mann, dieser Halunke, hat mich ja so schwer geheiratet. Wenn ich keine zwei Brüder gehabt hätte, die sich mit ihm ein bißchen unterhalten haben, dann hätt er mich überhaupt nicht geehelicht. Auch so hat er geschaut, als hätte er eine Kröte verschluckt. Dabei war ich um nichts geringer als die Hortensia Ambipour.

Ja, sie hat einen Doppelnamen, den einen Namen habe ich ihr gegeben, den zweiten mein Mann, weil mein Bruder ihn im Spital darauf angeredet hat, er möcht etwas sagen, sonst schiebt er ihm die ganze Orchidee in die Gurgel. Da hat er dann Ambipour gesagt.

Es ist dann eh nichts gewesen, weiter, er war nicht besser und nicht schlechter, er war halt wie jeder andere Mann in der Wirklichkeit.

Und ich habe ihm gesagt, paß auf, Andor Csécsi, wenn unser kleiner Schwiegersohn schon einmal so eine schöne Hochzeitsreise gewonnen hat, dann tun wir auch unsere Pflicht und Schuldigkeit und lassen eine Torte machen, die wird genausoviel kosten wie die Hochzeitsreise. Auf die Kanarischen Inseln. Weil er beim Fernsehen gewonnen hat, beim Quiz, der Bub ist ja recht intelligent. Das Quiz hat geheißen: Köpfchen, Köpfchen, sie haben um die Wette rennen müssen, bis zum Knie in Cola-Deckeln, und dabei hat ihnen die Cola-Kiste nicht vom Kopf fallen dürfen. Bei dem Quiz hat er eine richtige Hochzeitsreise gewonnen, so haben wir halt die Hochzeit vorverlegt. Es war immerhin nicht, weil er ihr ein Kind gemacht hat, sondern weil er gewonnen hat, beim Quiz. Und das ist nicht wurscht, Scheissi. Sie sind direkt von der Hochzeitstafel hinausgefahren worden zum Flugplatz, zur Kanari-Linie, mit dem Fiaker, so haben sie es sich gewünscht. Gleich von Törökbálint weg. Der Fiaker vorne, dann die sechs Mercedes, mit den Musikern und dem Gepäck. Sie fuhren wie ein Pfeil durch die Morgendämmerung, im September.

Und wie sie von der Hochzeitsreise nach Hause gekommen sind, ganz braungebrannt, da sagt mir die Tochter, geh Mutti, wir täten's eh nur essen, da hast die oberste Etasch von der Hochzeitstorte. Nimm sie als Angedenken an unsere Flitterwochen! 's war gerade das Stück, wo die Figuren sind. Sie verstehen das ganz genau, Sie wissen, wo die Seele so einer Torte ist, auch wenn Sie den Laden dichtmachen wollen. Also, ich hab mich hinsetzen müssen, so glücklich war ich.

Weil nämlich diese Torte keine Fabrikware ist, kein Big-Mäck-Klump, die ist Spitze von unten bis oben. Aber die oberste Etage, die ist exklusiv spitzen-super! Eine lange, hellrote Treppe geht hinauf zum Altar, die süßen kleinen Stufen sind direkt zum Fressen, und das kleine Geländer auch, der Kokosläufer ist ausgerollt, klar, und oben stehen Braut und

Bräutigam, freilich nicht in Lebensgröße, eher wie so kleinere Zwerge, sie halten sich bei der Hand, vor dem Altar, und der Pfarrer ist auch da, in voller Montur, er tut sie gerade segnen.

Und keine Rede von Hysterie und Hudeln, und ob das Fruchtwasser abgeht, und der Bräutigam flüstert ihr nicht zu, sogar noch in der Kirchentür, sag nein, fette Sau, sonst setzt's was. Nein, Scheissi, die stehen ganz verliebt da, Marzipan in Superqualität, und erblinden soll ich auf der Stelle, wenn sie zu dritt keine fünf Kilo schwer sind. Und das ist nur die oberste, die kleinste Etage. Und auch die darunter war zum Essen, komplett, und jeder Gast von den dreihundert kann es beschwören, niemandem ist schlecht geworden von der Creme oder so was.

Wir haben extra für die Torte einen Klavierhocker machen lassen, und das eine können Sie mir glauben, den Hintern gibt es nicht, der da herunterhängen tät', da war also die Torte darauf, und wie wir hereinkommen, nimmt der Schwager die Fernbedienung und läßt das Ganze rotieren, also das war wunderschön, ich hab den ganzen Abend lang hinschauen müssen.

Und wie das junge Paar mit dem Tortenmesser kommt und die Torte anschneiden will, gibt es einen Pieps, und die Torte spielt den Hochzeitsmarsch, aber nachher hat der kleine Walkman in der Torte seinen Geist aufgegeben, trotzdem daß er ein Vermögen gekostet hat, wegen der Photozelle.

Ein Vermögen, Herr Rigó!

Na klar, sechs Etagen voll lebensecht, und zwei davon waren zum Essen, wie gesagt, nur der Rest war Dekoration. Aber glauben Sie, daß da ein Unterschied zu sehen war? Mitnichten! Na, sag ich zu meinem Mann, jetzt sag mir, Alter, was ist aus Plastik und was aus Marzipan? Er hat's nicht gewußt. Nur getrunken hat er, zweimal hat ihn der Arzt speien lassen müssen. Alles Plastik, hat er nur gelallt, alles Plastik!

Na, und das Mädel hat uns diese ganze Szene in der Kirche geschenkt. Stellt es unter Glas, hat's gesagt, und von Zeit zu Zeit laßt ein bißchen Luft hinein, sonst fangen sie an zu schimmeln. Also habe ich ihnen so ein Glaskasterl machen lassen, wie im Friedhof, mit Lüftung, und ich habe auch noch diesen Zuckerbäcker, den Tremblay gefragt, was so ein Marzipan aushält. Alles, hat er gesagt, alles, nur keine Motten und keine Mäuse.

Und freilich auch kein Naschen, nicht wahr, also muß ich mich ziemlich zurückhalten, aber es passiert schon, daß mir so ein Stückerl vom Geländer hinunterrutscht, leider, nur ist es halt so schön, wenn ich dort stehe in der kleinen Krypta und nasche und weine, Scheissi, und an die Jugend denke, die die Treppen hinaufmarschiert und keine Thrombosen kennt.

Péter Nádas

Hülle

Die Behauptung, ich hätte eine atheistische Erziehung erhalten, wäre sicher sehr irreführend.

Gott existierte einfach nicht.

Ich weiß nicht, ob sich das in Stoßgebeten und Flüchen angewandte Wort auf bestimmte Gefühle bei mir bezieht.

Ich hatte und habe gewisse Gefühle, über die ich vorläufig nur mit Schweigen authentisch sprechen kann.

Es mußte nämlich sehr viel geschehen, bis sich diese Gefühle zu einem Erlebnis verdichteten, das beim Namen genannt werden konnte.

Und es mußte sehr viel geschehen, bis diese Erlebnisse sich von der Unsicherheit des Ausgestoßenen in heimische Gewißheit verwandelten.

Heute weiß ich bereits, daß diese Gewißheit ein Geschenk ist, das ich bei meiner Geburt als Zugabe bekommen habe.

Darüber kann ich nur glaubwürdig schweigen, wenn es mir gelingt, das Ereignis zu formulieren, durch das ich zur Wahrnehmung desselben gelangte.

Das Ereignis ist die Hülle, und Gott sitzt darin.

Heute, da ich diese Zeilen schreibe, bin ich fünfunddreißig Jahre alt geworden.

Doch nach welcher Rechnung kann ich denken, ich sei heute an der Hälfte meines Lebens angelangt?

Wie die Hälfte von etwas bestimmen, wovon ich das Ganze nicht kennen kann?

Was ich also von diesem Ereignis auch in Worte fassen kann, es wird in meiner Geschichte immer nur als Hiatus seiner selbst da sein.

Ich kann nur Einzelheiten spüren.

Doch der spürbare Hiatus ist auch existent.

Darüber spreche ich.

Heute, da ich diese Zeilen erneut lese, bin ich bereits siebenundfünfzig Jahre alt.

Die Eindeutigkeit des Glaubensbekenntnisses würde mich auch heute um die Gewißheit des Hiatus bringen.

Vertauschte Fürsten

Es wird erzählt, daß vor noch gar nicht langer Zeit zwei weithin bekannte Provinzfürsten in unserer Gegend lebten, die in Wirklichkeit vertauscht worden waren, so daß jeder das Leben des anderen leben mußte. Jemand, der Augen im Kopf hat, hätte sofort sehen können, daß da etwas nicht stimmte, aber wer hat schon Augen zu sehen? Niemand. Die Menschen sind meist wie Rinder. Sie sehen sich selbst noch nicht einmal dann, wenn sie in einen Spiegel schauen, geschweige denn, daß sie einen anderen sehen. Und sie sagen auch nicht, was sie aufgrund ihrer eigenen Erfahrung sagen müßten, sondern wiederholen lieber, was sie von anderen gehört haben.

Jedenfalls wird erzählt, daß diese Provinzfürsten in ein und derselben Nacht, in ein und derselben Minute ein und derselben Stunde, in ein und derselben schmuddeligen Geburtsklinik ein und desselben verstaubten Provinznests auf diese, gemessen an ihren Möglichkeiten durchaus schönste aller Welten gekommen waren. Wie sich ihr Schicksal später auch immer gestalten sollte, in dem Augenblick, als sie zur Welt kamen, waren sie Bälger wie alle anderen auch. Klein, abstoßend, rot, runzlig und so süß und niedlich, daß man sie am liebsten aufgefressen hätte. Was auch wieder nicht geht. Weil man zumindest in unseren Breiten nicht Dinge tut, die das Gesetz verbietet. Man vierteilt den anderen lieber erst dann, wenn er erwachsen ist, man wartet's ab und schlachtet einander dann im Einklang mit dem Gesetz, statt diese süßen, herzigen Säuglinge aufzufressen.

Doch kurz und gut, in dieser Geburtsklinik arbeitete eine schon ziemlich betagte Amme. Diese Alte schleppte schon ihr eigenes Gewicht nur mit Müh und Not auf ihren über und über mit sich schlängelnden Krampfadern verzierten Stampfern daher. Wäre sie nicht ein eher stilles und bescheidenes Weib gewesen, dann hätte sie dagegen mit ihren Brüsten prahlen können, denn die waren so riesengroß, wie die Welt es noch nicht gesehen hatte. Während sie einen Säugling badete, konnte sie ohne weiteres drei andere auf den mächtigen Erhebungen absetzen, damit sie endlich aufhörten zu weinen und lieber ein bißchen miteinander spielten oder still vor sich hin nuckelten. Aber so war die Amme nun einmal, wozu hätte sie sich brüsten sollen. Außerdem war sie im Lauf der Zeiten so ziemlich blind geworden. Ihre Brille hatte sie in einem früheren Krieg verloren; auf welcher Seite wußte sie selbst nicht mehr. Bei ihrer Arbeit aber hätte sie die Brille gebraucht, denn nun konnte sie nur noch am Geruch erkennen, welcher Säugling zu welcher Mutter gehörte. Und eben daraus entstand das Unglück. Denn das Unglück entsteht nicht dadurch, daß wir einen Fehler machen, sondern wenn wir merken, daß wir einen Fehler gemacht haben. Wenn ihr Menschen etwas merkt, dann schweigt, vergeßt, denkt einfach nicht mehr dran.

Am Morgen, als sie ihnen zum Stillen gebracht wurden, nahmen die Mütter die wildfremden Bälger allerdings mit einigem Widerwillen zur Brust, doch welche Frau stillt schon gern, wenn sie schon in aller Frühe gestillt hat und nachts auch schon dreimal und überhaupt die ganze Zeit stillen muß. Es war, als schwante ihnen, daß der ihre gestern ein bißchen anders ausgesehen hatte, aber wenigstens schauten sie sich ihn nun genau an. Ja, erst durch den Widerwillen prägten sich ihnen die fremden Züge so richtig ein. So stillte halt jede den Kleinen, nicht besser und nicht schlechter als den eigenen, und die Kleinen waren's zufrieden.

Ist es denn nicht schon genug, daß ich blind bin? Was habe ich getan, ach du lieber Gott, was habe ich getan, entsetzte sich die alte Amme, als sie es merkte. Kann ich jetzt auch schon nicht mehr richtig riechen? Am liebsten hätte sie sich die paar Härchen ausgerauft, die ihr noch verblieben waren. Was mache ich jetzt, verdammt noch mal, jammerte sie.

Draußen tobte der gerade fällige Krieg, ein Sengen und Brennen, nur hier drinnen Stille, Friede, der laue, fette, honigsüße Duft der Muttermilch, großes Geschmatze und riesengroße Hoffnungen.

Machen Sie gar nichts, liebe Frau, antwortete da unverhofft der Herr, der immer sehr höflich zu beginnen pflegt. Ich werde es so einrichten, daß aus Schlechtem Gutes wird, und Laster werde ich zu Tugend machen, wie das so meine Gewohnheit ist. Man kennt ja meine Mittel.

Da konnte natürlich auch die Amme nicht so tun, als höre sie nichts. Was redest du da für einen Blödsinn, gab sie dem Herrn ziemlich respektlos zurück, denn sie hatte geradezu einen Wutanfall. Sonst pflegst du doch Tugend in Laster zu verwandeln und so auch das bißchen Gute noch kaputtzumachen.

Der Herr aber ließ nicht locker, beteuernd, daß vielleicht gerade so Gutes entstehen werde. Denn wenn sie nicht eingriffen, wenn sie die vertauschten Provinzfürstlein ihrem Schicksal überließen, würde den Schwarzärschen und den Stinkfüßen in den kommenden Jahrhunderten nichts anderes übrigbleiben, als mit dieser aussichtslosen Bekriegerei aufzuhören, und wenn das so ist, denn es wird so sein, dann werden auch die Dreckfresser endlich zur Ruhe kommen.

Die gute Alte konnte jedoch mit diesen feinen diplomatischen Überlegungen nichts Rechtes anfangen. Manchmal sagt der Herr so und das Gewissen so. Beim nächsten Stillen versuchte sie, die Säuglinge geschickt zurückzutauschen. Nur sträubten sich da die Mütter, die Frucht ihres eigenen Leibes an die Brust zu nehmen. Vertauschst uns die Kinder, was, alte Vettel! Soll ich einen Schwarzarsch an meinem Alabasterbusen stillen. Was, einen Stinkfuß soll ich stillen? Weg mit ihm, solange ich's noch gut meine! Der große Fürst der Schwarzärsche wird dir den Kopf abschlagen lassen, wenn du diese Stinkfußkröte nicht wegnimmst. Man möge mir verzeihen, aber so ist bei uns die Ausdrucksweise der Provinzfürsten.

Es sind zwei stolze Völker, die Schwarzärsche und die Stinkfüße, und so viel muß man von ihnen wissen, daß sie sich seit Jahrtausenden nicht ausstehen können. Zu meinem großen Glück bin ich ein Dreckfresser. Interessant ist natürlich auch, daß die Stinkfüße noch nie stinkendere Füße hatten als die Schwarzärsche und die Schwarzärsche noch nie schwärzere Ärsche als die Stinkfüße. Im dreizehnten Band seines großen Geographiewerks äußert sich auch Strabo dahingehend, daß es keinen gewöhnlichen Sterblichen gibt, der imstande wäre, sie voneinander zu unterscheiden, ja, sogar von den Dreckfressern unterscheiden sie sich in keiner Weise. Spätere Forschungen haben nur bestätigt, was bereits Strabo wußte, nämlich daß es sich eigentlich um Spottnamen handelt, die von unseren Völkern nur deshalb verwendet werden, weil sie sich aus unerfindlichen Gründen ihrer wahren Namen schämen. Den Irredenten zum Beispiel ist es viel lieber, wenn der fremde Reisende sie höflich Dreckfresser nennt, so wie auch die Chauvenen und die Vollblutnazzos tödlich beleidigt wären, wenn man sie nicht Schwarzärsche und Stinkfüße riefe. Strabo kommt zu dem Schluß, daß diese Spottnamen zwar keinerlei Fundament in der Sache haben, daß es aber nach seiner persönlichen Erfahrung unter diesen Völkern durchaus Individuen gibt, die so viel Dreck machen, daß auch er sie als Dreckfresser bezeichnen würde, wie er auch solche Schwarzärsche angetroffen hat, in deren Kopf nicht mehr Helle leuchtete als in dem schwarzen Loch ihrer Ärsche, weswegen bei diesen Völkern auch immer solche Leute das Amt offizieller Redner bekleiden. Zu etwas anderem taugen sie nicht.

Strabos vernünftige Worte waren im Lauf der Jahrhunderte einigermaßen in Vergessenheit geraten, und so schwangen die Redner ihre Reden, und es war kein Wunder, daß der Krieg von Monat zu Monat, von Jahr zu Jahr weitertobte. Die schon ziemlich betagte Amme aber seufzte und klagte nach Herzenslust: woher zum Kuckuck sollte sie den Spinat nehmen? Dafür wurde sie dann auch vom Herrn bestraft. Nicht für das, was sie getan hatte, sondern für ihre Kleingläubigkeit. Und weil angesichts der vielen Wohltaten nie eine anständige Lobpreisung über ihre Lippen kam, sondern immer nur das ewige Gejammer: auch das Spiegelei fehle noch auf dem Spinat. Die Vögel unter dem Himmel fragen auch nicht danach, ob sie Spinat mit Spiegelei zu essen kriegen, und doch erhalte ich sie, so der Herr, den jetzt wirklich Wut und Schmerz überkamen. Du wirst der Schutzengel der Kronprinzen sein, herrschte er die Alte an.

Ich, ausgerechnet ich, die Amme winselte vor Lachen, ausgerechnet ein Engel, und dann auch noch ein Schutzengel! Siehst du nicht, daß ich mich nur noch mit Mühe auf meinen krampfaderverzierten Stampfern dahinschleppe? Was sind schon ein paar Jahre, und noch nicht einmal so viel habe ich noch vor mir. Und wenn ich ins Gras beiße, soll ich dann vielleicht vom Jenseits her aufpassen?

Der Herr läßt sich nicht so leicht aus der Ruhe bringen. Du sollst so lange leben, sprach er, wie sie auch leben. Jeden ihrer Schritte sollst du begleiten. Das war sein letztes Wort. Es war als Segen gemeint, doch die Alte hörte auch den fürchterlichen Fluch mitschwingen.

Von da an war die arme Amme Tag und Nacht auf Trab. Jetzt hatte sie nicht nur nach dieser schmuddeligen Provinz-Geburtsklinik zu sehen, sondern war im Nebenberuf auch noch von Hof zu Hof unterwegs. Zum Glück sind diese Fürstenhöfe nicht mehr als einen Steinwurf voneinander entfernt. Danach kommt nur noch das riesige Reich der Irredenten, so weit das Auge reicht. Dorthin aber hätte nicht einmal sie sich vorwagen dürfen, denn gerade das macht bei uns das Leben so fürchterlich interessant, daß kaum jemand sein darf, wo er angeblich hingehört. Bei uns legt jeder schon zum reinen Vergnügen Wert auf eine andere Abstammung als die, die er gerade hat. So gibt es zum Beispiel nicht wenige Irredenten chauvenischer Abstammung, unter deren Vorfahren es von Vollblutnazzos wimmelt. Und es kann sich jemand als Vollblutnazzo von echtem Schrot und Korn bekennen und deswegen ruhig die Sprache der Irredenten sprechen, so wie es sein lieber Vater tat; er kann aber auch seine Muttersprache sprechen, ein reines, schönes Chauvenisch, und er bleibt dennoch der Vollblutnazzo, als der er eigentlich geboren ist!

Natürlich gibt es auch in unserer wundersamen Gegend kein Volk, das nicht seine Muttersprache sprechen möchte, so wie es vom Gesetz verbürgt ist. Und doch ist es immer so, daß das eine Volk in die Sprache des anderen Volkes hineinrutscht, auch wenn jeder die Muttersprache des anderen gründlich verachtet. Wenn zum Beispiel ein berühmter Irredent den Mund zu einer Rede auftut, dann hagelt es nur so von nazzischen und chauvenischen Wörtern, obwohl diese Wörter nicht annähernd das bedeuten, was er in seiner eigenen Sprache sagen will. So wie ein wackerer nazzischer oder ein draufgängerischer chauvenischer Redner in seiner Sprache auch immer nur das sagen möchte, was er sagen will, und ihm dann doch eine waschechte irredentische Satzkonstruktion entschlüpft, so daß der Anschein entsteht, er spreche in irredentischen Sätzen. In solchen Augenblicken drehen diese Redner geradezu durch; ihnen schäumt sogar der Mund vor ohnmächtiger Wut. Für das seltsame Phänomen findet jedoch weder die Psychologie noch die Philologie eine annehmbare Erklärung. Auf jeden Fall ist der Anblick unerquicklich, und erst der Inhalt!

Das alles machte das Leben der alten Amme einigermaßen anstrengend. Nicht anstrengender allerdings, als es für die anderen war. Und hätte der Herr es nicht so gewollt, dann wäre es bestimmt nicht so gewesen. Aber er hatte ja all diese Völker und all diese Sprachen vermischt, und er hatte zusammen mit allen ihren schlechten Eigenschaften auch ihre guten geschaffen. Mit mir etwa hatte er bestimmt nichts Besonderes vor, hat er doch nur einen armseligen, heruntergekommenen Schreiberling aus mir gemacht, und doch ist das Leben auch für mich ziemlich anstrengend. Mal muß ich die Heldenlieder der Chauvenen, mal die Legenden der Vollblutnazzos in verschiedenen blumigen Versionen rezitieren, und ich muß ihre barbarischen Wörter so geschickt zusammenreimen, daß auch die irredentischen Provinzfürsten etwas verstehen, und zwar gerade dann, wenn sie es mißverstehen.

Doch wie anstrengend das Leben auch ist, es gibt bei uns auch genug, worüber man sich von Herzen freuen kann. So etwa gediehen die der Amme anvertrauten Kronprinzchen wie Unkraut. Sie wurden voll und fett und muskulös, wahre Muskelprotze. Als sie noch nicht einmal fünf Jahre alt waren, hoben sie einen Pferdewagen mit gestrecktem Arm an der Deichsel empor, und als es an der Zeit war, zertrümmerten sie die Einrichtung mehrerer Wirtshäuser. Unnötig zu sagen, daß sie, wie es sich gehört, alle Jungfrauen, die ihnen über den Weg liefen, vergewaltigten und in ihrem Blut liegenließen. Schon in der Wiege konnten sie fürchterlich fluchen, aber lesen und schreiben lernten sie nie, genauso wie es von ihren Völkern in den auf sie gemünzten Heldengesängen vorgesehen war, und auch Latein lernten sie nicht und Griechisch auch nicht und auch sonst keine der bekannten Sprachen. Vielmehr drückten sie ihren Hauslehrern mit Wonne die Nase in die Tinte und bliesen ihren gelehrten Erziehern durch ein Blasrohr mit Spucke vermengte Papierkügelchen an den Kopf. Als schon Flaum auf ihren Gesichtern sproß und sie in die höhere Schule kamen, schossen sie ihren Kameraden mit der Schleuder die Augen aus, konnten auf einen Zug zwei Eimer Bier leeren und taten also alles, was sie zu tun hatten.

Aber die Welt dreht sich wahrhaft schnell, und sie verändert sich nach ihren eigenen Launen. Die beiden taten wohl alles, was sie zu tun hatten, aber weder sie noch ihre Völker kamen auf den Gedanken, daß vielleicht weniger mehr wäre, war doch schon jetzt nichts mehr genauso, wie es von alters her in ihren Sagen geschrieben stand. Auch wenn sie in dem Glauben lebten, alles habe ihren Vorstellungen gemäß seine Richtigkeit, denn wenn es da so geschrieben stand, dann hatten doch schließlich auch die Kronprinzen so zu sein. Und doch stimmte etwas nicht. Was, das wollen auch wir noch nicht verraten.

Vorläufig war das Ganze ein Geheimnis der alten Amme. Und sie hütete es wie ihren Augapfel. Obwohl sie eigentlich gar nichts zu hüten gehabt hätte. Wenn etwas ins Auge springt, dann ist das nun mal kein Geheimnis. Dann kann man es sehen.

Denn es ist so, daß seit Jahrtausenden jedes chauvenische Prinzchen hemmungslos mit dem Feuer spielt, und deshalb nennen die Chauvenen jedes neugeborene Kronprinzchen den Piroman. Die Vollblutnazzos hingegen verlangen regelrecht, daß ihr Provinzfürst schon als Kronprinz einen jeden gründlich bestehle, und eben deshalb nennen sie ihn Kleptoman. Aber auch, weil es ein schöner Name ist. In dieser unserer moralisch verkommenen und äußerst wirren Zeit aber geschah auch das verkehrt herum. Die getreuen Untertanen sahen zwar, daß der kleine Kleptoman leidenschaftlich mit dem Feuer spielte, während der kleine Piroman fröhlich drauflosklaute. Aber nicht nur kam niemandem ein Verdacht, sondern die Höflinge am chauvenischen Fürstenhof lachten sich darüber genauso zu Tode wie die Höflinge am Hof der Vollblutnazzos. Sie alle fanden ihre Prinzlein ganz außergewöhnlich lustig und listig, anstatt die schreckliche Situation gleich zu erfassen und unter Tobsuchtsanfällen von der Stimme des fremden Blutes, vom Untergang, vom Tod der Nation zu kreischen und zu brüllen. Sie ließen es sich vielmehr an ihren Höfen gutgehen, wieherten vor Lachen, aßen und tranken. Als wäre das Leben nichts als Jubel, Trubel, Schleckerei.

Unterdessen aber versah die schon ziemlich betagte Amme ihren Dienst und kam und ging zwischen den Höfen hin und her. Alle sahen sie, doch niemand konnte wissen, daß sie ihren Dienst als erste Agentin des Herrn versah. Sie wußte selbst nicht, warum sie es tat. In früheren, vernünftigeren Zeiten hätte so etwas bestimmt nicht vorkommen können, denn was immer irgend jemand gewesen wäre, Agent des Herrn oder des Teufels oder auch des großen gähnenden Nichts, man hätte ihn bestimmt als Hexer erkannt, erwischt, ertränkt, in Öl gebraten, gevierteilt, den Hunden zum Fraß vorgeworfen. Jetzt dagegen konnte die Amme ruhig den stummen Befehlen des Herrn gehorchen. Wenn die nazzische Fürstengattin nazzische Wiegenlieder sang, sang die Amme chauvenische Lieder an der Wiege des nazzischen Kronprinzen, von dem wir ja wissen, daß er in Wahrheit das chauvenische Kronprinzchen war. Und natürlich auch umgekehrt. Wenn die chauvenische Fürstengattin dem chauvenischen Kronprinzen sämtliche lehrreichen chauvenischen Märchen erzählte, um dann zum Hofball zu entschweben, erzählte die Amme dem in Wahrheit nazzischen Kronprinzen sogleich sämtliche Perlen aus dem Legendenschatz der Vollblutnazzos, und sie versäumte auch nicht, den beiden einige original-irredentische Lieder recht tief ins Ohr zu singen. Und als der chauvenische Provinzfürst dem für seinen Erstgeborenen gehaltenen Söhnchen die zutiefst humanistische chauvenische Hymne »Hau, stich, schone nichts« beibringen wollte, trug es sich zu, daß das Jungchen schon die von besonnener Menschlichkeit durchdrungene nazzische Hymne »Mach ihn zum Krüppel« perfekt beherrschte, so wie andererseits das für einen Vollblutnazzo gehaltene Jungchen die von Humanität triefende chauvenische Hymne intus hatte. Zum ersten Mal in der Weltgeschichte schallte es an jedem der beiden Höfe nur so von der Hymne des anderen Hofes wider.

Und als es an der Zeit war, daß die Kronprinzen den Bund der geheiligten Zweckehe eingehen sollten, da fiel keinem mehr auf, daß am chauvenischen Hof der nazzische Hochzeitsmarsch »Da wirst du noch Saures kriegen, Liebste« geblasen wurde, während am nazzischen Hof der chauvenische Marsch »Ein Seitensprung, und ich dreh den Hals dir um« erklang. Irgendwie wurde das an den Höfen Mode. Alle hatten das Gefühl, der Marsch der anderen sei schicker. Die wahre Katastrophe aber trat erst ein, als der kampfgeprüfte chauvenische Provinzfürst starb und, als er dies vernahm, auch der Provinzfürst der Vollblutnazzos ins Jenseits entschwand. Da kamen die vertauschten Kronprinzen auf den Thron, und dank der Güte ihres Schutzengels sprachen sie die Sprache des anderen nunmehr besser als die eigene.

Das Beispiel ist ansteckend, und so wurde fürderhin an beiden Höfen alles vermischt. So sehr, daß man schließlich gar nicht mehr recht wußte, was womit vermischt worden war und was woher stammte. Die chauvenischen Lohnschreiber und Lohnredner und all die anderen Hofschranzen mußten laut lachen, denn jetzt vermischte nicht mehr nur ihr Potentat die chauvenischen und nazzischen Gebräuche, sondern auch sie selbst taten das. Wie denn auch die nazzischen Lohnschreiber und Lohndiener und all die anderen höfischen Tagediebe das Lachen kaum verbeißen konnten, wenn sie einen echten, kernigen Vollblutnazzosatz zu sagen vermeinten und in Wirklichkeit einen schrecklich stupiden chauvenischen Satz von sich gaben. Die Chauvenen meinten, über die Vollblutnazzos zu lachen, die Vollblutnazzos meinten, über die Chauvenen zu lachen, in Wahrheit jedoch lachten sie über sich selbst, und darüber mußten sie dann noch mächtiger lachen. Allmählich erfaßte diese Lachmanie die beiden Höfe so sehr, daß ein nazzischer oder ein chauvenischer Höfling, der etwas auf sich hielt, schicklicherweise den ganzen Tag nicht viel anderes tun konnte, als über sich selbst zu lachen. Und wie das einmal zu sein pflegt, verbreitete sich die höfische Sitte schnell auch unter dem einfachen, ahnungslosen Volk. Alles lachte und wieherte, weil man sich selber so lächerlich fand wie den anderen. Das allgemeine Gelächter wogte förmlich über die streng geschützten Staatsgrenzen hinweg, und die Folge war, daß die Völker und Provinzfürstentümer ihr eigenes Lachen nicht mehr von dem der anderen unterscheiden konnten. Was man noch lustiger fand, so daß man sich nur noch wälzte und winselte und kreischte, als ob man gekitzelt würde.

Jedenfalls war es mit der Bekriegerei vorbei, was allen leid tat, hatte man sich doch bereits so daran gewöhnt. Trotzdem fanden die Völker Geschmack daran, über sich selbst und über die anderen zu lachen. Und wenn sie es ohne ein kleines Blutvergießen gar nicht mehr aushalten konnten, dann setzten sie sich vor den Fernseher und kicherten darüber, wie sich andere Völker gegenseitig den Garaus machten. Oder sie unternahmen Extra-Gesellschaftsreisen, um zuzuschauen, wie die Einheimischen verhungert und verseucht unter vertrockneten Palmen den Geist aufgaben. Sie selbst gaben den Geist fast vor Lachen auf. Aber sie lebten so in der Tat besser, als wenn sie in ihren Kriegen umgekommen wären. Auch die schon ziemlich betagte Amme lebte noch lange unter ihnen, so lange wie auch die beiden Provinzfürsten in Frieden lebten und ebenso lange zu jedermanns Zufriedenheit regierten, bis einer das Leben des andern zu Ende gelebt hatte. Ihr lächerliches Andenken lebte noch lange fort.

Solange es noch nicht völlig vom Schluchzen erstickt war.

Virág Erdős

Das ist eine Frau.
Das sieht man daran, daß sie keinen Pimmel hat.
Sogar der Teufel hat einen und auch der Grünaffe.
Sogar aus der Oma hängt irgendein Strich heraus.
Und die hier hat nur einen Bauch
und drei kleine Brüste.
Sie hat nicht mal Beine, nur Hände.
Und die sind eher Flügel.
Sie lacht, dabei hat sie keinen Mund.
Ihre Augen sind rot.

Sie hat so langes Haar,
  daß es fast nicht draufpaßt.
Ein lila Strich auf der Tischdecke,
  da kann man brüllen.
Ich hab's doch gesagt, aber du hörst nicht zu.
Du krakelst mit dem Stift über den Rand.
Wenn du noch mal krakelst, brech ich dir die Hand.
Sieh mal, der hat ja nicht mal Ohren,
  nur dieses lächerliche Gekrakel auf dem Kopf.
Sind das Hörner oder was?
Balthasar sagt, dieses lächerliche Gekrakel
  auf seinem Kopf sei seine Krone.
Daß ich die Königinmutter bin und er der König.
Ich soll mal gucken, er ist auch da,
  man kann ihn nur nicht richtig sehen.
Er ist nämlich in meinem Bauch, deshalb nicht.
Er ist drin und sieht alles.
Er sieht auch mich, und alles andere.
Oben auf dem Blatt das übliche schwarze Knäuel.
Vielleicht die Sonne.

Maria

Denn zu tun gibt es nun sowieso nichts mehr. Ich sitze auf dem Rand meines Bettes und bin nur darum bemüht, die Schüssel voll zu bekommen. Es gibt kaum noch etwas, was da herauskommen könnte, es spritzt nicht mehr, sondern rinnt nur noch kläglich, der letzte Tropfen tropft nicht einmal mehr, sondern quillt nur hervor und bleibt an der Spitze hängen. Ich wische ihn ab und wechsle die Seite. Mit beiden Händen zupacken, oben beginnen, geschickt drücken, pressen und martern. Die Milch abdrücken bis zum allerletzten verirrten Tropfen. Manchmal denke ich, daß Morden so ähnlich sein muß. Den Hals mit den Händen umschließen und so lange tapfer daran arbeiten, bis die Puste draußen ist. Aber wessen Hals und welche Puste. Ich stehe auf und gehe zum Waschbecken. Und ich gieße das Ganze in den Abfluß. Dann lege ich mich wieder hin, entspanne mich und versuche mich auszuruhen, doch unterdessen rechne ich schon wieder nach, wie lange es noch dauert, bis er gebracht wird. Der Arme, der muß schließlich auch was essen.

Ich mache mir Tag und Nacht Sorgen, daß die Milch versiegt. Wenn ich, selten genug, einschlafe, dann träume ich oft, daß das Fensterglas durch irgendeinen fernen Lärm auf der Straße Risse bekommt, ringsherum springt, und die ganze Scheibe dann hinausstürzt, daß dann die Tür aufgeht und in diesem plötzlich entstandenen Luftzug die Säuglingsschwester Magdi hereinkommt, lächelt und sich – als nähme sie es demonstrativ nicht zur Kenntnis – über mich beugt, Mutti, es ist an der Zeit, sagt sie und reicht mir das unruhige weiche Bündel und legt es mir in den Schoß, während ich bereits unter fürchterlichen Qualen an meinem Schlafanzug nestle und herumknöpfe und abwarte, bis sie sich umdreht und sich zwischen den Betten hindurch lavierend hinausgeht, denn da weiß ich schon ganz sicher, daß meine Brüste einfach nicht da sind, an der Stelle meiner großen, wohlgeformten und ansehnlichen Brüste sind nur noch flache, glatte Haut und Rippen, und wie ich da im Windzug fummele und taste, als suchte ich nur nach meinem Feuerzeug oder meinem Portemonnaie, merke ich plötzlich ungewohnt nah mein Herz dröhnen, und da wache ich gewöhnlich auf und weine laut und winselnd wie ein Tier, dabei weiß ich, daß das jetzt geradezu eine Sünde ist, denn in diesen ersten kritischen Tagen ist doch nichts wichtiger als die Ruhe, die Flüssigkeit und die Stille.

Das einzige Glück im Unglück ist, daß ich mit diesem hysterischen und täppischen Verhalten so gut wie niemanden störe. Meine Zimmergefährtinnen haben sich gleich nach dem ersten gemeinsamen Stillen geschlossen in einen anderen Krankensaal verlegen und sich nicht wieder blicken lassen, dabei wäre es gut, dieses und jenes zu besprechen. Nur eine kleine, zermarterte Frau kam eines Nachmittags auf dem Flur auf mich zu, ihr Töchterchen sei mit einer Hasenscharte geboren, aber das ist doch schließlich etwas ganz anderes.

Jetzt liege ich allein in einem großen, weißen Zimmer, mit lauter ungemachten Drahtgeflecht-Betten, nur mein Bettuch wird täglich oder sogar öfter gewechselt, und daran ist auch nichts Verwunderliches, denn in außerordentlichen Situationen ist es immer schwer, das richtige Maß zu finden, mich meinerseits würde nicht einmal sonderlich befremden, wenn das Personal einmal anstatt eines Bettuches einen Ballen Stroh bringen und in der nötigen Stärke unter mir auf der Matratze verteilen, mir das Kissen unter dem Kopf wegnehmen und den Bezug von der Pferdedecke abziehen würde.

Eigenartig ist nur, daß wir nie auch nur einen Moment lang angenommen hatten, daß irgend etwas nicht in Ordnung sein könnte. So um die dreißigste Woche herum gab es einen Ultraschall, und es hieß, mein Mann könne auch mitkommen.

Der Arme stand dann stundenlang auf dem Flur herum und wagte nicht einmal, sich zu setzen, für den Fall, daß er gleich hereingerufen würde, schließlich dachte er, das Baby sei schon gekommen. Dabei lag ich nur da, wie eine seltene Kreatur, bot meinen Bauch dar und wartete auf das Gel und ließ zu, daß wer auch immer da war nach Belieben an den prächtigen, sanften Hängen herumgrabschte. Als sie dann aber noch ein paar interessierte Fremde ihrer Sorte herbeibaten und auch die in ihren metzgerweißen, übelriechenden Kitteln mit nervös vibrierender Miene auf den Monitor starrten, wurde ich für einen Moment unsicher und fragte, wenn auch nur leise, flüsternd, in die bläuliche Halbdämmerung hinein, ob es eventuell womöglich ein Mädchen sei. Sie sagten, nicht gerade, denn es habe dort etwas, eigenartig sei nur, daß es sich irgendwie anders ringele, eher nach hinten und nicht nach vorn, wie es sonst üblich sei.

Und als wäre ein Knochen darin.

Interessant, dachte ich und versuchte aufzupassen, aber unterdessen überflutete mich für einen langen, geheimen Augenblick eine Welle des Stolzes, du bekommst einen Sohn, würde ich ihm dann im Lift ins Ohr flüstern, und aus der ersten Kartentelefonzelle würden wir Mutter anrufen. Ich betrachtete nur noch den pulsierenden Punkt auf dem Bildschirm, denn das wichtigste ist doch, daß es lebt.

Dann hatte ich eines Nachts ein komisches Gefühl. Ich konnte einfach nicht einschlafen, lag nur neben meinem Mann, die Bettdecke hatte ich mir ins Kreuz gestopft, und lauschte seinem schönen, soliden, gleichmäßigen Schnaufen und schaute mir an, wie der Mond durch den Stoff des Vorhangs hindurchschien, ich erinnere mich, es war Vollmond, beziehungsweise fehlte nur noch eine Idee, und ich begann gerade vor mich hin zu träumen, wie wohl sein Gesicht aussehen würde, ob das Zeichen auf seiner Stirn von Anfang an da sein würde oder erst später, nach einer gewissen Zeit, und seine Augen, ob es wohl sein müsse, daß sie so unwirklich blau sind oder ob sie nicht doch lieber ganz gewöhnlich schwarz sein könnten, wie zum Beispiel meine, und wie ich da in der stickigen, mondhellen Nacht so vor mich hin sinne und träume, merke ich plötzlich, hoppla, wie es einen Sprung macht, sich bewegt, aber nicht so wie bisher, sondern das ist ein neuer und unbekannter Schmerz, denn es tut geradezu weh, wie es sich stemmt, in Gang kommt und drängelt, doch es tritt nicht mehr, der kleine Schelm strampelt nicht mehr, sondern scharrt in wahnsinnigem Tempo und mit aller Kraft.

Am nächsten Morgen in der Küche ging dann das Wasser ab. Ich schnitt gerade ein Brötchen auf, um es dünn mit Margarine und Senf zu bestreichen, wie ich es so mag, dann stand ich vor Überraschung noch ein Weilchen da, in der einen Hand das Brötchen, in der anderen das Messer, und minutenlang konnte ich keines von beiden ablegen. Und der vergeblichste Tag in meinem schmachvoll vergeblichen Leben würde wohl der sein, wenn ich Wochen später, an jenem traurigen Montagnachmittag beides unberührt auf dem Küchentisch wiederfände, als wäre hier nichts auf der Welt geschehen. Das Brötchen würde natürlich hart sein wie ein Stein.

An jenem Morgen trug mich Josef die dreieinhalb Etagen hinab bis zum Auto. Ich legte mich auf die Rückbank, weil ich mich nicht mehr traute zu sitzen. Nur schade, daß ich nicht sehen konnte, sagte er später mit dem Kummer eines bemühten und unverdient gebeutelten Mannes, in welch schwindelerregendem Tempo er an jenem Tag im Zickzack, kreuz und quer durch die Stadt fuhr.

Und wir beeilten uns auch nicht grundlos, denn es blieb kaum noch Zeit. Ziehen Sie sich aus, wurde mir gesagt, und all mein Zeug wurde in einen großen, weißen Schrank geschlossen. Ich bekam eine kleine, vorn zu bindende Tunika mit einem grünen Stempel, so ein abgetragenes Stück aus dem staatlichen Depot, es ist mir nicht einmal gleich aufgefallen, daß es voller Blutflecken war, es ist bestimmt gründlich gewaschen worden und nach mir wird es wieder gewaschen, dachte ich bei mir, aber erst lange nach den beschämenden Ereignissen, denn mir kam noch lange kein Verdacht, ich dachte wohl an meine Mutter, an wen sollte ich denn sonst denken, und versuchte, die verräterischen Laute, die alle halben Stunden von hier oder da aufgellenden Schreie und den darauffolgenden schrecklichen markerschütternden Kanon zu ertragen, mir blieb nichts anderes übrig, als mir mit beiden Händen den Bauch zu halten und zu versuchen, es zu ertragen und ruhig zu bleiben, und als es ernst wurde, bemühte ich mich aufzupassen, die Ordnung Punkt für Punkt zu erkennen und ihr zu folgen, hinlegen, entspannen, meine beiden Hinterbeine bequem auf die beiden hübschen Steigbügel legen, tief Luft holen, anhalten und langsam, hechelnd ausatmen.

Und dabei dachte ich darüber nach, wie mein Gesicht wohl von oben aussah. Denn Josef stand da bereits neben mir und wischte mir eifrig mit einem feuchten Krankenhaustuch über die Stirn, man hatte ihm gesagt, das würde mir guttun, und er hörte sofort damit auf, als man sagte, genug jetzt, und ich wollte gerne, daß mich Josef in dieser außergewöhnlichen und, wie es jetzt auch immer kommen mochte, ewig denkwürdigen Stunde schön fand. Darauf achtete ich immer, in jeder Situation, besonders bei unseren langen und ausgiebigen Liebesvereinigungen, doch jetzt bemerkte ich entsetzt, daß ich zusehends die Kontrolle über meinen eigenen jämmerlichen Körper verlor und die Geschehnisse mich endgültig, mit unaufhaltsamer Kraft wie eine Darmgrippe mit sich rissen, plötzlich wußte ich nicht einmal mehr, wohin mein Körper sich bewegte, welcher überhaupt mein Körper war, wo wir waren, wo ich war, ob es mich überhaupt noch gab oder all das nur noch das Weiterspiel der Reflexe über die Zeit hinaus war, der endgültige und traurige Kampf eines von Anfang an zum Scheitern verurteilten Versuchs, denn ich bin doch gestorben, dachte ich erschrocken, und da begann mir plötzlich ganz unerwartet der Bauch weh zu tun. Das überraschte mich, da er sonst nie schmerzte.

Ich habe viele Jahre lang überhaupt nicht gewußt, was diese regelmäßigen und obligatorischen Frauenschmerzen sind. Mir ging es blendend, während für andere das Leben schon jahrelang die Hölle war, ich kannte ein Mädchen, das in dieser Zeit drei ganze Tage lang ununterbrochen weinte.

Das hat mich natürlich von Anfang an, eigentlich vom ersten blutigen Fest an, gestört, und so hatte ich schon in meinen ersten blühenden Mädchenjahren beschlossen, wenn nötig, bis ans Ende meines Lebens zu simulieren. Ich erinnere mich, einmal stundenlang auf den eiskalten Fliesen vor der Badewanne gelegen und gewartet zu haben, daß meine Mutter hereinkommt und mich sieht, aber sie hatte zu tun und konnte lange nicht kommen, und es lief schon die Tagesschau, als sie mich endlich bemerkte und mich auch gleich fragte, was ist denn, Mariechen, meine Kleine, was ist denn los, und an jenem Abend gingen wir noch lange nicht schlafen, wir saßen auf dem Wannenrand und schwiegen, *wir Frauen*, und ich war glücklich und zufrieden, ich hatte das Gefühl, diesmal mein Ziel erreicht zu haben, obwohl es mich später, im Laufe meiner langen und sorglosen Mädchenjahre noch viel Mühe kostete, aus meinen Lieben Monat für Monat Mitleid und Zuwendung, die mir als Leidender ja zustanden, herauszupressen. Aber der Schmerz an sich, dieses mit der blutigen Realität einhergehende Mysterium des Unterleibs blieb mir infolge einer zwiespältigen Gnade bis zum Schluß glücklicherweise erspart. Ich hatte auch nur eine vage Ahnung davon, wo ungefähr meine Gebärmutter war.

Und mit einem Mal schien sich all das zurückgehaltene und ersparte Leid Genugtuung an mir verschaffen zu wollen.

Ich hatte plötzlich das Gefühl, eingeklemmt zu sein, bis zur Taille in einer blutigen Grube zu sitzen und nicht heraus zu können, so sehr ich mich auch nach oben preßte, ich kam nicht heraus, es zerrte und quälte mich eine unbestimmte Kraft, als wisse sie selbst nicht, ob sie stoßen oder zurückhalten solle, und es ist auch niemand mehr zum Festhalten da, nur mein Knie, mein eigener gekreuzigter Körper und das kalte Eisen des Bettes, die haben mich alle allein gelassen, sind allesamt runter ans Bufett gegangen, ich kann hier krepieren oder wenn ich will, mir allein heraushelfen, Hilfe, dachte ich, aber es hörte keiner, und ich war gerade so weit, daß es aus ist, daß ich aufgebe, mich gehen lasse, komme, was da wolle, und da sehe ich auf einmal, nanu, da sind sie wieder und drängen sich allesamt mit aufgewühlten Mienen und beklommener Seele um mich, Josef mit seinen riesigen überflüssigen Händen, der Doktor, die Krankenschwestern und noch andere von hier und da, viele, und an ihren trüben und fast schon flehenden Blicken ist zu sehen, daß ihrer aller Schicksal jetzt von mir persönlich abhängt, na los, Mari, denke ich, und ich muß nicht einmal mehr entscheiden, nur zulassen, daß die Geschichte selbst losgeht, daß sie vorangeht, daß sie da ist und endlich Form gewinnt zu unserem gemeinsamen Verhängnis, der Kopf ist draußen, ruft jemand, und als nur noch eine Idee fehlt, hilft eine unbekannte Kraft mit, drückt mir die Daumen, hilft mir über das Schwere hinweg und wartet ab, bis ich fertig bin. Und läßt mich sofort danach wieder allein.

Und da, in dieser nur einen Atemzug langen verpfuschten Stille kommt unerwartet etwas Gutes. Auf einmal, als berührte mich nur ein Lufthauch, fühle ich den Atem von Lämmern auf meinem Gesicht.

Wie sie mit ganz feiner, lauer Luft meinen Mund anhauchen.

Und da geht über meinem Kopf ein Neonlicht an und verlöscht zischend wieder.

Und da konnte man bereits wissen, daß etwas passiert war.

Später habe ich viel darüber nachgedacht, wer von ihnen

der erste gewesen sein mag. Wer es wohl war, der als erster, sozusagen von Angesicht zu Angesicht, gesehen hat, was er gesehen hat. Denn eigentlich stelle ich es mir so vor, daß es ein paar gab, denen es eine Weile gar nicht auffiel. Sie gingen ihren Aufgaben nach, schnitten, nähten und fummelten, wie Maschinen, und es kann auch sein, daß sie einfach gar nicht hingesehen haben. Ich habe den Verdacht, daß selbst Josef erst etwas später zu *sehen* begann. Denn wem hätte sonst das in jeder Hinsicht glücklich scheinende Lächeln gelten sollen, das ich für einen kurzen Augenblick wirklich auf seinem Gesicht leuchten sah. Ich würde meinerseits sogar darauf schwören, daß Josef in den kritischen Minuten ein süßes kleines Baby mit zarter Haut in den blutigen Händen der Schwester strampeln sah, woraufhin sich sein Herz bis zum Rande mit Vaterfreude füllte, und darauf hatte er sich auch ziemlich lange vorbereitet. Und erst, als er diesen sonderbaren, verrückten Laut hörte, zerbrach plötzlich und vielleicht für immer alles in ihm. Als der kleine Ankömmling auf einmal sehr, sehr laut und klagend zu *bellen* begann.

Und komisch, auch dann standen alle nur da. Die allgemeine Hilflosigkeit und eine seltsame Schwerkraft der Krankenhausluft ließen keinen Augenblick zu, daß die Dinge aus dem gewohnten Gleichgewicht gerieten. Die Schwester legte mir das kleine, glitschige, blutrote und von der Fruchtschmiere glänzende Fellbündel auf den Bauch, und in dem Augenblick hörte das jämmerliche und für uns alle so schmerzhafte Winseln auf. Das kleine Etwas war allein von der Wärme meines Bauches verstummt wie ein Fisch. Und der Moment, der war so, wie man ihn sich erst nachträglich vorstellt. Es war bereits alles passiert, was passieren konnte, und noch nichts hatte begonnen. Da lag ich auf einem zusammengeschusterten, perversen, fremden Bett, zerschlagen, vernichtet, dumpf und leer, auf meinem traurigen Körper ein gesundes, schwarzgefelltes Hündchen, das ich gerade eben zur Welt gebracht hatte.

Und da, in diesem unmöglichen Moment, kam mir irgendwie doch der skandalöse und großzügige Gedanke, nicht einmal Gedanke, sondern vielmehr ein flüchtiges, kühles Gefühl, so ist es nun mal und basta. Und ich weiß ganz genau, daß in jener Minute jeder einzelne, der dabeiwar, innerlich genau die gleiche Kühle empfunden hat, auch wenn er diesen momentanen Frieden später gar nicht mehr begründen konnte. Selbst Josef stand nur da und schwieg.

Erst einen Moment später fiel der Arme um, aber so, daß er zum Kummer aller den Infusionsschlauch und die dazugehörige Flasche mit der Salzlösung mit sich riß. Er verschlimmerte das Ganze noch, weil danach alles mit Klorix aufgewischt werden mußte, denn der Arme beschmutzte den Boden auf jede erdenkliche Weise. Aber da war bereits alles egal, die Dinge nahmen wieder ihren gewohnten Lauf, und wir drei waren, so wie wir waren, aus der Welt verstoßen. Ich weiß bis heute nicht, welchem Umstand wir es zu verdanken hatten, daß man uns nicht stehenden Fußes nach Hause jagte.

Das Hündchen wurde in ein verschlissenes Bettuch gehüllt und mir in den Arm gelegt, damit ich es wegbrächte. Das ist an sich ein, sagen wir mal, ungewöhnliches Vorgehen und ist wohl eher als eine Art Übergriff zu betrachten, im Normalfall steht eine frischgebackene Mutter mindestens einen Tag lang nicht mal auf. Sie liegt nur da und freut sich. Mir dagegen fiel es überhaupt nicht schwer, mich sofort zu trollen und vor den neugierigen Blicken zu verstecken, ich schleppte mich in den ersten Damenwaschraum, tastete nach dem Lichtschalter und machte das Licht an. Mit meiner kraftlosen und zitternden Hand drehte ich mit Müh und Not den Wasserhahn auf, stellte ihn eine Weile ein und hielt dann allmählich und vorsichtig das »Baby« darunter. Das Arme tobte und winselte, und wie sich das dichte, schwarze Fell unter dem Wasserstrahl am Körper anlegte, konnte man erst sehen, wie klein und unbeholfen sein Körper war. In meinen Armen beruhigte es sich komischerweise sofort wieder, und nur an seinem Schnaufen konnte man merken, wie es sich fürchtete. Ich trocknete es ab, wickelte es wieder ordentlich ein und versuchte, es ein bißchen zu wiegen. Dann ging ich auf die Toilette, wischte mit dem Ärmel den Klodeckel ab und setzte mich darauf. Ich saß eine Weile einfach nur da, dann knüpfte ich das Bettuch wieder auf und untersuchte seinen Körper Stück für Stück.

Und erstaunt sah ich, wie niedlich es war.

Die Augen hatte es natürlich noch geschlossen, es bewegte nur den Kopf hin und her, vielleicht schnüffelte es, oder es suchte einen Winkel, wo es ihn hineinstecken könnte. Ich versuchte herauszubekommen, um welche Rasse es sich eigentlich handelte, bis ich zu dem Schluß kam, daß es ein Mischling war, da konnte man nichts machen. Aber das war ja das wenigste. Mit nicht geringer Mühe fand ich schließlich heraus, daß es, wie es sein sollte, männlichen Geschlechts war. Ein süßer kleiner Hundejunge. Als ich mich schon fast freuen wollte, packte mich ein alles hinwegschwemmendes Schluchzen, und wer weiß, wie lange ich dort weinte, jedenfalls sagte man, es war bereits Abend, als mich Schwester Magdi mit dem Engelsgesicht fand. Wir lagen auf den Fliesen in der Toilette, mein Sohn und ich. Mir wurde Watte und kalte Milch gebracht, und dann bekamen wir vielleicht aus Mitleid, vielleicht aber auch dank der Unzulänglichkeiten der offiziellen Verfahrensordnung, ein richtiges Bett.

Und seither läuft alles so, als wären die Dinge in Ordnung. Ich werde gepflegt, gefüttert, bekomme frische Bettücher. Und bei der heutigen Morgenvisite wurde endlich der gewisse Tag festgelegt. Wenn alles gutgeht, können wir morgen nach Hause.

Josef, der Gute, ließ mir ausrichten, daß er käme. Dabei war er seit dem ominösen Tag nicht einmal mehr hier, und als ich ihn am Abend danach anrief, schwieg er am Telefon nur. Allein ich weiß, daß dieses hoffnungslose Knacken in der Lei-

tung in dem Fall daher kommt, daß der Arme unsagbar leidet. Seither habe ich ihn fast jeden Abend angerufen, auch vorgestern, auch gestern, falls er doch was sagt, aber nein. Und nun die Nachricht, daß er morgen früh mit dem Auto kommt. Ich verstehe gar nicht, was er will. Womit rechnet er denn? Warum vergißt er uns nicht ganz einfach hier.

Auch sonst kam hier niemand auf Besuch. Einmal wurde mir zwar gesagt, ich solle schnell kommen, drei auffällig elegante alte Herren hätten nach mir gefragt, aber dann stellte sich natürlich heraus, daß das nur ein Witz war.

Ich dachte eigentlich, daß Mutter vielleicht doch mal käme. Am dritten Tag rief ich sie an, doch eine Automatenstimme teilte mit, die Nummer habe sich geändert. Ich rief die Auskunft an, dort sagte man mir, sie sei geheim. Sie habe sich eine geheime Nummer geben lassen. Ich habe schon immer gewußt, daß das einmal passieren würde, aber ein bißchen gekränkt hat mich die Sache doch.

Jetzt, da ich bis Mittag noch Zeit habe, liege ich hier auf dem Stroh und träume. Ich schließe die Augen und versuche, mir sein Gesicht vorzustellen. Die beiden kleinen, glitzernden Äugelchen und die große, stolze Schnauze. Manchmal denke ich zu sterben, wenn ich ihn nicht sofort sehen darf. Ein andermal wieder vermeine ich, ihn ganz deutlich nach mir rufen zu hören.

In der einen Nacht schlich ich mich dann hinaus, komme was da wolle, ich luge mal in den Schlafsaal. Ich nahm meine Pantoffeln in die Hand und versuchte, lautlos und unbemerkt zu schleichen. Ich weiß noch, daß ich mich schon von weitem wunderte, daß durch einen winzig schmalen Spalt unter der Tür Licht drang und durch den halbdämmrigen Flur huschte. Dadurch erschien es eine Zeitlang, als liefe ich selbst über dieses schmale und vage Lichtbündel und nicht über die kalten Pepitafliesen. Als ich dort anlangte und lautlos die Klinke niederdrückte und mit einer geschickten Bewegung meinen

Kopf durch die Tür schob, sah ich erstaunt, daß der Saal geradezu in Tageshelligkeit badete, obwohl Mitternacht vorbei war. Die nackten Wände, die Waage mit den Gewichten, das Waschbecken, die Seife und all die zahllosen winzigen Bettchen. Und in diesem leuchtenden, schneeweißen Saal schnieft friedlich ein Nest voll gut entwickelter Kinder.

Nur in dem einen Babybett, das in die Ecke geschoben und mit allen möglichen Finessen umstellt worden war, wackelte es unter einer taschentuchgroßen Decke. Und als ich verstohlen hinsah, blitzten unter der Decke plötzlich zwei struppige schwarze Ohren hervor. Als wollte er mir mit den Ohren zuwinken, hallo, Mutter. Man sagt, seit er hier sei, könne man das Licht einfach nicht mehr ausschalten. Der Lichtschalter wurde schon heruntergeschlagen, aber vergebens. Aus den träge zischenden Neonröhren strömt das geheimnisvolle und traurig strahlende Licht immer weiter.

Am meisten denke ich darüber nach, wie es sein wird, wenn er groß ist. Er wird höchstens Pfötchen geben lernen, den Ball zurückbringen, liegen, sitzen, warten. Vielleicht zählen, so was gab es schon. Wenn wir alt sind, ist er auch alt. Wir gehen hinaus in das Wäldchen, eine Leine brauchen wir nicht einmal. Da stolpern wir zwischen den Bäumen herum und schnuppern am Laub. Tante Mari und ihr treuer Hund. Ein alter, gewöhnlicher, schwarzer Hund.

garaczilaci, auch Graumantel-Blutfink genannt.

Zur Familie der Hanfsamen-Federführer gehörende Vogelart der Neuen Welt. Lebt zurückgezogen, ist ein ausdauernder Flieger, kämpft mit kühler und weiser Tugendhaftigkeit um den Weltfrieden. (*Ad vocem:* Fighting for peace is like fucking for virginity.) Sein bevorzugtes Jagdgebiet ist der sogenannte »Althügel« von Haubitzenrauping und das Bermudadreieck. Er berichtet in parapoetischen Reisebeschreibungen über seine Abenteuer. Wir unterscheiden Jagdfinken, offizielle Finken, Wächterfinken, Finken, die aus Liebhaberei gehalten werden und Alternativfinken. Der Graumantel-Blutfink zerreibt die Nahrung (cand.ind.) bevor er sie verspeist mit seinen Vorderbeinen. An den Fingern trägt er häufig Nägel, sein Blick ist nach vorn gerichtet, die Stirn gewölbt, der Geruchssinn unterentwickelt. In der Freizeit betätigt er sich als literarischer Übersetzer. Die während der letzten Jahre zu beobachtende weite Verbreitung des Graumantel-Blutfinken verdankt sich seiner außerordentlichen Fruchtbarkeit und dem Buchhandel.

Überstrapaziertes Glück

Lovasi war das Gras ausgegangen und das Geld, Budapest ging ihm auf die Nerven, die Donau ging ihm auf die Nerven, die Brücken, vor allem die Kettenbrücke ging ihm sehr auf die Nerven, fürchterlich auf die Nerven gingen ihm die Wolken, die über die Kettenbrücke zogen, weswegen er schließlich seinen Bekannten anrief und eine gefälschte Bahnkarte nach Berlin bestellte. Der Bekannte zögerte zunächst, gab schließlich doch klein bei, aber am nächsten Tag, als Lovasi ihn aufsuchte, drückte er ihm nicht die gewohnte Bahnkarte in die Hand, sondern eine, die am Schalter 3 des Hauptbahnhofes von Nagyvárad ausgestellt worden war (beziehungsweise nicht ausgestellt worden war) und deren Preis allein ihn schon erschreckte: 964 000 Lei. Lovasis Bekannter versuchte, ihn zu überzeugen, daß er laut den gegenwärtig gültigen Internationalen Bestimmungen ruhig von Strovó nach Berlin mit einer Bahnkarte aus Nagyvárad reisen könne, Lovasi aber zeigte angewidert auf die Kopfzeile, in der mit großen Buchstaben CAILE FERATE ROMANE zu lesen war. Er konnte nicht mal den Intercity-Zuschlag bezahlen, weil die Schalterbeamtin dazu die Fahrkarte verlangte. Die Schaffner knöpften ihm in der Slowakei 90 Schilling ab, in der Tschechei 100 slowakische Kronen, in Deutschland sieben Mark. Um 90 Schilling und 100 Forint trank er im Speisewagen Kaffee. In der regungslosen Kaffeetasse, auf dem regungslosen Tisch im regungslos erscheinenden Speisewagen tobte ein heftiger Sturm, es war zu befürchten, daß ihm der Kaffee, wenn er die Tasse hochhob, ins Gesicht spritzte. Dem ungarischen Grenzbeamten gab er zur Antwort, er führe nach Strovó. Zu welchem Zweck? Ausflug. Der Grenzbeamte bedauerte ihn, denn gestern hatte in Strovó ein Sommerball stattgefunden, das Fest dauerte bis zum Morgengrauen, aber Lovasi würde sich auch so wohl fühlen, Strovó sei wunderbar. In der Nähe von Bad Schandau summte er das Bad Schandauer Lied der Band *Bizottság*: Deine Augen sind wie kleine Kissen … Der Berliner Hauptbahnhof war in Ostbahnhof umbenannt worden, was früher im Osten »Haupt-« gewesen ist, war nach der Vereinigung von Ost und West zu »Ost-« geworden. Es regnete, er setzte sich in ein Taxi, fuhr zu seinem Freund, sie sahen sich das Match an, die Deutschen verloren haushoch, am Ende explodierten dennoch Knallfrösche in den Fenstern der Wohnsiedlung, als müßte man die Niederlage wie einen Sieg feiern. Der Trainer gab dem Schiedsrichter die Schuld, sprach von internationaler Verschwörung, Günther Netzer hingegen war der Meinung, Deutschland hätte sich das alles selbst zuzuschreiben, sein Glücksstern sei im Sinken, *wir haben unser Glück überstrapaziert.* Helmut Kohl bewahrte einen kühlen Kopf, aber seine ungeheuerliche Krawatte verriet alles.

Wir haben unser Glück überstrapaziert, das ist schön, dachte Lovasi. Er rief seinen Dealer an, kaufte sich in der Nähe vom Fernsehturm Hühner-Chop-Suey, die Spatzen setzten sich auf den Rand des Plastiktellers, es begann wieder zu regnen, aus dem CD-Laden hörte man südamerikanische Melodien, die von berühmten Fußballern zusammengestellt worden waren. Ihm kam vor, daß nichts da war, wo es hingehörte. In der Tür der Myslinska Kneipe stand ein Barhocker, die Putzfrau strahlte. »Bist du's wirklich, Felix?« »Ich bin nicht Felix«, sagte Lovasi. Die Frau reichte ihm einen Barhocker ins Freie. Lovasi saß in einer deutschen Straße, in deutschem Dreck, neben seinem Fuß lag ein orangefarbener Zigarettenfilter, drei Türken näherten sich, sie hielten Eisenstangen in den Händen, wie wäre es, wenn wir ihm einfach so, ukkmukkfukk, eine überziehen? Petra kam, sie gingen in die Neue Nationalgalerie, das Mädchen fand Arnold Böcklins wildromantische, balladenhafte, bedrohliche Landschaftsmalerei lächerlich. Der Junge wiederum hielt den Lieblingskünstler des Mädchens, Max Ernst, für übertrieben konzeptionell. Sie gingen in die Wohnung der Freundin des Mädchens, liebten sich, unter ziemlich bedrohlichen Umständen, weil die Freundin, die zwar neuerdings von Homo zu Hetero übergegangen war und Petra nicht mehr nachstieg, sich dennoch sicher nicht gefreut hätte, wenn sie sie mit einem Typen im Bett erwischt hätte. Das Mädchen bestand auf ein Kondom und wunderte sich sehr, daß Lovasi diese Frage wurscht war. Dann setzte sie sich auf ihn und streichelte sein Gesicht mit ihren langen Haaren. Während sie sich liebten, sprachen sie darüber, daß Männer bei der Liebe nicht gerne sprechen. Mädchen sind verspielter und geschwätziger, sagte Petra. »Woher weißt du«, fragte Lovasi, »wie Mädchen sind, wenn sie Liebe machen?« Eigentlich gefiel Lovasi das Mädchen nicht: Sie war zu groß, knochig, kleiner Busen, spitze Nase, Brille, harte Gesten, Hände wie Schaufeln, aber kaum berührte sie ihn, spürte er die Hitze in sich aufsteigen, und es war ein aufregendes, süßes Gefühl, bei ihr raus- und reinzurutschen.

Sie setzten sich in ein Kaffeehaus, es stellte sich heraus, daß das Mädchen ihrem Freund von Lovasi erzählt hatte, die Gemüter hätten sich aber schon beruhigt, nächste Woche wollten sie zusammen nach New York fliegen. Sie hatte Tränen in den Augen. »Du bist schön«, sagte Lovasi und strich ihr über den Arm. Sie wechselten das Thema, analysierten die Gemeinsamkeiten und die Unterschiede der Situation der Budapester Zigeuner und der Berliner Türken, und als trete wegen des teilnahmslosen und klugscheißerischen intellektuellen Geschwafels eine strafende Sprachmagie in Aktion, sprangen türkische Kinder vor der Herrentoilette auf Lovasi drauf und wollten ihn in einen dunklen Lagerraum zerren. Er wehrte sich mit Händen und Füßen. Petras österreichische Freunde kamen dazu, Bernhard war in Linz geboren worden,

Lovasi konnte sich nicht zurückhalten, »wie Adolf Hitler«, sagte er grinsend. »Nein«, antwortete Bernhard, »Adolf Hitler ist nicht in Linz geboren, sondern in einem kleinen Dorf bei Linz, er hat nur das Gymnasium in Linz besucht, was aber nicht bedeutet, daß er sich nicht als Linzer gefühlt hätte. Er betrachtete Linz als seine Geburtsstadt, so sehr, daß er in seinem Testament, das er am Tage seines Todes im Berliner Bunker verfaßte, seinen übrigens nahezu wertlosen Besitz Linz beziehungsweise seinen Linzer Verwandten vermachte. Im Unterschied zu Göring, der seine geplünderten und geraubten Schätze mit einer Autokarawane aus der besetzten Stadt rettete, kümmerte sich Adolf Hitler nicht um die Anhäufung von Besitz, denn er war nicht vom Wohlstand besessen, sondern von der Ideologie. Sein Nachlaß kam offiziell nie in Linz an, und jener Festlegung im Testament ist es zu verdanken, daß die tapferen Linzer bis heute an den Wochenenden als Familienausflug getarnte Schatzsuche-Expeditionen in die Höhlen der Umgebung von Linz organisieren.«

»Ich möchte nur ein Säckchen Gras nach Hause schmuggeln«, sagte Lovasi etwas zusammenhanglos, »falls ich mein Glück noch nicht völlig überstrapaziert habe.« Um nicht einzuschlafen, versuchte er zu tanzen, dann drehten sie sich noch eine Zigarette und spielten ein Spiel: Derjenige, auf den das Feuerzeug, das sich wie eine Roulettekugel drehte, zeigte, der mußte seinem Nachbarn eines auf die Rübe geben.

Endlich gelang es ihm, seinen Dealer zu erreichen, der erkältet war und ihn bat, ihn am nächsten Tag wieder anzurufen, um einen Treffpunkt zu vereinbaren.

Auf der Toilette klebte zwischen zwei Pissoirs ein Bild der Deutschen Auswahl mit der Aufschrift: Vorwärts, Jungs! Petra trank auch viel und stellte fest, daß die ungarischen Mädchen furchtbar konservativ sind. Sie schminken sich, fotografieren einander auf öffentlichen Plätzen und sie haben die fixe Idee, durch den Verkauf von Palatschinken, Lángos und ungarischem Salzgebäck in Berlin überleben zu können, alles Speisen, die sie noch nicht gekostet hatte. Sie teilte aber die allgemeine Meinung, daß ein deutscher Magen weder Palatschinken noch Lángos verträgt, schon aus dem einfachen Grund, weil der deutsche Mund die Palatschinken, das ungarische Salzgebäck und den Lángos, noch bevor das Zeug im Magen ankommt, angeekelt ausspuckt. Die ungarischen Mädchen von Berlin sind also nicht nur altmodisch gefallsüchtig, sondern auch unendlich einfältig. Lovasi verriet nicht, daß er schon immer von einem Busineß mit Lángos, ungarischem Salzgebäck und Palatschinken, auf das sich die ungarische Emigration seit jeher stützte und das in jedem Fall zu häßlichen geschäftlichen Niederlagen führt, träumte. Er sah sich stumm die Wiederholung des Matchs im Fernseher an, der oben an der Wand befestigt war. Bernhard trank einen Alpensaft, Almdudler, mit dem er sich unwiderruflich lächerlich machte, weil der Almdudler seinen Konsumenten automatisch zu einem grotesken Niemand degradiert. Bernhard stand bald auf und machte sich verwirrt davon. Einer der Besoffensten aus der Meute setzte sich ans Steuer, die altbekannte Metamorphose des doof dreinschauenden jungen Mannes, der am Lenkrad zum Zauberer wird, vollzog sich, er navigierte sie mit selbstsicheren Manövern in die Schnabel-Bar.

Die Trugbilder der durch die Jalousien fallenden Morgenröte.

Im Morgenprogramm demonstrierte der Leiter des Berlin-Verlages mit Hilfe einer glänzenden Meßstange, wie tief der Urin der Discojugend, die im Tiergarten ihr Geschäft verrichtet, die deutsche Muttererde vergiftet, er zeigte Vögel, die durch die Techno-Musik verrückt geworden waren und über dem Park kreisten, worauf ein Vertreter der Discojugend, der in seiner Nähe stand, bemerkte, daß Vögel auch laut seien und die Musik für alle da sei.

Auch sie waren von der Schnabel-Bar in Richtung Love Parade aufgebrochen. Petra nannte Lovasi einen Chauvinisten, der unter Borderline leide, später definierte sie Boris Becker in einem Nebensatz als Nutella-Fucker. Eine rassistische Rosine im feministischen Kuchen, dachte der Junge, man kann die Dinge auch so sehen, aber daran sind die Dinge selbst schuld, nicht die Menschen, oder fifty-fifty, der Mensch trägt die halbe Schuld, der Rest liegt, und hier hätte er sagen müssen, im Wesen der Dinge, aber das konnte er so nicht sagen, lieber schaute er zu, wie eineinhalb Millionen Menschen unter dem vergoldeten Engel tanzten, sah dem Krankenwagen zu, der sich einen Weg durch die Menge bahnte, auf den winkende Jugendliche aufsprangen, der halbnackten Negerin, die auf einer beleuchteten Säule, auf einem Flecken, nicht größer als ein Taschentuch, seit Stunden steppte, den glücklichen Körpern, die im strömenden Regen auf dem Boden lagen, aber er achtete sehr darauf, niemandem in die Augen zu sehen. Wenn man den Leuten in die Augen sieht, wird man verrückt.

Lovasis Dealer hatte einen Schal um den Hals und trank in seiner Küche in Kreuzberg Lindenblütentee. Er legte fünfzig Gramm Gras auf den Tisch, Lovasi roch daran, und ihm wurde schwindlig. Er versuchte, das Zeug einzuwickeln, zusammenzupressen, es war so groß wie ein Big Mäc, zahlte die 500 Mark, die er sich von Petra geliehen hatte, wünschte gute Besserung und ging.

Im Fernsehen lief noch immer die Love Parade, live, gleich in Clip-Format, verwaschene, stürzende Bilder, flimmernd, scharf, in Zeitlupe, gerastert, fließende, pulsierende Körper und Gesichter. Die Wirklichkeit lebt und atmet und zittert im Sinnesrausch.

Das Mädchen befriedigte ihn jetzt mit der Hand, sie redeten noch ein wenig, dann ergriff die ekelhafte Katerstimmung Besitz vom Jungen, er hatte nichts zu sagen, nicht weil ihn das Mädchen gelangweilt hätte, sondern weil ihm einfach nichts einfiel, anstrengen wollte er sich nicht, also hatte er, wie oft zuvor, zur Flasche gegriffen, zunächst trank er den Rest Rotwein, dann fand er in der Kammer eine halbe Flasche Sherry, der zwar süß war, aber das machte ihm nichts aus, die Spannung ließ nach, und die Zunge löste sich. Wozu das alles? fragte er sich, nachdem das Mädchen doch gegangen war, weil sie sich am Morgen mit ihrem Vater treffen mußte, über den Lovasi zwei Dinge wußte: daß er thailändische Küche liebte und das Verkehrssystem von Jakarta wie seine Westentasche kannte, weil er es geplant hatte. Wozu das alles? fragte er sich, wieso kommt es in den unerwartetsten Momenten zu diesen Konzentrationsschwächen, dieser Leere, diesem Vakuum? Man stürzt aus dem Geschehen, wird hinausgedrängt, ist gelähmt, dumm, allein, und nur Alkohol und Gras helfen, um es einem am nächsten Tag nur noch schwerer zu machen. Lovasi setzte sich an diesem schweren Tag mit seiner zerknitterten, gefälschten Fahrkarte in den Zug, ohne Platzkarte und Intercity-Zuschlag und ohne Fahrkarte für die ungarische Strecke. In der Tasche hatte er einen Marihuana-Knödel, so groß wie ein Big Mäc. Er hoffte, daß sich der Zug nicht verspätete und er am Abend rechtzeitig zum Match, zum Entscheidungsspiel, zu Hause sein würde. Die Mannschaften hatten einander einen Monat lang bekämpft, heute abend würde sich entscheiden, welche die beste ist. Er verpackte den Big Mäc in Alufolie und steckte ihn in den Abfallbehälter neben seinem Bein. Der Lautsprecher kündigte die Stationen in verschiedenen Sprachen an, die letzte war Budapest, Ostbahnhof. Vor Prag spazierte er zum Speisewagen und bemerkte, daß eine dicke Frau in blauem Arbeitsmantel den Abfall aus den Abteilen in einen Müllsack einsammelte. Er ging zurück, aber er konnte doch nicht vor fünf Zeugen zu wühlen beginnen, Pardon, mein Big Mäc ist in den Dreck gepurzelt, der Kellner des Speisewagens riß die Abteiltür auf, the restaurant is open, please, köszi, antwortete Lovasi, danke, dzsekujem, sagten die anderen. Lovasi ging hinaus auf den Korridor, als wollte er sich die Beine vertreten, die dicke Frau mit dem Müllsack war nirgends zu sehen. Nach Prag saß nur noch ein einziger Reisender in seinem Abteil, aber auch so schien es ihm unmöglich, im Abfall zu wühlen, der Mann beobachtete den kribbeligen Lovasi unfreundlich. Das Abteil füllte sich erneut, und plötzlich stürmte die Frau im blauen Arbeitsmantel herein, schob die Knie der Fahrgäste auseinander, leerte den Müll aus und verschwand.

Am Himmel flogen dichte Heere schwarzer Raben in wechselnden, amöboiden Konstellationen, als wären die am Rand auf Angelschnüre gefädelt. Der Zug huschte an blühenden Mohnfeldern vorüber, aus dem Lautsprecher erklangen die Namen der Bahnhöfe. Ob der slowakische Bauer wohl weiß, was auf seinem Feld wächst? Lovasi gab dem Schaffner, der ihn grinsend und auf ungarisch dazu aufgefordert hatte, zwei Fünf-Mark-Stücke, bloß um einen Streit zu vermeiden.

Auf dem Bahnsteig hinter dem Speisewagen sah Lovasi den einsamen Müllsack. Sein Herz klopfte. Aus dem Lautsprecher hörte man wieder die Namen der Stationen. Malackí, Kútí, Budapest Ostbahnhof. Er wühlte bis zum Ellbogen im Sack, der voll war mit zusammengeknüllten Knödeln, eine braune Apfelschale klebte an seiner Hand. Alles ausleeren? Der Zug rollte, Lovasi rettete sich in sein Abteil. Mit leerem Blick stierte er auf den grauen slowakischen Bahnsteig, wo ein paar erschöpfte Slowaken darauf warteten, einsteigen zu dürfen.

Die dicke Frau ließ sich genau da, unter seinem Fenster, mit einem von ihnen in ein Gespräch ein. Lovasi hätte ihr den Müllsack aus der Hand reißen können, aber noch bevor er diese letzte, verzweifelte, irreale Möglichkeit richtig durchdenken konnte, schnappte die Frau mit einer Hand nach der Öffnung des Sackes, mit der anderen nach dem unteren Zipfel und schleuderte den Inhalt mit einer ausladenden Bewegung in den grünen Müllcontainer.

Lovasi nahm seinen Walkman aus der Tasche, schloß die Augen und versuchte sich vorzustellen, daß die Welt nicht existiert. Ich möchte tot sein, dachte er sich und schlief ein. Er träumte, daß er zu Hause in seinem Bett liegt und nicht schlafen kann, weil er aus der Wand wimmernde Kinderstimmen hört. Er sah die Frau, sie schleppte auf dem Korridor einen Sack hinter sich her. Kann es sein, daß sie mehrere Säcke hat? Kann es sein, daß das MEIN Sack ist? Der Zug näherte sich Sturovó, Lovasi versteckte den Big Mäc unter seinem Hemd. Auf dem Bahnsteig stand der winzig kleine Schaffner, der auf dem Straßenball von Sturovó durchgemacht hatte.

Noch eineinhalb Stunden bis zum Beginn des Matches.

Zsuzsa Kapecz

»Den fünfzackigen Stern aus roten Blumen an der Kettenbrücke konnte niemand ausstehen. Erstens natürlich aus politischen Gründen, zweitens, weil er häßlich war, und drittens, weil er den Verkehr behinderte. Ich erinnere mich, daß der Schriftsteller V. Cs., als er gerade am Drehbuch zu ›Psyche‹ arbeitete, einen langen Vortrag über den Stern hielt, man solle ihn endlich abschaffen, dann würde der Verkehr nicht mehr im Schneckentempo dahinkriechen, aber dieses Unding, beendete er seinen Monolog, würde natürlich nie abgeschafft. Da irrte er sich allerdings, denn nach der Wende verschwand der Stern, der Kreisverkehr jedoch blieb. Doch damals, als der Stern sich noch an seinem Platz breitmachte, gab es einen einzigen Menschen in der Stadt, der mit Vorliebe selbst im größten Stau dort entlang fuhr, Tamás Solymár. Patrik, der Halbbruder von Zsuzsi Ámos, hatte von seinem Vater einen abgewrackten Trabant bekommen, und den lieh er Tamás Solymár hin und wieder aus, manchmal fuhren sie auch zu zweit oder zu dritt durch die Gegend.

Die Jungs, auch Ádám, hatten alle sehr früh den Führerschein gemacht, und heimlich fuhr sogar Panda schon. Tamás Solymár fuhr sooft er konnte über die Kettenbrücke, denn er liebte die Steinlöwen. Er zeigte auch mir das in Stein gehauene alte Wappen, das zum Glück nicht zerschlagen worden war. Die Legende besagt, daß sie einmal Samstag nachts auf dem Heimweg von einer Party waren, Patrik saß am Steuer, Tamás Solymár neben ihm und Panda hinten. Patrik war ein wenig betrunken und er fuhr am Stern langsam im Kreis herum. Dabei sang er, und zwar das umgedichtete Lied der Arbeiterbewegung, das sich von Mund zu Mund verbreitete und in dem Natascha die Jungs zu Hause erwartete. »Wir brauchen eure Panzer nicht«, trommelte Patrik auf dem Lenkrad, und mit erhobener Stimme: »He, russischer Bruder, marsch nach Hause«, und zwischendurch sang er den Originaltext: »Wir sind die freien Menschen von morgen!« Er fuhr im Kreis herum und sang. Tamás Solymár kletterte nach hinten und nahm Panda auf dem Rücksitz. Und dann kam ein weißer Ford aus Pest, und fast stießen sie mit ihm zusammen ...«

Fische lügen nicht

Ich bin Straßenbahnreiniger. Verwechselt mich nicht, meine Freunde und Kunden, mit den Putzkräften, den nächtlichen Soldaten der Remise, die mit Putzlappen und Eimern dort warten, wo die Schienen zusammenlaufen. Ich arbeite am Tag, umsonst, freiwillig und immerfort, weil ich Bewegung liebe, das Abenteuer, das Reisen, den Schwung und die Veränderung, wie die Dinge geschehen. Ich habe keinen Vorgesetzten, der meine Arbeit kontrolliert, keinen Kommandanten, der mich anweist, welchen Wagen ich mir vornehmen soll, ich komme, gehe und ruhe mich aus, wann ich will; und wenn ich gerade Lust dazu habe, sitze ich nur in meiner Lieblingslinie, der Vier/Sechs, und warte den günstigen Moment ab, in dem ich den feuchten Schwamm aus der Tasche ziehen kann.

Ich träume auch nur von Straßenbahnen gerne. Was hat man von Träumen, die von Bussen, Liften, Kellern oder Wohnungen handeln? Gewiß gar nichts. Es war schön, das will ich nicht bestreiten, als mir die Nacht ein seltsames Phänomen projizierte, eine Art Wasserfall, der aus silbernen Fäden oder Glas zu bestehen schien und dessen Strahlen waagerecht fielen, ich beobachtete es aus dem Fenster mit jemandem, dessen Gesicht und Stimme ich vergessen habe. Schön war auch, als ich im Traum eine Katze oder einen Hund hatte, meistens schwarze und fordernde, hungrige, streunende Tiere, und gleich nachdem ich sie zur Küchentür hereingelassen hatte, fütterte ich sie aus einem Tellerchen; wann würde ich tagsüber schon dazu kommen? Ich habe mich auch schon mit Japanern unterhalten, in ihrer schnellen und unverständlichen Sprache, doch in meinem Traum war jedes ihrer Worte klar und so, als wären wir bei ein und derselben Mutter aufgewachsen; und auch in einem Überlandbus saß ich schon einmal mit einem englischen Professor, der die ganze Zeit einen kleinen schwarzweißen Plüschhund im Arm hatte und der, nachdem wir am Bahnhof ausgestiegen waren, um meine Hand anhielt. Deshalb sage ich, meine Freunde, daß es keinen Sinn hat, von Bussen zu träumen.

Vielleicht stimmt es, was man früher gesagt hat: daß der Traum die vergessene Sprache Gottes sei, die wir alle verstehen. Sicher ist, daß ich viel und lange träume, heute marschierte ich zum Beispiel an einer Planke entlang und murmelte vor mich hin: »Ich bin ein Häftling«, gestern schlenderte ich über einen unbekannten Kirchhof, letzte Woche war ich ein »Bürgergeda«, fragt nicht, was das heißt, aber ob ihr es glaubt oder nicht, im Traum wußte ich es, und alle anderen um mich herum wußten es auch. Ich träume viel und lange, und oft kommt es mir vor, als sei mein ganzes Leben, alles, was tagsüber geschieht, auch nur eine unentwirrbare und ermüdende Vision, zu deren Verständnis ich erst im letzten Augenblick den Schlüssel bekomme, wenn ich bereits keine Kraft mehr habe, ihn ins Schloß zu stecken, aber das macht eigentlich auch nichts, denn warum will ein Straßenbahnreiniger denn mehr Glück und Verstand, als er braucht. Ich beschwere mich nicht, im Gegenteil, ich muß sagen, meine Freunde und Kunden, daß ihr mich beneiden könnt, weil ich lebe, wie ich Lust habe, und wenn ich euch so anschaue, während ich arbeite, erschauere ich manchmal vor der Böswilligkeit, Reizbarkeit, den Sorgenfurchen und den Verschwenderfalten in euren Gesichtern. Soweit überhaupt einer von euch ein Gesicht hat, meine Freunde. Ja, die Furchen und Ringe, die ausdruckslose Stumpfheit eures Blickes, als wärt ihr vom Satan beseelt! Denn das ist eine satanische Stadt, das weiß ich gut, das Babylon des Verderbens, die Hochburg der Gewalt, ich weiß das sehr wohl, und ihr alle seid Verschwender, weil ihr das Wertvollste, die ungezählte Zeit, die einzige Quelle der guten Laune, von euch stoßt. Glaubt mir, meine Freunde, glaubt dem Straßenbahnreiniger, dessen Worte ihr alle in Gold fassen oder in große Steinplatten meißeln könnt, wie es die weisen alten Könige taten, um ihr Volk zu belehren, aber was ist schon dabei herausgekommen? Nichts. Ihr könnt die Sonnenhymnen lesen, die Rechtsprechung, die Geschichte des Städtebaus, den Ablauf der Zeremonien, die Garderobevorschriften, die Liebeswirren, alles was ihr wollt, wie ich es auch getan habe, denn wie gesagt, meine Zeit ließ es reichlich zu, ja ja, und schließlich kam ich darauf, worauf auch ihr kommen werdet, Freunde, wenn ihr all das tut: ich gab dem assyrischen Schreiber recht, der auf sein Tontäfelchen kritzelte: »Wenn man es genau betrachtet, sind die Menschen alle dumm!« Deshalb sage ich, der Straßenbahnreiniger, daß ich da herkomme, wo ihr gerade hinwollt, und es wird euch ergehen wie meinem Onkel Elek, der jahrelang in einem verwinkelten Gäßchen am Berghang an einer Mauer mit einem verschnörkelten Tor vorbeiging und sich alle möglichen geheimnisvollen und großartigen Dinge dahinter vorstellte, sprechenden Wein, klingelnde Pfirsiche und lächelnde Äpfel im Garten, ein Goldfischbecken am Kiesweg und natürlich einen prächtigen Palast mit siebenundachtzig funkelnden Fenstern, der sich auf einem Gänsefuß drehte, und als er sich endlich an einem windigen Frühjahrstag überwand und die Klinke des verzierten Tores niederdrückte, was erblickte er da? Einen unkrautbewachsenen Abgrund, in den er beinahe hineinrutschte, denn dieses Tor führte geradewegs ins Nichts, in den ewigen Traum, in die Seligkeit, ins Nirvana, ganz nach Belieben, aber vermutlich haben jene recht, die da behaupten, Himmel und Hölle würden irgendwo zusammentreffen. Ich mit meinen zweiundvierzig dahingeflogenen Jahren konnte das noch nicht in Erfahrung bringen, wie ich auch die mir selbst gestellte Frage vorerst unbeantwortet ließ, warum ich wohl gerade hier und als der geboren wurde, der ich bin und der ich werde, zusammen mit euch, meine lieben Kunden und Freunde, dabei werde ich darauf eines Tages antworten müssen, und zwar so, als würde ich einen Traum deuten, aber es ist bestimmt in Ordnung so im ewigen Kreislauf des menschlichen Elends, daß die meisten verschmutzen, schmieren, zerstören und rauben, einige aber den Schwamm tragen und säubern. Ich sehe in euren Augen, daß ihr meiner Meinung seid, doch sehe ich auch Tag für Tag, daß ihr den Dreck mögt, daß ihr den Apfelbutzen, die Papierschnipsel, die gebrauchten Fahrscheine, die Zigarettenkippen, die leeren Dosen gern um euch herumwerft und daß ihr euch freut, wenn euer teures Hundefutter fressender kleiner Liebling sein Geschäft vor der Tür des Nachbarn erledigt. Wißt ihr, daß dies dasselbe ist, als würdet ihr in euren mit Sicherheitsschlössern geschützten Heimen in den Sessel oder auf den Perserteppich pinkeln und das den ganzen Tag lang riechen. Ihr sagt, ich übertreibe? Das glaube ich nicht. Es ist alles eine Frage des Blickwinkels, meine Freunde, vielleicht hätte auch mein Onkel Elek sein Paradies gefunden, wenn er genügend über die Wege und Pfade nachgedacht hätte, die ins Unbekannte führen und ungeahnte Tiefen auftun; ich kann nur so viel sagen, daß ich als einsamer Straßenbahnreiniger mit euch Verschmutzern nicht unter einer Flagge marschieren kann, denn ihr seht mit eurem Verstand und ich mit dem Herzen, was ihr wohl nicht bestreiten könnt, meine ich. Natürlich weiß ich nicht, wie einsam ich tatsächlich bin, man ist immer stolz darauf, den nassen Schwamm in der Tasche zu haben, und zufrieden wie König Arthur aus der Sage, bis ihn der alte Merlin zum Angeln an den Bach mitnahm, um ihm zu beweisen, daß es besser ist, immer damit zu rechnen, daß es jemanden auf der Welt gibt, der auch die schwerste Sache besser macht als der offizielle Sieger; und so beschenkte er den König mit der Fähigkeit des Mißtrauens, was nicht vergebens war, denn am nächsten Tag erschien bei Hof eine Rotznase namens Lanzelot. Ihr wißt, wie das Märchen ausgeht, meine Freunde, wozu sollte ich es also weitererzählen, Hauptsache ist, daß ich euch beobachte und die anderen suche, die heimlichen Reiniger, die dasselbe Blut wie ich haben, die das Zeichen auf der Stirn tragen, den winzigen Punkt, das verkümmerte dritte Auge, das nur Eingeweihte erkennen können. Ich werde es wissen, wenn unser Tag gekommen ist, der Tag der Läuterung, wenn ein Spinnennetz den Himmel überzieht, das Licht im Licht aufblitzt und wir nicht mehr nur in Parabeln angesprochen werden, sondern von Angesicht zu Angesicht. Solange aber führen die Türen ins Nichts, wie jene, die ich gestern abend, als ich Zigarettenkippen aufsammelte, auf einer Station der alten Untergrundbahn gefunden und an die Wand gelehnt habe. Die Tür hatte auf mich gewartet, ich hörte ganz deutlich, wie sie flehte, ich sollte ihr den Platz suchen, wo man sie zum Leben erwecken würde, wo man sie öffnet und schließt, wo sie verdeckt und aufdeckt, wo sie Nächte und Tage hätte, ein Geheimnis und eine Geschichte wie wir alle: ich hörte, wie sie flehte, weinte und klagte, denn ich verstehe die Sprache der Schweigsamen, die Dinge atmen und fühlen, weinen und lachen in meinen Träumen. Sie sind glücklich. Nicht so wie ihr, meine Freunde und Kunden, ja ich könnte sagen, meine Versorger, denn ihr versorgt mich so mit Arbeit, daß ich abends geschwollene Beine habe und man an meinen weißen Zwirnhandschuhen die Schmutzstreifen zählen kann, meine flüchtigen Rangzeichen, denn jeder Streifen steht für einen gereinigten Straßenbahnwagen. Ihr versorgt mich mit Aufgaben, und dabei beobachte ich euch, versuche ich, die Rätsel eurer Gesichter zu lösen, euch in eurer Sprache näherzukommen, in der Sprache des Verstandes und in der Ursprache, im Reich des Herzens, ich denke an die Sprache hinter den Worten, die aus dem dämmrigen Goldnebel der Vergangenheit hinübergerettet wurde und nur noch bruchstückhaft existiert, die im Wirrwarr unseres Alltags abgewetzt wurde, die wir in unseren Träumen aber noch perfekt sprechen. Wenn ich die abgekämpften Hausfrauen betrachte, die jungen Frauen mit den brüchigen Fingernägeln, dem glanzlosen Haar und der unreinen Haut, die unförmigen Gestalten der stoppeligen, den Geruch eines Zieselbaus ausströmenden Obdachlosen, die gewalttätigen, verwöhnten Bälger und die Männer, deren Gesicht und Haltung vor der Zeit zerfällt, also, wenn ich euch betrachte, meine Freunde, dann grübele ich darüber nach, ob ihr wenigstens in euren Träumen glücklich seid. Dieses unermeßlich große Sehnen, das euch alle gefangenhält, verleiht das eurer Phantasie in der bedrückenden Wüste der Nacht Flügel? Oh, ich weiß alles über dieses Sehnen. Aus weggeworfenen Zetteln, Heftseiten, die aus Büchern herausgefallen sind, zerknüllten und unbeendeten Briefen erfahre ich davon Tag für Tag, nicht nur aus dem Lechzen in euren Gesichtern; in einer großen Holzkiste sammele ich zu Hause das Arsenal der verlassenen Sehnsüchte ... Diese halbfertigen Botschaften sind bei mir in meiner Kiste gut aufgehoben, ich lasse alle dem Adressaten zukommen, dem, der die Zeit schuf, während ihr verschwendet und verschwendet, kritzelt und Dreck macht. Nicht so schlimm. Hier bin ich, der Straßenbahnreiniger, in meinem schneeweißen Mantel, mit einer knisternden Kunststofftüte unterm Arm, in der ich Bürste und Schwamm bei mir trage, ohne Aufhebens bewege ich mich unter euch, um den unter die Sitze geworfenen Abfall aufzusammeln, die schweinischen Inschriften von den Sitzlehnen abzuwischen. Ich arbeite schnell und gründlich, meide die Hauptverkehrszeiten und nutze die Feiertage, ich weiß, daß ich nicht verschwenden darf, denn die geflügelte Zeit ist auch mit mir nicht nachsichtiger und gnädiger als mit euch, und wenn dieser kurze Traum, den wir teilen, vorbei ist, wird die Seele von jedem von uns mit der gleichen Feder gewogen. Seht also die Nacht, meine Freunde, die dunkel leuchtende Wildnis, träumt viel und lange, damit ihr aus der stummen

Wüste hinausgelangt, denn früher sagte man, wir würden alles und jeden nur träumen, hinein in die Dunkelheit und ins Licht; siehe da, die Neonlichter des Rings, die Scheinwerfer der Autos und vor allem die Lampen der Straßenbahnen leuchten um uns herum wie seit unendlichen Zeiten die Botschaften tragenden Sterne; entschlüsselt also diese Botschaften, den Sinn der zweiten Existenz der Dinge, der dazu anhält, die Unabhängigkeit der Tiere, die Bedürfnisse der Pflanzen und den Willen der Dinge zu achten, versucht, einander zu achten und lernt, euch selbst zu achten. Ich, ein einfacher Straßenbahnreiniger, kann euch nur soviel sagen wie Buddha, als er ans Licht trat: »Worüber ich sprach ist nur soviel wie diese Blätter in meiner Hand. Aber seht den Wald hinter mir! Soviel konnte ich noch nicht sagen.« Es ist leicht möglich, daß ihr mir nicht glaubt, daß ihr meine Worte für verdorben, meine Mahnungen für überflüssig haltet. Auch das ist gut so. Ich sehe, meine Freunde, ich sehe den Tag und die Nacht, und ich sehe den Regen der Wirklichkeit auf euch fallen, wenn aus euren Tränen Flüsse werden und euch auf euren bitteren Wegen führen, ich sehe die Reiter des Himmels am Tag der Befreiung, wenn die Berge untergehen und die Täler sich erheben und der Augenblick gekommen ist, da die Spiegel bersten. Bis dahin macht ruhig Dreck und Kritzeleien, meine Freunde, und wenn ihr mir nicht glaubt, glaubt den Fischen. Die Fische lügen nicht.

Ich wurde am 26. April 1951 in Budapest, Ungarn, geboren und studierte an der Eötvös Loránd Universität Geschichte und Bibliothekswesen.

So einfach ist es auch wieder nicht, denn eine Zeitlang, zirka vier Jahre lang, durfte ich die Universität aus sogenannten politischen Gründen nicht besuchen. Um genau zu sein, war ich viermal nicht aufgenommen worden, und dann noch zwei Jahre Soldat, was insgesamt sechs ausmacht. Ich glaube, ich habe es noch nie so durchgerechnet. Es klingt zu hart, zu sehr nach Bedauern. Ich bedaure es auch. Vermutlich haben wir Ungarn eine vergleichsweise unterentwickelte Selbstironie und bemitleiden uns zu sehr selbst. Wenn wir zum Beispiel verwechselt werden, so freuen wir uns nicht darüber, wir sind sogar gekränkt, wenn auch nur für kurze Zeit, denn im Grunde genommen ist es ja egal. Nichts wird besser, weder so noch so. Selbstzerstörung, Klage, das finden wir schön. Einmal darüber schlafen, als wäre ständig ein heißer Sommernachmittag nach einem langen und ausgiebigen Sonntagsessen. Wie sollte ich mich dagegen wehren können. Und János Arany ist ein sehr großer Dichter. Seine Größe beruhigt. Das kann man ruhig behaupten. Übersetzer berufen sich gern auf János Arany und die politischen Gründe, was immer das sein soll, es kommt nicht rüber, diese oder jene ungarische Sache würde ihr Leserpublikum nicht verstehen. Wenn nicht, dann nicht. Politische Gründe, das klingt zu hart, denn ich habe nichts getan, ich wurde nur wegen meiner Herkunft nicht aufgenommen. Heutzutage versteht man das nicht mehr, und, um ehrlich zu sein, ich verstehe es selbst nicht. Die Sache war die, daß wir zur sogenannten Mittelklasse gehörten, Grundbesitz, irgendwelche Fabriken, und mein Vater war Offizier. Klassenfremd. Das war der Ausdruck, den sie benutzten. Mein Großvater besaß 3000 Joch Wald. Und auch eine Likörfabrik. Das muß ziemlich komisch gewesen sein. Irgendwie kam ich dann doch an die Uni und so weiter. Dreieinhalb Jahre lang war ich Mitarbeiter des politisch-kulturellen Wochenblattes *Magyar Narancs* und bin seit der Gründung der *Magyar Lettre Internationale* einer ihrer Redakteure. Meine Bücher erscheinen, sie werden auch übersetzt, die Rezeption ist annehmbar. Die Lage aber ist nicht ganz so lustig. Nur diese paar Zeilen.

Es kann nicht sein, denn es ist unmöglich

Budapest-Papierstadt

»Eine Familie steht auf dem herabstürzenden Erker, surrealer Balkon, auf dem Arm der Frau ein Kind, dem Mann sieht man an, daß alle drei sterben werden, er macht mit seinem Ellenbogen eine Bewegung, als stieße er einen unsichtbaren Engel in die Seite.«

Gábor Németh

Wer jetzt kein Haus hat, baut sich keines mehr.

R. M. Rilke

Ich beschließe für gewöhnlich, wie eine Stadt ist. Zuerst stelle ich sie mir vor, und dann fasse ich den Beschluß. Ich stelle sie mir vor, und so ist sie, später, wenn ich sie tatsächlich gesehen habe, ist sie auch noch so, es gibt also zwei Rom, zwei New York und zwei Berlin (schlechter Witz), und es ist gar nicht sicher, ob nicht die Stadt, die ich mir vorstelle, die richtige ist. Aber in zwei Roms herumzuschlendern, ist doch zu ulkig, ich muß mir tatsächlich das richtige aussuchen. Ich muß mich *gegen die Vorstellung* entscheiden.

Jeder Ort ist, wie wir ihn beschlossen haben. Durch die Beklemmung, die er in uns auslöst: durch die Beklemmung und weil's so einfacher ist. Also, Pest-Buda meines Herzens, was könnte einfacher sein als du: ich lebe hier, wurde hier geboren und stelle mir nichts vor, trotzdem muß ich beschließen, daß sich daran nichts ändern läßt, daß es auszuhalten sein soll. Sei auszuhalten! Vielleicht helfen solche Umschreibungen.

Lange Zeit lächerlich kleine Dinge beobachten, vierzig Jahre lang dieselbe Dachziegelreihe, die Veränderungen eines Dachziegels, und wenigstens etwas wahrnehmen. Wie wild zu fotografieren beginnen. Oder besser – denn ich habe es schon probiert, mit durchaus unterschiedlichem Ergebnis –, *ich* fotografiere nicht, oder nur für mich selbst, denn das Fotografieren, das Bild, ist etwas ganz anderes.

Was es ist, weiß ich nicht. Etwas so lange wie möglich beobachten. Eine Sache genau im richtigen Augenblick beobachten. Nicht nur der *richtige* Augenblick ist wichtig, das Bild ist eine Konstruktion, eine scharfe, kleine Komposition, die mit großer Kraft die frostige Gleichgültigkeit zerschlägt, die die Dinge voneinander trennt. Denn wir plappern und fotografieren, alle plappern, und dennoch: angesichts eines Bildes bleibt nur das Schweigen.

17. Januar 1993, Antonia-Tag. Vormittags schneite es ein bißchen, der Schnee ist gleich wieder geschmolzen, jetzt aber scheint die Sonne. Es ist nachmittags, gegen eins. Dachziegel, Ziegelreihen, Montag nachmittag, ich drücke meine Handflächen an das Fenster. Das Glas ist kalt. Über Budapest zu schreiben ist ein bißchen lächerlich. In der Rozsa-Gasse befindet sich eine kleine Bäckerei, die nach Brot riecht. Ich habe mein ganzes Leben lang in Pest gelebt/gewohnt, im VI. Bezirk. Szondi-Gasse. Izabella, Szív, Népközt, Novhét, Köröndi, Csengery, Vörösmarty, Aradi und so weiter. Hunyadi-Platz. Lehel-Markt und Ferdinand-Brücke. Die Ferdinand-Brücke war vormals die Élmunkás (»Bestarbeiter«)-Brücke. Die Podmaniczky-Gasse, früher Rudas-László. Oder wenn wir uns die Adlerstraße → Sas utca → Guszev utca Entwicklungsreihe ansehen, ja, an diesem Punkt habe ich aufgehört, und wirklich nur aus Faulheit. Wird schon werden, dachte ich mir, und so war es auch. Ich werde mich richtig verhalten, dachte ich mir, ich werde brav sein, das

reicht, und es stimmt. Ich arbeite ein wenig, es ist ganz erträglich, mache mich an die Arbeit, wird schon werden. Bier habe ich, ich hätte Lust auf ein wenig Käse, ich sitze in der Küche, habe die Teller eingeweicht, drehe an der Neonröhre, bis sie aufhört zu vibrieren. Die Neonröhre brummt. Gemüse, Zitronen, Rahm, Nylonsack, die Sonne scheint auf die Galerie des Hauses. Die Klopfstange im Hof wurde gegen eine viel modernere Klopfstange ausgetauscht. Der Lift ist auch neu, modern. Die Decke mit Stützpfeilern verstärkt, damit sie das Gewicht des Liftes aushält. Wegen dem neuen Lift mußte die Decke gestützt werden. Also, sobald etwas kaputtgeht, kommen Männer und machen es kaputt. Was kaputtgehen kann, machen sie kaputt. Einmal, wie lang mag es nur her sein, war ich für kurze Zeit Zimmermann, Hilfsarbeiter. Ende Sommer 1973, Zimmermann HA. Ich beendete meinen Militärdienst und mußte etwas tun. Ich wurde nicht auf die Universität aufgenommen, Studienrichtung Philosophie. Ich mußte aber nicht zimmern, um ehrlich zu sein, weiß ich nicht einmal genau, was das ist: zimmern. Ich sehe zu, wie man zimmern muß. So. Soviel Holz wie jetzt hatte es noch nie gegeben, die Zimmerleute haben schon einen ganzen Wald in die Stadt eingebaut.

Welche, welche Stadt.
Nun, ich werde einmal hinuntergehen und sie mir ansehen.
Lieber nicht.

Budapest enthält Brücken. Kettenbrücke und Freiheit. Die Stadt enthält die Freiheit in Form von Brücken, Straßen, Bädern und Bergen. Straßen, zum Beispiel Álomstraße (»Traumstraße«), Kirchen und Plätze. Jede Menge Fußballplätze, das Stadtwäldchen, Schulhöfe, den Fradi-Platz. Weitere Orte der Kultur. Die anläßlich der Jahrtausendfeier erbaute Untergrundbahn, ungarische Könige, die Sieben Führer, wunderbare kämpferische Bronze-Stücke. Opernhaus, Konditorei Lukács, das Rudas-Heilbad und die Petőfi-Kaserne, meine Angehörigen auf dem Friedhof von Farkasrét. Die Gefallenen Helden. Sie enthält die liebe Mutter und, du lieber Himmel, jede Menge Frauen. Manchmal scheint es, als enthielte sie, Gott sei Dank, nur Frauen. Aber nein, denn hier gibt es auch Leid, Feindschaft, Verblödung, sanfte Unterdrückung, unerwartete Gerüche, unentdeckte Bezirke. Hier gibt es Gedränge, Nervosität, Lärm. Sie enthält, daß wir auf der Rolltreppe nicht rechts stehen. Sondern wir stehen mal hier und mal dort. Wir fahren im O-Bus schwarz. Sie enthält den O-Bus. Das Leben. Es beobachten, zerpflücken, mit ihm Frieden schließen, Frieden schließen irgendwie, und beschreiben, irgendwie. Um zu berichten, was es nicht gibt, und so, wie ich mich fühle.

Es scheint, daß hier alle Menschen ausgesprochen beschäftigt sind. Wie beschäftigt wir alle sind. Ich starre vor mich hin, sehe mir die Einschußlöcher an. Die Regenrinne, die Wellen der Dachziegel. Aus dem Radio erklingt das Mozart-Requiem. So eine Stadt hat es nicht gegeben. In Wirklichkeit gibt es so eine Stadt nicht.

Budapest ist gebraucht. Noch nicht alt genug. Es ist erschrekkend, wie ich die Stadt benutze, sie raunzt und läßt trotzdem zu, daß ich sie abnutze. Dann reißt sie sich zusammen, läßt sich gehen. Sie ist unruhig, zappelt wie ein Wurm, und das ist langweilig. Wenn sie einmal stehenbliebe, das alles, alle sich Beeilenden, die Straßenbahn, die Taubenscheiße in der Höhe des zweiten Stockes, die Gespräche im richtigen Moment, und fünfzig Jahre lang alles stillstünde. *Das wär's doch.*

Die Auslagen sind ein anderes Problem. Auslagen müssen sein, dachten sie, sie behielten die Auslagen bei, aber dann stellte sich die Frage, was man darin ausstellen soll. Flaschen, Cola, Konserven, von der Sonne gebleichte kleine Schachteln auf feiner Staubschicht, die nichts anbietet, nichts vorspielt, nur bedeckt; das ist ein bißchen traurig. Aufschriften werden geplant, zwischen den Colaflaschen plaziert ES LEBE DER 1. MAI. Die Trauer über den heiteren Gegenständen. Ich beginne zu vergessen, wie es war, was mich umgab. Ich muß es niederschreiben, damit es mir einfällt. Es ist kalt, undefinierbare Gerüche, Staub oder Zement.

Einmal wurde ich ins Pionier-Kaufhaus mitgenommen. Mehr als einmal, aber einmal besonders, als ich noch kein Pionier war, kein solcher kleiner Pionier, gegen Weihnachten, es ging um Geschenke, *Christkindeln*. Und da war tatsächlich ein kleiner Teich im Kaufhaus, die verschiedensten Erdteile waren im Wasser durch ein Steinmosaik dargestellt, über den Erdteilen schwammen karottenfarbene, karottenförmige Fischlein auf und ab. Vom *Himmel* hingen Flugzeuge herunter, als wären sie an einem Englein festgebunden worden. Sie kreisten auch, oder schaukelten sie nur in der Zugluft über den Karottenfischen hin und her? Oder ist das nur in meiner Erinnerung so?

In der Gorki Allee spielt ein ungefähr zehnjähriger Junge auf einem Betontisch im Schulhof Pingpong. Er war ein bißchen rundlich. Schläger, Ball, Sportschuhe. *Der eine:* Du, Alter, spannen wir das Netz. *Der andere:* Nein, wozu denn. *Der eine:* Warum nicht? *Der andere:* Zusätzliche Arbeit.

Und auf einmal, als wir mit dem Taxi von der Brücke abbogen, Kilometerstein null, in Richtung Tunnel, *»Freiheit oder Ketten?«* fragte der Taxifahrer mürrisch, wir haben die Ketten gewählt, Zitat von László Garaczi, also mein Bekannter, der seit einigen Jahren immer wieder hierher zurückkommt, ein die Heimat Besuchender, fragte den Mürrischen plötzlich, ob *man den Stern wieder anzulegen beliebte?* womit er auf den roten Blumenstern in der Mitte des Kreisverkehrs anspielte, denn es war darauf bereits einmal verzichtet worden, als der Platz renoviert wurde, aber der Mürrische antwortete nicht, denn er bog soeben ab, und da antwortete ich an seiner Stelle: Jaja, wir haben ihn wieder angelegt.

Wir bewegen uns in einer Stadt fort. Ich bewege mich fort, bemühe mich, weg, nach Hause, ich lebe hier, ich sehe mich nicht um, nur ein Tourist sieht sich um. Selbst wenn ich aus dem Fenster der Straßenbahn starre, starre ich eher bloß in mich hinein. Manchmal allerdings nicht, weil wir uns über der Donau nicht fortbewegen, sondern sie überqueren. Die Überquerung, rechtes Ufer, linkes Ufer und zurück, und das Ganze von vorn, nicht weil der unruhige Ungar nicht auf seinem Hintern sitzen bleiben könnte, auch nicht weil es *dort* besser ist, sondern vielleicht, weil die Dinge sich irgendwie immer auf der gegenüberliegenden Seite ergeben. Bei solchen Gelegenheiten nütze ich die Zeit, um mir von dort, wo die Margaretenbrücke über der Insel einen kleinen Bogen macht, die Sehenswürdigkeiten anzusehen. Bei Sonnenschein, im Nebel, im Schnee, oder abends, wenn sie beleuchtet sind.

Man steht mit seinem Geburtsort nicht in einem Liebesverhältnis. Die Liebe sucht man sich aus, oder die Liebe sucht sich den Menschen aus. Oder andere Überlegungen spielen eine Rolle: Ich wurde hier hineingeboren, und zwar bis zum Hals, um bei der ersten Person Singular zu bleiben, und später richtete ich mich nach den Gerüchen. Mutter-Sohn-Verhältnis, die Mutter hat einen bestimmten Geruch, eine Ausstrahlung, einen Duft, um es feiner auszudrücken. Ihre Stimme, ihre Formen, ihre Farben, ihre Fehler und Unzulänglichkeiten. Sie ist schön, *so* wie sie ist, wie sie für niemand anderen schön ist, und sie ist unglückselig, eben *so*, wäre sie anders unglückselig, mehr oder weniger, wäre es bei weitem nicht das gleiche, sondern auf jeden Fall schlechter. Bekannte Abnutzungserscheinungen. *Ich* habe sie abgenutzt, *an mir* wurde sie abgenutzt, sie nutzte sich *zu mir* ab. Ein Gefühlsverhältnis, hier herrschen keine rationalen Elemente. Es ist gut zu lieben. Es ist nicht gut. Es behindert – welch angenehmes Hindernis –, was sich in uns um die bestmögliche Lösung bemüht. Daß die Gerade der kürzeste Weg von A nach B ist. Für den, der liebt, sieht die Sache anders aus, von ♥ nach ♥ sieht's anders aus, Zeit und Ort funktionieren anders. Der Mangel stellt sich anders dar, und auch der Schmerz. Wir sind zusammen, *und* sie fehlt mir, sie ist weit weg, *aber* ich bin bei ihr. Es ist gut *und* es tut weh, daß es so gut ist, oder schlecht, aber wenigstens tut's nicht mehr weh.

Früher gab es Kaffeehäuser. Die Menschen saßen in Kaffeehäusern. Sie tranken Kaffee, unterhielten sich und lasen. Sie schrieben auch. Das ist ein bißchen verdächtig. Reaktionäre und Progressive an einem Tisch. Oder getrennt. An einem Tisch die einen, am andern die anderen. Ein Budapester Bürger. Seinerzeit ist Großvater angeblich, laut Familie, immer in den Kaffeehäusern gesessen. Angeblich gab es in Budapest 400 Kaffeehäuser. Wo sie jetzt sitzen, die Fortschrittlichen und die Ewiggestrigen, wer weiß das schon. Dezsö Kosztolányi hatte gemeint, die Kommunisten würden als allererstes die Kaffeehäuser vernichten. Das war im Jahr 1918.

In der Straßenbahn Nummer 6 spricht ein geisteskranker Mann mit sich selbst. Er hält vor dem Publikum, vor uns, eine Rede. Die Menschen weichen zurück, wir, die anderen Menschen, weichen zurück, so weit wir nur können. Wir können aber nicht weit, denn es herrscht ein ziemliches Gedränge. Er monologisiert. Man kann nicht nicht hinhören, wenn jemand monologisiert. Wir drängten uns noch näher aneinander, als wäre seine Krankheit ansteckend, seine Rede ansteckend, den Mann aber stört das nicht, er steht am Ende des Wagens, auf dem Perron oder da, wo früher ein Perron war. Um ihn herum bildet sich ein halbkreisförmiger Streifen, *cordon sanitaire.* Jetzt sieht er wirklich aus wie ein Redner, den die Zuhörerschaft umringt. Wir schweigen. Wir hören ihm zu, was sollten wir sonst tun. Aber wir sehen ihn nicht an. Wenn wir ihn nicht ansehen, ist er auch nicht dort.

Wir sehen auch einander nicht an.

Ich war beim Oktogon zugestiegen, ich lese nicht, starre zum Fenster hinaus, nichts Interessantes, verschmutzte Hausmauern, grauer Farbton, langweilige Auslagen, die Leute auf der Ringstraße. Und dichtes Schneetreiben, der Schnee verbessert das Bild ein wenig. Ein Kübel weißer Farbe wurde über der Stadt ausgeschüttet. Man kann nicht verstehen, was der Mann sagt, man kann ihn nicht hören, aber man kann ihn auch nicht verstehen. Als wäre sein Mund voll Schleim.

An der Wesselényi-Gasse steigt ein zweiter geisteskranker Mann zu, er lächelt breit, trägt einen braunen Kunstledermantel, eine Art Fellmütze, die heruntergeklappten Ohrenschützer baumeln, während er geht. Er drängt sich vor, bleibt am Gelenk des Straßenbahnwagens stehen, beugt sich zu einem der Fahrgäste hinunter, *zu einem von uns*, und brüllt ihn freundlich an, *schönes Wetter, nicht wahr,* dann, ein wenig später, nochmals, genauso freundlich, *wir haben schönes Wetter, nicht wahr, oder nicht?*

Die Herzen schlagen im Omnibus. Es regnet, die Regentropfen trommeln auf das Dach, Dunst steigt auf, der Omnibus ächzt, und die Herzen schlagen. Jeder hat ein Herz. Unser Omnibus ist kurz davor liegenzubleiben, rutscht nach vorn. Bei der Haltestelle, der Haltestelle zur Izabella-Gasse, sieht man Einschußspuren an der Wand und eine Aufschrift, die vor vierzig Jahren aufgepinselt wurde: *Reaktionäre raus aus dem öffentlichen Leben.* Wenn er nur nicht auf der Arbeiterbrücke liegenbleibt.

Wenn man an einem strahlenden Vormittag, auf dem Weg von der Endstation der Untergrundbahn zum Gebäude der Geisteswissenschaftlichen Fakultät, den duftenden Touristen, die in der Váci-Gasse stehen und gaffen, dienstfertig ausweicht, fünfzig, sechzig Schritt vom Vörösmarty-Platz entfernt die Lieder, die von allen möglichen Musikern dargeboten werden, verklingen, das Gitarrespiel des gute Laune mimenden Jungen mit der Geige des vergrämten und jämmerlichen Bettlers verschwimmt, der offensichtlich nicht einmal den Versuch unternimmt, sein Spiel auch nur ein bißchen erträglicher zu machen, wenn man also am Fotogeschäft, Juwelierladen, an den Boutiquen und plumpen Kandelabern vorbeispaziert, sieht man sich auf einmal knapp vor dem Kristóf-Platz, vor der Figur des Fischhändlermädchens, auf der linken Seite in der riesigen, schwarzen Schaufensterscheibe der Aeroflot selbst, wie einen unerwarteten Bekannten, einen nicht allzugut gelungenen Satz, den man einmal niederschrieb, schon ziemlich lange her, und jetzt wiederentdeckt, obwohl man ihn gar nicht gesucht hat, aber es ist gut, daß er da ist, und man denkt plötzlich daran, daß man ihn umschreiben sollte, irgendwie verbessern, aber egal, er soll so bleiben, wie er ist, dennoch wendet man sich ab, weil einen die Erinnerung täuscht, es kann nicht sein, so geht es nicht, man erinnert sich nicht gerne daran, dann dreht man sich schnell um, sieht noch mal hin, sieht sich selbst, und diesmal scheint es in Ordnung zu sein, es gefällt einem besser, jetzt ist es wirklich besser, nicht wahr, mein Gott.

Die Kinder fahren mit dem Bus, die Erwachsenen mit dem Mercedes. Damit will ich nicht den Kapitalismus kritisieren.

Setz dich an einem Sommerabend an den Kai unter die Kettenbrücke, so nah wie möglich ans Wasser. Sitz ruhig so da und schlürfe deinen Tetrapack-Kakao. Von dort, von dort oben, von überall, kommen früher oder später alle hier herunter. Sie schmiegen sich ans Erdreich, den Stein, die Treppe. Eisen, Wasser, der Duft des Wassers.

Na und: Wie war es dort oben?

Na ja, geht so. Es war kalt und windig. Warm. Matschig. Wie man's im Fernsehen sieht.

Jetzt sehe ich mich von hier aus um. Von hier aus gehe ich nirgendwo hin. Von hier aus bin ich nicht hier.

PÁL FICSKU:

Über mich

Wenn man mich nach meiner Kindheit fragt, pflege ich mit einer Verszeile zu antworten: »Ich lernte auf einer Landkarte gehen.«

In den ersten zehn Jahren meiner Kindheit wohnte ich in fünf Ortschaften. Bis ich Freunde gefunden hätte, zogen wir um. Ich war einsam und lungenkrank. Noch dazu wohnten wir gerade in Leninváros. In der Stadt, die nach dem Big Boss benannt war, wo es nicht ein einziges einstöckiges Haus gab. Man konnte nur nach oben schauen.

Damals brachte mich meine Mutter hinunter zur Wassersportanlage, und ich begann Kanu zu fahren. Vielleicht war es damals, daß ich entschied, Schriftsteller zu werden.

Man warf uns auf den großen Fluß hinaus, wo es nichts anderes gab als die schöne, saubere oder gerade schmutzige und wütende Natur. Ich war alleine, doch lernte ich die Strömung und mich zu beherrschen. Immer die sparsamste Bewegung.

Ganz wie beim Schreiben. Die Hauptströmung finden, oder gerade den Bereich, wo es keine Strömung gibt. Den ufernahen Abschnitt.

Die Sprache und die Geschichte beherrschen.

Dann schrieb ich bis zu meinem fünfundzwanzigsten Lebensjahr überhaupt nichts, aber ich rühmte mich, Schriftsteller zu sein. Ich schrieb nichts, sondern hörte nur zu. In Kneipen, im Bus, auf dem Markt, überall, wo die Menschen Geschichten erzählen. Es entstand in mir eine besondere Welt, ein Geschichtsraum, den ich später das »elektronische Dorf« nannte, mit existierenden Personen, existierenden Geschichten, aus denen eine unglaubliche Schwingung strömte. Meine Freundin sagte eines Abends, Pali, du bist Schriftsteller, und doch hast du nichts geschrieben. Wie geht das? Frühmorgens stand ich auf und schrieb meine erste Novelle über die »Videoschweine«. Schön, aber in so einer Welt kann man nicht leben, sagte das Mädchen, und nach einigen Monaten hat sie mich verlassen.

Seitdem weiß ich, daß das Schreiben nicht nur ein Spiel ist, sondern auch Verantwortung. Wenn ich schreibe, bin ich Herr über Leben und Tod. Und damit kann man keinen Mißbrauch treiben.

Über meine Novellen pflege ich zu sagen, daß sie Luftkissen-Novellen sind. Sie schweben gerade so über der Erde. Sie sind wahr und doch ungreifbar.

Voriges Jahr habe ich ein kleines Haus am Ufer eines kleinen Sees gekauft. Morgens gehe ich zum Rudern hinunter, und in dem aufsteigenden Nebel ist es so, als ob auch ich über dem Wasserspiegel schweben würde.

Die kleinen Geschichten werden langsam zu einem Ganzen. Langsam wird das »elektronische Dorf« wirklich. Diesen Roman schreibe ich jetzt.

Meine Großmutter die Paraphänomena

Komm her mein Sohn ich energisiere dich sagt meine Großmutter und schon stößt sie mich damit ich mich auf den roten Hocker setze und dann energisiert sie mich.

Ich setze mich und schließe die Augen. Es ist gut so. Ich spüre wie sich der Fettgeruch mit den Ausdünstungen der modrigen Wände vermischt. Naftalin und der Duft von Heilkräutern. Ich kenne jeden Fleck hier die Spuren von Wasserflecken die zerfetzte verwitterte Tapete. Und von überallher der ausströmende Geruch des Alters. Ich sitze mit geschlossenen Augen während meine Großmutter hinter mir einen Hokuspokus veranstaltet.

Spürst du es mein Sohn spürst du die Energie schreckt sie mich aus meinen Träumereien auf. Sie rotiert um mich herum formt mit ihren Händen verschiedene Sachen neben meinem Körper ihre Hände nähern sich langsam meinem Kopf und sie sagt auch schon siehst du mein Sohn bei dir zieht sich die Energie zu deinem Gehirn weil dort das Problem liegt dort in deinem Gehirn liegt das Problem. Ach es wäre doch gut wenn du dich auch selber heilen könntest.

Das Mittagessen ist fertig mein Großvater kommt herein und ich kann mich endlich aus den Händen meiner Großmutter befreien.

Eine feine kleine Herzsuppe aus Rehinnereien sagt er und bringt natürlich auch schon den Schnaps.

Ich esse langsam weil ich weiß daß ich nicht um das Programm herumkomme. Gewöhnlich kommt danach noch das Klöppeln und die Universität. Aber jetzt flüchte ich. Sie legt noch ein Buch das in Nylon gepackt ist vor mich hin. Semmelbrösel 250 g Mindesthaltbarkeit 90 Tage lese ich auf der Tüte und freu mich auch schon daß es vielleicht ein Kochbuch ist weil ich zur Zeit nur die lese aber nein ein kleines gebundenes Buch ist drin auf dem Einband ein kleines Loch und darin ein Pendel das magische Pendel. Du bist doch wohl nicht in anderen Umständen frage ich die Großmama weil auf dem Einband auch steht wofür das Pendel gut ist oder steht vielleicht der Großpapa unter schädlicher Bestrahlung. Das Pendel darf nur sein rechtmäßiger Besitzer benutzen liest meine Großmutter wenn es auch jemand anderes berühren sollte dann müsse es sofort unter einen Wasserstrahl gehalten werden. Ich nutze die Situation und berühre es mit einer Fingerspitze kreischend rennt sie mit dem Pendel in der Hand ins Badezimmer und flucht. Ich trinke schnell noch ein Glas Schnaps und gehe auch gleich während ich ihnen sage daß ich an der Universität etwas zu tun hätte.

Ich schlendere durch die staubig-sandigen Straßen der reichen Stadt in der Tiefebene. Ich denke über meine Großmutter nach die sich ein Paraphänomen nennt. Mir gefällt das nicht mir gefällt dieser Trend nicht langsam wird schon aus jedem eine Wahrsagerin ein Bekehrer oder Knochenschmied. Ich trete gegen die Steine im Staub und lächele über den Satz meiner Großmutter komm her mein Sohn ich energisiere dich.

Der Schnaps brennt mir in der Kehle ich müßte etwas trinken.

Trinken Sie jetzt keinen Wodka sagt die Zapferin in Leningrad gab's eine Atomexplosion ich schaue sie an was sie wohl hätte dann langsam dämmert mir etwas na gut sage ich dann möchte ich bitte weißen Rum mit dem wird doch wohl alles in Ordnung sein. Junger Mann ja wissen Sie denn nicht daß man in Südamerika die Urwälder ausrottet Sie müssen protestieren. Ich gehe lieber nach Hause lege mich hin vielleicht waren wirklich die atmosphärischen Verhältnisse schuld vielleicht haben nur die die Leute heute so verrückt gemacht.

Ich trete in die Wohnung und sehe schon daß es auch heute etwas geben wird was ich vielleicht entbehren könnte. Es ist zu still. Meine Großmutter krümmt sich auf allen vieren auf dem Boden indem sie sich mit der einen Hand aufstützt und die andere gerade nach vorne streckt. Ich muß lachen. Was ist Großmama erreichst du die Niveadose nicht oder suchst du die Katze sage ich zu ihr. Sei still mein Sohn sagt sie zu mir du siehst doch daß ich heile ich heile den kleinen Ati. Ich schicke ihm Energie. Na auch das noch. Mein armer Cousin kann seit seinem zweiten Lebensjahr nicht gehen und jetzt schickt ihm die Großmama Energie.

Ich bitte um Merkur für die Beine des kleinen Jungen denn er leidet unter Merkurmangel murmelt meine Großmutter und ich fliehe wieder nicht daß sie noch für mich um Mars bittet.

Auf dem Tisch ein Buch wie wird man ein Paraphänomen.

Zum Glück klingelt es und mein Onkel kommt der Tierpräparator und Lederbereiter ist bei ihm sind sein Kumpel Kugli und Ketyeró sein etwas kurzsichtiger aber dafür um so schwerhörigerer Gehilfe. Wenn wirklich Gott den Menschen geschaffen hat oder wenn er zumindest ein wenig Hand angelegt hat dann kann man sagen daß das im Fall dieser beiden nicht besonders gelungen ist. Aus dem roten Kleinlaster kommt als erstes ein Angorahase zum Vorschein. Schau mal Mutter sagt mein Onkel wie groß dieser blöde Ketyeró den Hasen ausgestopft hat er hat ihn zu lange eingeweicht der hat sich gedehnt und wir konnten dann das Stroh reinstopfen. Es war wirklich ein Hase in der Größe eines vietnamesischen Hängebauchschweins geworden hier und da ist er noch ganz weich ich kann meinen Finger hineindrücken man könnte fast darauf schreiben so formbar ist das Fell des ausgestopften Tiers.

Dann kommt auch der Sack zum Vorschein bei dessen Anblick ich weiß daß wir einige Wochen lang nur Wild essen werden. Hasen und Fasane kommen aus ihm zum Vorschein. Meine Großmutter wirft die Hasen in die Wanne dort stinken sie nicht so schnell die Köpfe der Fasane hingegen haut sie auf der Schwelle auf einem Hackbrett mit dem Beil ab. Die geklöppelten Spitzen werden blutig Großmama sage ich und ziehe die Tür zu deine paraphänomenale Werkstatt ähnelt jetzt eher einer Schlachterei.

Nachdem wir die Gewehre auf dem Dachboden versteckt haben gehen wir mit Ketyeró und Kugli in die Kneipe hinüber. Vorher jedoch sehe ich noch daß meine Großmutter winzig kleine Knöpfe auf die geschlachteten Tiere legt und etwas murmelt. Na gut für morgen brauchen wir ja auch noch eine kleine Überraschung.

Mein Freund kann ungarisch ich brauche keine andere Sprache zu lernen sagt Kugli während sein Kopf einige Male zuckt ja mein Freund Gott kann ungarisch sagt Kugli und zählt dann auf daß er sich jetzt eigentlich mit dem unteren und oberen Luftraum beschäftigt und mit den sieben Welten und daß sein Freund ihm gesagt hat daß er schon nicht mehr lange leiden muß weil bald alles gut wird und dann wird auch sein Kopf nicht mehr zucken.

Armer Kugli seufze ich innerlich er weiß nicht daß er einen Gehirntumor hat noch einige Monate hat der Arzt gesagt armer Kugli wenn diese Novelle erscheint wenn er vielleicht darin erscheint dann erlebt er das bestimmt nicht mehr dann wird er es schon gut haben dann wird es für ihn keine Wilderei mehr geben keine Kopfschmerzen mehr und es wird auch keinen unteren Luftraum mehr geben. Na laß uns noch einen Halben auf unser Wohl trinken sage ich zu ihm.

Am nächsten Tag als ich wieder in die Wohnung trete erneut Wildblumenduft und der Geruch von Honig. Nirgends der gestrige Gestank das Gemisch aus rohem Wildfleisch geronnenem Blut Federn und Fell. Nur der Wildblumenduft und der Geruch von Honig. Das Fleisch ist bestimmt schon in der Tiefkühltruhe. Meine Großmutter sitzt drin und klöppelt sie macht sich einen schwarzen Spitzenkragen sagt sie wenn sie dann Naturheilerin wird geht sie darin zur Doktorweihe. Die Arme denke ich bei mir. Ich gehe in die Küche hinaus überall kleine knopfartige Dinger unter dem Topf auf die Gasflasche gelegt auch auf der Sodaflasche. Eine noch nicht formulierte Ahnung beginnt sich in mir auszubreiten an der Brust meiner Großmutter hängt auch dieses kleine grünfarbige Medaillon. Was der Henker ist das Großmama sage ich zu ihr und will es berühren aber genauso wie vor zwei Tagen heult sie auch jetzt auf erbleicht und sagt ach mein Sohn wenn du drankommst dann sterbe ich weil meine Aura da drin ist sagt sie bleich und ich spüre daß sie es ernst meint. Dann sagt sie schnell nachdem sie es unter ihre Bluse versteckt hat daß sie es auf dem Paraphänomen-Kurs gekauft hat da sie sich zu einem zweitägigen Kurs für viertausendfünfhundert eingeschrieben hat was mehr als die Hälfte ihrer Rente ist aber nicht das ist wichtig sondern daß sie schon Bioenergie hat und Aura und daß sie an einer mystischen Weihe teilgenommen hat und davon ist sie schon Naturheilerin und morgen kommen ihre beiden Freundinnen die Ilonka und die Ella und sie werden dann gemeinsam genesen und daß mein Problem sei daß ich an nichts glaube du glaubst noch nicht einmal an Gott mein Sohn pflegt meine Großmutter zu sagen und klöppelt währenddessen ihre Spitze und klöppelt nur.

Na gut mach mal eine Pause sage ich zu ihr Großmama erklär mir das.

Und dann sagt sie mir daß ich nicht nur nichts davon wissen aber noch nicht einmal etwas davon hören dürfe weil ich noch nicht eingeweiht bin und sie ist es auch erst jetzt geworden denn nach der Einweihung kennt sie die universalen Codes die ich natürlich nicht sehen kann und die Einweihung dauert vierundzwanzig Tage so lange muß man das Medaillon tragen aber es wurde gesagt daß man vielleicht Schwindelanfälle bekommen könnte weil man bis dahin eigentlich nichts essen darf und nur Säuberungswasser trinken dürfte.

Und sie hätte noch weitergeredet aber ich sagte ihr natürlich fühlst du dich nicht wohl Großmama wenn du nicht ißt und nicht trinkst na klar ist dir dann schwindlig.

Na gut mach mal wieder eine kleine Pause Großmama sage ich zu ihr. Mit diesem Klöppeln machst du dir die Augen vollkommen kaputt.

Ich setzte mich in die Küche bekomme den üblichen Schnaps und warte. Nach einer kurzen Weile bringt sie das Papier von dem sie Wunder erwartet. Die Großmama hat nur sechs Volksschulklassen besucht deshalb kann sie Fremdwörter nicht völlig richtig aussprechen aber sie liest es trotzdem unerschütterlich.

Der Gebrauch des Medaillons zur Steigerung der Aura. Weißt du mein Sohn sagt sie zwischendurch während sie ihren grauen Kopf vom Papier erhebt jeder hat eine Aura. Da ist die Energie drin die aus dem All kommt und dann wirst du nicht krank strahlst nur so weil im Hirn ist die Energie und das Gute ist wenn es vernichtet werden kann dann ist das als ob da nichts wäre nur im Hirn selbst so irgendwas.

Das verstehe ich nicht Großmama sage ich na klar ich bin ja nicht eingeweiht. Aber für was ist das Medaillon gut frage ich sie sag schon Großmama sag mir schon warum du es um den Hals hast und warum es unter dem Topf liegt und auch auf der Sodaflasche.

Und die Großmama liest und liest unerschütterlich die Wahrheit. Die Wahrheit deren einzige Bedeutung die ist daß sie daran glaubt. Wenn man das Medaillon schon einige Tage getragen hat dann soll man es niemandem übergeben denn es ist dann schon dein eigenes verfügt über Strahlung und die Großmama erklärt mir daß man mit der Hilfe des Medaillons sogenanntes A-Wasser herstellen kann also Wasser mit positiver Strahlung nämlich wenn wir das Medaillon 5–10 Minuten lang unter das Wasser legen. Legt man es für einige Minuten neben irgendein Vitamin einen Mineralstoff oder neben ein Medikament dann steigert es den Wirkungsgrad auf ein Vielfaches. Es hat natürlich auch solche Wirkungen die ich nicht nutzen kann sagt meine Großmutter wenn du das Medaillon auf eine Mikrowelle legst wird das Essen energetischer aber wir haben ja keine. Arm sind wir mein Sohn.

Arme Großmama denke ich während ich wieder durch die Straßen schlendere, im Greisenalter will sie sich jenes Wissen verschaffen zu dem sie in ihrer Jugend keinen Zugang hatte. Weißt du mein Sohn pflegt sie jubelnd zu sagen ich bin bereits eine Klöppelkünstlerin und ein Paraphänomen. Ja so Paraphänomen. Sie hat gesagt daß sie es im großen grünen Wörterbuch nachgeschlagen hat daß das eine seltene phantastische Erscheinung bedeutet. Das war sie wohl wirklich als sie den Kissenbezug umherschleppte denn sie sagte daß auf dem wirklich schöne Muster seien und sie läßt die kopieren weil man alles kopieren kann und sie stopfte und stopfte ihn nur so in den Kopierer die Leute sagten ihr vergeblich Mütterchen das geht so nicht. Arme Mama arme Großmama dachte ich bei mir.

Ich müßte was trinken. Ich gehe auf einen Sprung in das Café Orchideé. Junger Mann gut daß Sie kommen jetzt können Sie schon ruhig Wodka trinken ich habe morgens im Fernsehen gesehen daß der Wind die Atomwolke nach Norden in Richtung Finnland bläst und das ist gut für uns jetzt können Sie schon ruhig Wodka trinken. Natürlich haben Sie das bestimmt gewußt deshalb sind Sie ja gekommen nicht wahr denn Sie dort an der Universität Sie lernen ja soviel Wahrheiten Sie könnten mir auch mal ein, zwei solche Sachen erzählen von diesem und jenem und von dieser Bioenergie Sie wissen schon.

Fangen die schon wieder damit an sage ich ist denn hier jeder verrückt geworden und damit renne ich hinaus ich renne und schreie kommen Sie nicht näher an mich heran weil meine Aura zu groß ist und dann sterben wir Menschen alle meine Aura ist zu groß.

Später habe ich mich beruhigt.

Am Morgen haben wir zwei Rehe geschossen sie waren noch ziemlich klein man hätte sie noch nicht schießen dürfen aber wir brauchen eben das Fleisch und das Geld für die Großmama und ihre Bücher. Wir fahren das Aas mit dem Kleinlaster weg fahren es nach Hause.

Es ist was passiert so empfängt uns der Großpapa am Tor stehend und zeigt wir sollten schon reingehen und hineinschauen was die drei alten Frauen da veranstalten.

Drinnen im Zimmer stehen sie meine Großmutter Tante Ilonka und Ella ihre Freundin. Dort stehen sie die Hände zum Himmel gestreckt in ihren Händen jeweils eine Fernsehantenne und singen im Chor mit ergriffener Stimme oh All nimm uns auf oh All bestrahle uns lade uns mit Energie auf damit wir die Kranken heilen können die kranken Seelen oh All bestrahle uns.

Wir gehen raus schmeißen die kleinen Rehe in die Wanne die Gewehre verstecken wir auf dem Dachboden dann gehe ich fort wobei ich sage ich hätte an der Universität zu tun. Jetzt sitze ich am Ufer des ausgetrockneten Sees und denke nach. All das was ich niedergeschrieben habe ist in den letzten vier Tagen passiert. Ich fühle mich erschöpft und bin traurig.

Der Schriftsteller hat in exemplarischer Weise das Los Hiobs gewählt. Er ist gezwungen, in selbstgewählter Schizophrenie zu leben und ununterbrochen gegen menschenfeindliche Zwänge und Gebote zu protestieren, obwohl er sie zur Kenntnis nehmen, im gegebenen Fall sogar verstehen muß. Fortdauernde Aufsässigkeit im Kampf mit verstehender Einsichtigkeit, das ist die seelische Landschaft des biblischen Hiob sowohl als auch des Schriftstellers. Er muß draußen bleiben, aber sich innerhalb des Kreises leidenschaftlich engagieren. Und immer bereit sein, auf Gegenposition zu gehen, um, wenn nötig, ein dialektisches Gegengewicht zu bilden. Eine massiv undankbare Rolle, aber es gibt keinen anderen Weg außer dieser schizophrenen Form der Dialektik.

Die Apotheose eines Reiseführers

Nachdem ich mein Gebet beendet hatte, schlief ich mit der süßen Hoffnung ein, daß unser unerschütterliches Vertrauen als guter Vorbote für die ungewissen Dinge, die da kommen, zu betrachten sei.

Aus dem verlorenen Tagebuch der Frau Gr. Wass Adam

Lieber Reisender, du sollst reisen, was sonst könntest du tun. Die so verbrauchte Zeit wirst du schon aus purer Notwendigkeit zu deinen besseren Augenblicken zählen, dankbar für alle Gefahren, denn nur sie können uns für den, der unsere Schritte lenkt, empfänglich machen – so verkündet es das Reisebüro Lloyd.

Die Eisenbahn und das Dampfschiff nehmen dich auf eine lange Reise mit und versprechen dir, am Abend die Dämmerung zu erleben. Nur für die heldenhaften Soldaten trifft das nicht zu, sie wissen, daß sie in die Nacht und nicht in die Dämmerung reisen – in te tua est perditio, o Israel! Trotzdem können wir nicht leugnen, daß sich für den Reisenden, wie auch für den Leser eines guten Buches, die Begriffe später anders darstellen als vor der Reise. Beglückend ist in solchen Fällen die Rückerinnerung. Und noch beglückender, wenn du dabei vom beileibe nicht abscheulich stinkenden Pfuhl der Friedenszeiten das volle Netz einholen kannst. Dein ganzes Leben wirst du mit Hilfe des Reiseprogramms anfüllen können: Mit Milliarden von Bildern, die du nach ihrer Frequentierung nie wieder auf die alte Weise sehen wirst und mit all den Bröseln, die Geschichten abwerfen und auf die Vögel nur heimlich niederfliegen, denn sie bekommen angeblich andere

Fahrscheine, um die Ankunft zu erwarten. Der Eisenesel rast mit dir dahin, auch wenn du ihn nicht bittest, von seinem Fenster aus kannst du auf erhebende Weise betrachten, wie in der Nähe von Vidacs der Landmann in engen Hosen mit dem Pflug seinen Acker durchfurcht, und auf einer aus Brettern zusammengezimmerten Egge treibt er wankend seine Pferde an, bis der Grund unter ihm ganz glattrasiert ist. Er ist das zufriedene Opfer des beispielhaften Fleißes. An anderen Orten wiederum tauchen wunderbare Gruppen von unterschiedlichen Wassergöttern unter den Wasserstrahlen auf, die aus mächtigen Brunnen hervorschießen, umgeben vom rokokohaften Ballett der Gold- und Silberfische. An zwei Seiten der verspiegelten Säle, der luftigen Hallen, führen majestätische Marmorstufen hinab, und nachdem sie den Tiefpunkt erreichen, steigen sie wieder aufwärts, bis zur Spitze der Gloriette, von dort aus breitet sich – wie ein erlegtes Wild – ein überaus prächtiges Panorama aus und bleibt für immer erinnerungswürdig. Da gibt es zum Beispiel die pastellig nebligen Baumalleen, die bis zu den fernen Gräben führen, wo eine mit Schnitzereien besetzte Brücke steht, darauf ein graziler Steinlöwe. Deine Reise kannst du auch nachts fortsetzen, denn nie wirst du ermüden. Während sich das erschöpfte Fohlen im Stationshaus erholt, bewunderst du den vom silbernen Mond durchfluteten Wald, der sich bis in die Unendlichkeiten ausdehnt. Am Berggipfel steht nur ein einsames Haus, darin die von ihrem Bruder entehrte Jungfrau, die mal aufschluchzt, mal mit funkelnden Blicken nachsinnt, während ihr Bruder im fernen Indien nach Schmetterlingen jagt und neue Arten entdeckt. Das einsame Haus blickt stumm über den Wald hinweg, der sich in zwei Richtungen erstreckt. An einem anderen Ort wiederum wird dir auffallen, daß der Mais höchstens fünf Spann hoch wächst, da die Spitzen immer schlau gestutzt werden, damit die Kolben schneller reifen, andererseits wird viel Buchweizen angebaut, aber nur wenig Burgunderrüben. Dann steigst du in der Dämmerung bei Blitz und Donner im Gasthaus Weißer Wolf ab, dort wird dir alles Geld gestohlen, doch dein Schutzengel bewirkt, daß du sonst keinen Schaden erleidest, nur dein Gesicht wird man dir mit schwarzem Wachs einschmieren, damit dich der Weiße Wolf nicht erkennt und nicht ungezogen werden kann. Mit aufrichtiger Dankbarkeit erwiderst du das launische Spiel. Und kehrst dann in das versteckte Musiktheater ein, wo die Geschichte Wilhelm Tells nachgestellt wird. Von den seit langem nicht mehr vernommenen herrlichen Tönen bist du verzückt; zwischen der Musik, den Sängern und den großartigen Bühnenbildern gibt es einen atemberaubenden Gleichklang. Besonders tief berührt dich die Schwurszene am Ufer des schönen Schweizer Sees, umrandet von hohen Schneegipfeln, wo die feenhafte Spiegelung der durch die winzigen Wellen gebrochenen nächtlichen Lichter einen sehr unmittelbaren Eindruck erweckt, nachdem das Licht durch das offene Dach zunächst in wirkliche Pfützen gefallen ist. Und du vergißt dabei Xerxes, der in seinem Hochmut den Hellespont auspeitschen ließ. Doch wirst du auch die orientalischen Perlen in ihrer unbeschreiblichen Sinnlichkeit vergessen können, die du in der engen, dunklen Schatzkammer voller häßlich verzerrter Gesichter gesehen hast, oder jenen unsehbaren Zug der Kamele von Smyrna nach Ephesus, wo die Tiere an ihren Schwänzen zusammengebunden waren, und als die vorderste Reihe des Zuges den Bergkamm längst überschritten hatte, waren die hintersten erst dabei, in einer Schlangenlinie langsam den Berg hinaufzusteigen. Der Himmel über ihnen war gelb, blau und rot, wie ein titanisch bespritztes Aquarell. Es wird Augenblicke geben, in denen du die höchste Stille erfährst. In der Eisdiele, die nach Art von türkischen Gartenlauben errichtet wurde – auch Kiosk genannt –, schmilzt das Eis um solch eine Zeit langsamer und feierlicher als sonst. Da empfindest du Freude an den physischen Äußerungen der

Natur. Gegen Abend, wenn es stiller wird, dampft das Meer groß vor sich hin, und der Wind waltet über diesem Dampf; wohl dem Land, das mit ihm beliefert wird. Wenn sich die Sonne in den Dunstkreis senkt, verliert sie mit einem Mal all ihre Strahlen, und in einer vergrößerten Gestalt nimmt sie sich beinahe aus, als sei sie der Mond. Und dann erst der Auftritt des Mondes in diesem Meer! Bevor er auftaucht, wird das Wasser heller im schwefligen Licht. Dann bildet sich plötzlich eine Flammenlinie auf dem Wasserspiegel und wird immer größer, bis endlich der ganze Mond aus dem Wasser steigt, aber es ist, als wollte das Meer einen Teil dieses Lichtes für sich behalten, und dadurch nimmt der Mond die Form eines Bienenkorbes an, dann erst gleitet er aus seinem feuchten Grab hervor und prangt in seiner ursprünglichen Rundheit. Es ergibt sich, daß du die Auferstehung Christi nun auf einem dampfenden Schiff feiern kannst, bei der ernsthaften Stille des Sonnenuntergangs. Erst dann gelangst du zum Nymphenhügel, den man so nennt, weil an seinen Flanken mehrere Vertiefungen und Höhlen zu sehen sind; dort waren einst die heidnischen Stimmen der Nymphen zu vernehmen. Es gibt hier einen glatten Stein, auf dem einst kinderlose Frauen entlangzugleiten pflegten, um ihrer Unfruchtbarkeit ein Ende zu setzen. Wie viele von ihnen durch den Aberglauben litten, davon zeugt die geradezu künstlerische Glätte des verschlissenen Steins. An einem anderen Ort berichtet man, daß eine junge Maid, nachdem sie die Wallfahrer aus den Augen verloren hatte, sich in einem Wald wiederfand. Zunächst war sie darüber erschrocken, als sie aber im Mondlicht ihren Schatten fand, kehrten ihre Freude und ihr Mut plötzlich wieder zurück, und indem sie sich vorstellte, der Schatten sei ein andres Mädchen, scherzte und tanzte sie mit ihm. Möglicherweise will die Geschichte aber nur ein Lehrstück für den gesegneten Leib und die unüberwindbare Suche nach dem Partner sein, doch reicht unser Verstand nicht, um den wirklichen

Sinn zu erschließen. Erst hernach kommst du in Achmet-Thorabes kahlem, schlecht beleuchteten Kaffeehaus an, bestehend aus einem Raum, der in seiner Länge und Breite je fünf oder sechs Meter mißt und in dessen Mitte ein Kessel steht, in dem der Kaffee gekocht wird. Um den Kessel herum führt man auf niedrigen Bänken geheime Gespräche über die von den Chemikern verbotenen Alkalien (Laugen), die man aus unverständlichen Gründen für weniger wichtig erachtet als die Acide (Säuren). Und was Achmet Thorabe, den Besitzer betrifft, ist er unter all den Seienden die Verwirklichung eines weiteren Geheimnisses, das sich noch weiter hinter der Existenz Gottes verbirgt. An dieser Stelle erfährst du, daß etliche Menschen überhaupt nicht geboren werden, sondern nach Art der Pilze mit ihren Köpfen aus der Erde hervorbrechen und emporwachsen. Und so erreichst du allmählich die Schwelle der Abenddämmerung. In deiner Erinnerung vermischen sich alle Stationen und all die in unermeßlichen Mengen angesammelten, hochsinnigen, unbändigen, stumpfsinnigen Splitter. Auf dem Heimweg, in Siena, findest du den folgenden Satz in einen Stein geritzt: *... sie haben auch dann nicht genug, wenn ihnen die ganze Welt gehört, denn die Dinge in der Welt sind geringer als der Mensch ...* – An dieser Stelle ist der Stein abgebrochen, die Fortsetzung läßt auf sich warten. Und dann wirfst du noch einen letzten Blick auf den unendlichen Strand, den du zurücklassen wirst. Das Meer ist unbewegt wie die Backenknochen der Sphinx. Im glühenden Sand lagern die Menschen in erstaunlichen Gruppen, mit ausgebreiteten Armen, die Beine eng nebeneinander ausgestreckt, unzählige Menschen, alle herrlich braun gebrannt, alle in ein nicht zu steigerndes Nichtstun und Warten versunken. Ein großer Anblick – es ist wie die stumme Hauptprobe für ein neu entstehendes Sternbild.

EPILOG – OSTERN

Hinter mir liegt ein Leben.
Ich weiß nicht, was es war.
Ein Wunder, was ich von wem bekam.
Flüsse rauschten durch mich hindurch.
Ein Becken bin ich geblieben.
Angefüllt vom kühlen Schlamm.

Spaziergang über die Kettenbrücke

Die vorliegende Anthologie versucht eine repräsentative Auswahl der ungarischen Gegenwartsprosa zu bieten. Als ich die einundzwanzig Autoren auswählte, fiel es mir nicht schwer, mich für jene zu entscheiden, die hier vertreten sind, schwer fiel mir jedoch, andere wichtige auszulassen. So gibt Ihnen das Buch natürlich nur einen kurzen Einblick in die mannigfaltige Landschaft der ungarischen Literatur, fokussiert auf eine der Budapester Brücken: auf die Kettenbrücke. Obwohl diese Brücke in der Anthologie als Motiv, als Leitfaden immer wieder aufscheint und die einzelnen Texte den Faden durch dieses Motiv dialogisch fortspinnen, geht es in diesem Buch doch nicht bloß um die Kettenbrücke.

Es geht vielmehr um jene Wege der ungarischen Literatur in den letzten Jahren, die von Werken der älteren Generation wie Miklós Mészöly, Péter Lengyel, Dezső Tandori oder Sándor Tar, der mittleren Generation wie Péter Nádas, Péter Esterházy oder Géza Bereményi, der jüngeren wie László Garaczi, László Darvasi, Gábor Németh oder Endre Kukorelly, und letztlich der ganz jungen wie Pál Ficsku, Attila Ménes, Zsuzsa Kapecz oder Virág Erdős beschritten worden sind.

Über Generationen zu sprechen, bedeutet aber nicht unbedingt, über das Alter einer Autorin oder eines Autors zu reden, vielmehr ist von Richtungen, Linien und literarischen Verfahrensweisen die Rede. Die Texte dieser Anthologie schlagen gerade aus dieser Sicht durch ihre Aktualität eher »Altersbrücken«. Auf der Landkarte gehen die literarischen Wege gleichzeitig in- und auseinander: Sie knüpfen aneinander an, kreuzen und trennen sich. Beginn und Fortführung, Rückgriff und Vorschau, Experiment und Spiel – eine Folge von Vorgängen, Ereignissen und Handlungen, offensichtliche und versteckte Hinweise auf die heimatlichen und auf die Weltliteraturen –, das alles macht eine literarische Tradition aus. Eine Kette ist sie, aus der einzelne Glieder schwer herauszureißen sind, sie überliefert und übergibt, setzt fort und bewahrt, trennt und überbrückt.

Die ungarische Prosa hat am Ende der siebziger Jahre mit der damals vorherrschenden anekdotisch-naturalistischen Tradition gebrochen. Am Anfang dieser Entwicklung standen vier Werke: ›Film‹ von Miklós Mészöly (1976), ›Ende eines Familienromans‹ von Péter Nádas (1977), ›Ziegelbruch‹ von Péter Lengyel (1978) und ›Produktionsroman‹ von Péter Esterházy (1979). Diese Werke brachten sowohl inhaltlich als auch strukturell etwas Neues hervor: neue Dialogizitätsformen in den literarischen Diskursen und einen anderen Erzählmodus. Die Neuerungen wurden jedoch auf verschiedene Weisen verwirklicht. Gleichzeitig erfuhr auch die Gattung Familienroman eine Erneuerung, nicht nur durch einen Teil dieser Werke, sondern auch durch den Roman ›Legendar‹ von Géza Bereményi (1978).

Ungefähr zehn Jahre später kann eine weitere innere Zäsur festgestellt werden: 1986 erschienen zwei umfangreiche Werke: Péter Nádas' ›Buch der Erinnerung‹ und Péter Esterházys ›Einführung in die Belletristik‹, zwei Partituren, die aus den Möglichkeiten visueller Darbietungen angeregt wurden und die Buchform als Medium – wenn auch in verschiedener Art und Weise – umfassend nutzten.

Schon damals, in den achtziger Jahren, herrschte thematische und formale Pluralität und Vielstimmigkeit in der ungarischen Literatur. Sándor Tar machte sich vor und auch nach der politischen Wende 1989 durch die haargenaue, oft soziographische Charakterisierung der am Rande der Gesellschaft Lebenden auf einen markanten literarischen Weg. Lajos Parti Nagy meldete sich mit einer neuen, ironischen, oft surrealistisch-kaputten Sprache. Seine Sprachspiele stellten die Leserinnen und Leser vor einen Zerrspiegel. Als Geheimtip wurden die mit spielerischer Leichtigkeit geschriebenen philosophischen Gedichte, Lieder, Erzählungen, »Evidenzgeschichten« und Romane Dezső Tandoris gehandelt, jenes Schriftstellers, der seit Jahren konsequent an einem einzigen Werk, an seinem unvollendeten und unaufhörlichen Geständnis arbeitet.

Die Texte von Miklós Mészöly, Péter Esterházy, Dezső Tandori, Lajos Parti Nagy und Péter Nádas schufen mit ihrer textuellen Rückbezüglichkeit eine neue Tradition. Die Prosa der späten achtziger Jahre zeigte eine zunehmende Autoreflexion und eine Neigung zum Simultanismus. Versucht man dennoch die verschiedenen Bestrebungen in der Prosa anhand bestimmter Grundzüge zu erklären, so bietet sich als Ausgangspunkt die besondere Erscheinungsform der Texte an. Der Prosatext, vor allem aber der Roman ist seit jeher mit dem Medium Buch verbunden. Gemeint ist der Umstand, daß sich die Schreibweise im Bereich des Romans mehr als in jeder anderen Gattung auf die Eigenschaften seines Mediums stützt und daß manche Verfahrensweisen im Text überhaupt erst aus den Möglichkeiten visueller Darbietung hervorgehen konnten.

Deshalb war es für die Leser in den achtziger Jahren entscheidend, daß das Buch wie eine Partitur funktionierte. Die zeitliche Bewegung der Lektüre war von ihrer optischen Präsenz abhängig, der Leser konnte zurückblättern, einzelne Stellen erneut lesen, Zusammenhänge kontrollieren und so den Text nicht nur zeitlich, sondern auch räumlich erfassen.

Ab den achtziger Jahren konnte in der ungarischen Gegenwartsprosa die Bestrebung nach einer radikalen Zerstörung der großen Formen, die Fragmentarisierung von Welten und Texten und vor allem das Streben nach Dialogizität und textueller Rückbezüglichkeit beobachtet werden. In den Texten von László Garaczi, Gábor Németh, Endre Kukorelly, István Kemény wurden – im Zeichen der Postmoderne – die früher vorhandenen Elemente der Epik in den Hintergrund gedrängt. Über Linearität konnte nun nicht mehr gesprochen werden, weil die Texte meistens keine »Geschichten« im traditionellen Sinn erzählten.

Gleichzeitig kam auch eine andere Richtung zu Wort. Autoren wie Zsuzsa Forgács, Zsuzsa Kapecz, László Darvasi, Zoltán Kőrösi, János Háy, Virág Erdős, Attila Ménes, Szilárd Podmaniczky oder Pál Ficsku legten das Gewicht wieder auf das längere oder kürzere Erzählen, doch nicht auf traditionelle Weise. Diese Texte enthalten immer wieder märchenhafte, irreale oder surreale Elemente und unterscheiden sich durch die Themenwahl oder in der sprachlichen Verwirklichung von ihren literarischen Vorgängern.

Zwar finden sich in der *Kettenbrücke* verschiedene Linien der ungarischen Literatur, doch gibt es ein gemeinsames und kontinuierliches Charakteristikum der verschiedenen Richtungen und Generationen: die offenen, verschleierten, inhaltlichen oder textuellen Formen der Ironie. Diese Ironie versucht, über Sprachgrenzen und Sprachschranken hinaus, in ihrer Bruch- und doch Buchhaftigkeit Brücken zu schlagen, über die Sie, liebe Leserinnen und Leser, in eine bereits bekannte, gemeinsame, doch andere Welt, in eine andere Tradition der Literatur gelangen.

Kettenbrücke bietet mit den Fotos und mit den diesem Buch gewidmeten Selbstdarstellungen einen etwas anderen Spaziergang über die Sprachbrücken und versucht, dank der Übersetzerinnen und Übersetzer, auf eine längere literarische Reise von Péter Esterházy bis Miklós Mészöly Lust zu machen.

Julianna Wernitzer

Auswahlbibliographie

Géza Bereményi (1946 Budapest)
1970 A svéd király (Erzählungen), 1978 Legendárium (Roman), 1989 Eldorádó (Drehbuch), 1993 A turné (Drehbuch), 1994 A feltűrt gallér (Erzählungen)

László Darvasi (1962 Törökszentmiklós)
1991 Horger Antal Párizsban (Gedichte), 1992 A portugálok (Gedichte, Kurzprosatexte), 1993 A veinhageni rózsabokrok (Erzählungen), 1994 A Borgognoni-féle szomorúság (Kurzgeschichten), 1995 A Kleofás-képregény (Historien, Legenden und Bildgeschichten), 1998 Szerelmem, Dumumba elvtársnő (Ungarische Novellen)
deutsch: 1995 Das traurigste Orchester der Welt

Virág Erdős (1968 Budapest)
1993 Udvarok (Prosatexte zu einem Fotoband von Péter Korniss), 1998 Belső udvar (Erzählungen)

Péter Esterházy (1950 Budapest)
1976 Fancsikó és Pinta (Novellenzyklus), 1979 Termelési regény (Produktionsroman), 1982 Ki szavatol a lady biztonságáért? (Prosatext), 1984 Kis Magyar Pornográfia (Roman), 1985 A szív segédigéi (Prosa), 1986 Bevezetés a szépirodalomba (Prosasammlung), 1987 Tizenhét hattyúk (Autobiographischer Roman), 1992 Hahn-Hahn grófnő pillantása (Roman), 1995 Egy nő (Prosa), 1996 Egy kék haris (Publizistische Schriften)
deutsch: 1986 Wer haftet für die Sicherheit der Lady?, 1988 Fuhrleute, 1987 Kleine ungarische Pornographie, 1985 Die Hilfsverben des Herzens, 1991 Das Buch Hrabals, 1992 Donau abwärts, 1994 Eine Geschichte. Zwei Geschichten (Zusammen mit Imre Kertész), 1996 Eine Frau

Pál Ficsku (1967 Debrecen)
1995 A videodisznók esete és más történetek, ami egy regényből kimaradt (Erzählungen), 1997 Élni három nővel. Mai magyar gépmesék (Prosa)

Zsuzsa Forgács (Budapest)
1995 Talált nő (Erzählungen)

László Garaczi (1956 Budapest)
1985 Plastik (Erzählungen), 1986 A terület visszafoglalása a madaraktól (Gedichte), 1989 Tartsd a szemed a kígyón!, 1992 Nincs alvás! (Kurzprosa), 1994 Bálnák tánca (Theaterstücke), 1995 Mintha élnél. Egy lemúr vallomásai, 1. (Kurzroman), 1998 Pompásan buszozunk! Egy lemúr vallomásai, 2. (Kurzroman)
deutsch: 1990 Plastik, 1994 Tanz der Wale

János Háy (1960 Vámosmikola)
1989 Gyalog megyek hozzád a sétálóúton (Gedichte), 1992 Welcome in Africa (Prosa), 1993 Marlon és Marion (Gedichte und Prosatexte), 1995 Holdak és napok (Gedichte, Prosatexte), 1996 Dzsigerdilen (Roman)

Zsuzsa Kapecz (1956 Budapest)
1981 Tükrös (Gedichte), 1994 Tükörírás (Roman), 1998 Az angyalok már a városban vannak (Novellen).

István Kemény (1961 Budapest)
1989 Az ellenség művészete (Roman), 1997 Család, gyerekek, autó (Erzählungen), 1998 Valami a vérről (Gesammelte Gedichte)

Zoltán Kőrösi (1962 Budapest)
1993 Felrombolás (Prosa), 1996 A tárt szárnyú lepke (Roman), 1997 Romkert (Roman), 1998 Történetek a csodálatos csecsemől életéből (útiregény, mit Fotos von György Czabán), 1999 Hentesek kézikönyve (Prosa)

Endre Kukorelly (1951 Budapest)
1984 A valóság édessége (Gedichte), 1986 Maniére (Gedichte), 1989 Én senkivel sem üldögélek (Gedichte), 1990 A memória-part (Prosaband), 1991 Az mondja, aki él (Gedichte), 1993 Egy gyógynövény-kert (Gedichte), 1994 Napos terület (Essays), 1994 Budapest – Papírváros (Essay mit Fotos von Károly Gink), 1995 Mintha már túl sokáig állna (Prosatexte), 1996 Kedvenxc (Essay), 1998 H.Ö.L.D.E.R.L.I.N. (Gedichte)
deutsch: 1997 Die Gedächtnisküste

Péter Lengyel (1939 Budapest)
1967 Két sötétedés (Erzählungen), 1969 Ogg másik bolygója (SF-Roman), 1978 Cseréptörés (Roman), 1980 Mellékszereplők (Roman), 1982 Rondo (Erzählungen), 1988 Macskakő (Roman), 1992 Holnapelőtt. Nem-regény (Tagebuchaufzeichnungen), 1993 Búcsú (Prosa)
deutsch: 1972 Der zweite Planet der Ogg

Attila Ménes (1961 Debrecen)
1992 Képzelt testek (Prosa), 1994 Gyógyuló fél (Novellen), 1996 Nyugati utcai rémtörténetek (Prosa)

Miklós Mészöly (1921 Szekszárd)
1948 Vadvizek (Novellen), 1956 Magasiskola (Erzählungen), 1966 Az atléta halála (Roman), 1968 Saulus (Roman), 1975 Alakulások (Erzählungen), 1976 Film (Roman), 1989 Volt egyszer egy Közép-Európa (Prosa), 1989 A pille magánya (Publizistik), 1995 Hamisregény (Roman), 1995 Idegen partokon (Erzählungen), 1998 Az ember, akit megölt (Essays)
deutsch: 1966 Der Tod des Athleten, 1970 Saul, 1975 Gestaltungen, 1976 Landkarte mit Rissen, 1980 Rückblenden, 1981 Hohe Schule, 1991 Geflügelte Pferde, 1997 Familienflut

Péter Nádas (1942 Budapest)
1967 A biblia (Kurzroman), 1967 Kulcskereső játék (Erzählungen), 1977 Egy családregény vége (Roman), 1986 Emlékiratok könyve (Roman), 1989 Évkönyv (Roman), 1991 Az égi és földi szerelemről (Essay), 1992 Talált cetli és más elegyes írások (Aufzeichnungen, Tagebuchnotizen), 1995 Vonulás (Filmnovellen), 1997 Minotauros (Gesammelte Erzählungen)
deutsch: 1979 Ende eines Familienromans, 1991 Buch der Erinnerung, 1992 Heimkehr, 1994 Von der himmlischen und der irdischen Liebe, 1994 Zwiesprache, 1995 Der Lebensläufer, 1996 Liebe, 1997 Minotauros

Lajos Parti Nagy (1953 Szekszárd)
1982 Angyalstop (Gedichte), 1986 Csuklógyakorlatok (Gedichte), 1990 Szódalovaglás (Prosa), 1993 Se dobok, se trombiták (Feuilletons), 1994 A hullámzó Balaton (Erzählungen), 1995 Esti kréta (Gesammelte Gedichte), 1996 Ibusár – Mausóleum (Zwei Dramen), 1997 A test angyala (Roman)

Gábor Németh (1956 Budapest)
1990 Angyal és bábu (Prosa), 1992 A semmi könyvéből (Roman), 1994 eleven hal (Prosa), 1998 A huron tó (Prosa)

Szilárd Podmaniczky (1963 Cegléd)
1993 Haggyatok lótuszülésben (Kurzroman und Prosa), 1996 Megyek egy kört az alvázon (Kurzprosa), 1998 Vastag Sapka (Novellen), 1999 Képlapok a barlangszájból (Roman)

Dezső Tandori (1938 Budapest)
1967 Töredék Hamletnek (Gedichte), 1977 Itt éjszaka koalák járnak (Erzählungen), 1991 Koppar Köldüs (Gedichte), 1995 Madárzsoké (Prosa), 1996 Evidenciatörténetek (Prosa), 1998 Vér és Virághab (Roman), 1998 Játék történet (Prosa)
deutsch: 1994 Stafette, 1994 Startlampe ohne Bahn, 1997 Langer Sarg in aller Kürze. Evidenzgeschichten

Sándor Tar (1941 Hajdúsámson)
1981 A 6714-es személy (Erzählungen), 1989 Miért jó a póknak? (Erzählungen), 1993 Ennyi volt (Novellen), 1995 Minden messze van (Kurzroman), 1995 A mi utcánk (Prosa), 1996 Szürke galamb (bűnregény), 1998 Lassú teher (Erzählungen)

Quellennachweis

Péter Esterházy: Akarja látni arany Budapestet? In: A halacska csodálatos élete, Pannon Vlg., Budapest 1991. © beim Autor. Deutsch von Zsuzsanna Gahse.

Zsuzsa Forgács: Öt kiló anya-anyag. © 1999 beim Autor. Deutsch von Angelika Máté.

Dezső Tandori: Lánchíd. © 1995 beim Autor. Deutsch von Christine Rácz.

László Darvasi: A bolondok faluja; Franz Keglevich balladája; A világ legbolondabb embere; A Hubert Aurél Elmeispotály. In: A Borgognoniféle szomorúság, Jelenkor Vlg., Pécs 1994. © 1999 Rowohlt Verlag, Berlin. Deutsch von Christine Rácz.

Sándor Tar: A tenger. In: Ennyi volt, Cégér Vlg. Budapest 1993. © beim Autor. Deutsch von Christine Rácz.

Géza Bereményi: Hóesés a Vízivárosban. In: A feltűrt gallér, Seneca Vlg., Budapest 1994. © beim Autor. Deutsch von Christine Rácz.

Zoltán Kőrösi: Üveg sör. In: Hentesek kézikönyve, Palatinus Vlg., Budapest 1999. © beim Autor. Deutsch von Nadja Grössing.

Gábor Németh: Hídlábjegyzék. © beim Autor. Deutsch von Christine Rácz.

János Háy: Nyolcadik Károly francia király; Marlon és Marion. In: Xanadu. Föld, víz, levegő, Palatinus Vlg., Budapest 1999. © beim Autor. Deutsch von Nadja Grössing.

Szilárd Podmaniczky: A halas; Az Ördög Bibliája; Az űrvécé üzenete; In: Vastag Sapka, Palatinus Vlg., Budapest 1998. © beim Autor. Deutsch von Nadja Grössing.

Péter Lengyel: A holnap lakatlan emeletei. © beim Autor. Deutsch von Heinrich Eisterer.

Attila Ménes: UFÓ a kertben. In: Nyugati utcai rémtörténetek, JAK-Balassi Vlg., Pécs-Budapest 1996. © beim Autor. Deutsch von Nadja Grössing.

István Kemény: Lili Marlen; Mylord. In: Család, gyerekek, autó, Palatinus Vlg., Budapest 1997. © beim Autor. Deutsch von Angelika Máté.

Lajos Parti Nagy: A büfti gének. In: Zeitschrift Élet és Irodalom, 1998. Egy szelet Tremblay-torta. In: Zeitschrift Élet és Irodalom 1996. © beim Autor. Deutsch von György Buda.

Péter Nádas: Burok. Deutsch von Angelika Máté. Mese az elcserélt kiskirályokról és az őrangyalokról. In: Esszék, Jelenkor Vlg., Pécs 1995. Deutsch von Christina Viragh. In: Lettre, Winter 1995. © 1999 Rowohlt Verlag, Reinbek.

Virág Erdős: Mária. In: Belső udvar, JAK-Kijárat Vlg., Budapest 1998. © beim Autor. Deutsch von Angelika Máté.

László Garaczi: A lestrapált szerencse. © 1999 beim Autor. Deutsch von Andrea Seidler.

Zsuzsa Kapecz: Auszug aus dem unveröffentlichten Roman ›Autobiographie der Zsófi Schön‹. A halak nem hazudnak. In: Az angyalok már a városban vannak, AB OVO Vlg., Budapest 1998. © beim Autor. Deutsch von Angelika Máté.

Endre Kukorelly: Nem lehet, mivel lehetetlen. In: Budapest-Papírváros, Városháza Vlg., Budapest 1994 und Manuskript 1999. © beim Autor. Deutsch von Andrea Seidler.

Pál Ficsku: Nagyanyám a parafenomena. In: A videodisznók esete és más történetek, Seneca Vlg., Budapest 1995. © beim Autor. Deutsch von Éva Zador.

Miklós Mészöly: Auszug aus der Rede ›Schriftsteller und Integrität‹. Deutsch von Hildegard Grosche. Egy útikalauz apoteózisa. In: Sutting ezredes tündöklése, Szépirodalmi Vlg., Budapest 1987. © beim Autor. Deutsch von Zsuzsanna Gahse.

Bildnachweis

Photo S. 7 © Marianne Fleitmann
Photo S. 39 © Irén Hás
Photo S. 48 Andrea Schmidt
Photo S. 163 Zoltán Móser
Photo S. 177 © Isolde Ohlbaum
Photo S. 191 © Ekko von Schwichow
Photo S. 205 Klára Zalán
Photo S. 216 Balla Demeter
Photo S. 225 Zoltán Móser
Photo S. 247 Kálman Kecskeméti

Alle weiteren Photos wurden aus Privatbesitz zur Verfügung gestellt.

Aleksandar Tišma im dtv

»Radikal und intelligent und künstlerisch groß.«
Ursula März, Frankfurter Rundschau

Der Gebrauch des Menschen
Roman · dtv 11958

Bis zum Zweiten Weltkrieg kommen die Menschen in Novi Sad relativ friedlich miteinander aus, Serben, Ungarn, die deutschsprachigen »Schwaben« und Juden. Erst durch die »neue Zeit« wird die aufstrebende Provinzstadt aus ihren Träumen gerissen, durch Krieg, Terror und Unmenschlichkeit. Am Ende gibt es keine Sieger, sondern nur Erniedrigte und Beleidigte.

Die Schule der Gottlosigkeit
Erzählungen · dtv 12138

In Extremsituationen zeigt sich die Natur des Menschen unverhüllt; deshalb sind die Geschichten aus dem Krieg so aufschlußreich für das menschliche Verhalten. In den vier vorliegenden Geschichten geht es nicht nur um den Krieg, auch wenn er überall zwischen den Zeilen durchscheint. Es geht um Menschen am Rande des Abgrunds.

Das Buch Blam
Roman · dtv 12340

Dieses Psychogramm eines Überlebenden spielt in Novi Sad nach dem Zweiten Weltkrieg. Blam durchwandert die bekannten Wege und Straßen seiner Heimatstadt als aufmerksamer, melancholischer Betrachter und kehrt in Gedanken zurück in eine untergegangene Welt, zu den Menschen aus der ehemaligen Judengasse, zu seinen Eltern, seiner Schwester, seinen Verwandten. Dann kam die Nazi-Okkupation in der Vojvodina 1941 bis 1944. Es entsteht das Bild einer geschichtlichen Epoche, deren Spuren nicht tilgbar sind.

Ilija Trojanow im dtv

»Urplötzlich wechselt er ins Phantastische oder Groteske. Er verwebt Orientalisches mit Westlich-Technischem, tobt sich im Detail aus, um dann zum kühnen Zeitensprung anzusetzen. Kurz: Er überrascht, wo er nur kann.«
Der Spiegel

In Afrika
Mythos und Alltag Ostafrikas

dtv 12284

»Afrika ist vielleicht der Teil der Welt, in dem es noch am meisten zu entdecken gibt.« Ein wunderschöner Bericht über Ostafrika, die Landschaft und Städte, aber in erster Linie über die Menschen dort. Ein Bericht, der sich durch gründliche Kenntnis und ein tiefgehendes Verständnis, vor allem aber durch ungebremste Begeisterung für den »dunklen Kontinent« und seine Möglichkeiten auszeichnet.

Autopol

in Zusammenarbeit mit Rudolf Spindler
dtv 24114

Sten Rasin mag das schöne neue Europa des 21. Jahrhunderts nicht. Doch bei der jüngsten Aktion seiner Widerstandsgruppe wird er geschnappt. Einmal zu oft. Er wird »ausgeschafft«, dorthin, von wo es kein Zurück gibt – nach Autopol, zu den anderen, die man draußen nicht will, vor denen man Angst hat. Aber Rasin ist kein gewöhnlicher Krimineller. Er ist Idealist, ein Kämpfer, und er will zurück in die Freiheit. Schnell schafft er sich auch in Autopol Verbündete … ›Autopol‹ entstand als *novel in progress* im Internet, zusammen mit der ›aspekte‹-Online-Redaktion. Aus dem literarischen Experiment ist eine spannende Science-fiction-Story geworden, ein Buch mit neuen Dimensionen.

Lesebuch der Gruppe 47

Herausgegeben und mit einem Nachwort
von Hans A. Neunzig
dtv 12368

Längst ist die Gruppe 47 Gegenstand wissenschaftlicher Untersuchungen und zugleich Legende geworden. Gegenwärtig wird sie in den Gedichten und Prosastücken, die damals, das heißt von 1947 bis 1967, auf den Tagungen vorgelesen wurden, zu denen Hans Werner Richter einlud. Das vorliegende Lesebuch enthält alle zehn mit dem Preis der Gruppe 47 ausgezeichneten Texte von 1950 bis 1967 und Erzählungen, Gedichte und Romanausschnitte von Debütanten aus den Jahren 1962 bis 1967: von Ilse Aichinger, Ingeborg Bachmann, Heinrich Böll, Barbara Frischmuth, Günter Grass, Peter Härtling, Martin Walser und vielen anderen.

»Seit den Tagen der Romantik gab es wohl keinen Abschnitt der Literaturgeschichte, in dem das Epochengespräch mit ähnlicher Intensität und in einem so großen Kreis von zeitgenössischen Schriftstellern geführt wurde wie hier in den Jahren 1947 bis 1967 – und darüber hinaus. Es währt unter denen, die damals ›dabei‹ waren, bis heute...«

Heinz Friedrich

»Dabeizusein, da mitzumachen, das war gut.«

Joachim Kaiser

dtv

Die Hanser-Fontane-Ausgabe im dtv

Herausgegeben von Helmuth Nürnberger.
Mit Anmerkungen, Zeittafel und Literaturhinweisen sowie einem Nachwort des Herausgebers.

Wanderungen durch die Mark Brandenburg
Band 2
Havelland · Spreeland
dtv 2347

Briefe
Ausgabe in fünf Bänden
Ausgewählt und herausgegeben von
Helmuth Nürnberger u. a.
dtv 59037

Vor dem Sturm
dtv 2345

Grete Minde
dtv 12554

Ellernklipp
dtv 12469

L' Adultera
dtv 12470

Schach von Wuthenow
dtv 2375

Graf Petöfy
dtv 2412

Unterm Birnbaum
dtv 12372

Cécile
dtv 12553

Irrungen, Wirrungen
dtv 12615

Stine
dtv 12498

Quitt
dtv 2378

Unwiederbringlich
dtv 2349

Mathilde Möhring
Mit einem Nachwort
herausgegeben von
Gotthard Erler
dtv 2350

Frau Jenny Treibel
dtv 8390

Effi Briest
dtv 12499

Die Poggenpuhls
dtv 2398

Der Stechlin
dtv 12552